L'ESCADRE

DE

L'AMIRAL COURBET

NANCY. — IMPRIMERIE BERGER-LEVRAULT ET Cⁱᵉ

L'ESCADRE

DE

L'AMIRAL COURBET

NOTES ET SOUVENIRS

Maurice LOIR

Lieutenant de vaisseau à bord de la *Triomphante*

Formation de la division navale des côtes du Tonkin. —
Bombardement de Thuan-an. — La convention de Tien-
Sin. — Les premières hostilités contre la Chine. — Kelung.
— Fou-Chéou. — Le blocus de Formose. — Shei-poo. — La
croisière du riz. — Les Pescadores. — Le traité de paix. —
La mort de l'amiral Courbet.

BERGER-LEVRAULT ET Cie, ÉDITEURS

5, RUE DES BEAUX-ARTS, 5

MÊME MAISON A NANCY

1886

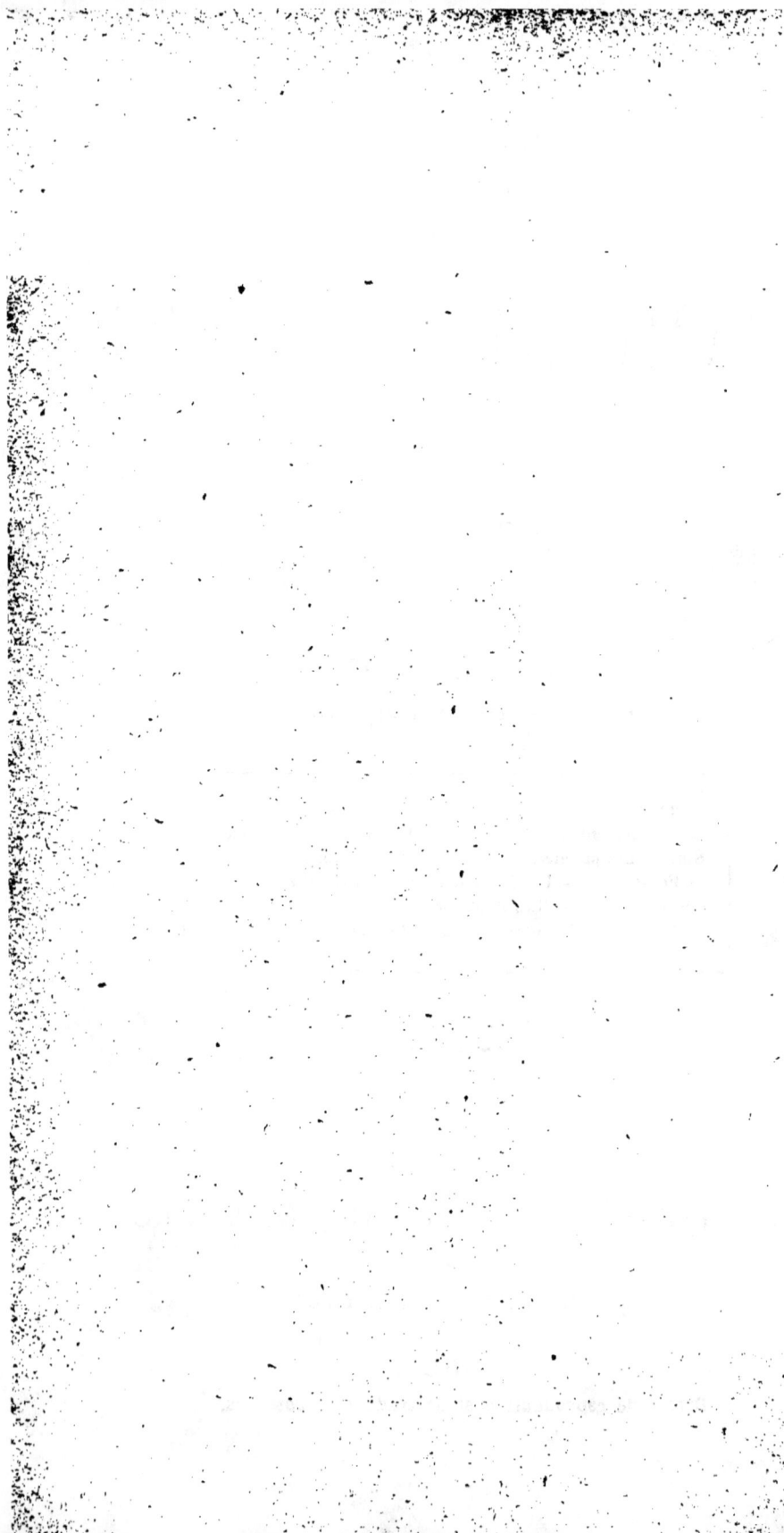

A LA MÉMOIRE

DU

VICE-AMIRAL COURBET

COMMANDANT EN CHEF L'ESCADRE DE L'EXTRÊME-ORIENT

MORT AUX ILES PESCADORES LE 11 JUIN 1885

La marine perd son officier général le plus éminent. La France entière s'associera au deuil causé par la mort du vaillant marin qui, après avoir glorieusement soutenu l'honneur de son drapeau en Chine et au Tonkin, ne voulait, malgré le mauvais état de sa santé, quitter les parages où il s'était illustré qu'après la signature de la paix. Il avait trop présumé de ses forces et a payé de sa vie l'accomplissement de son devoir.

(Ordre du jour de l'amiral Krantz.)

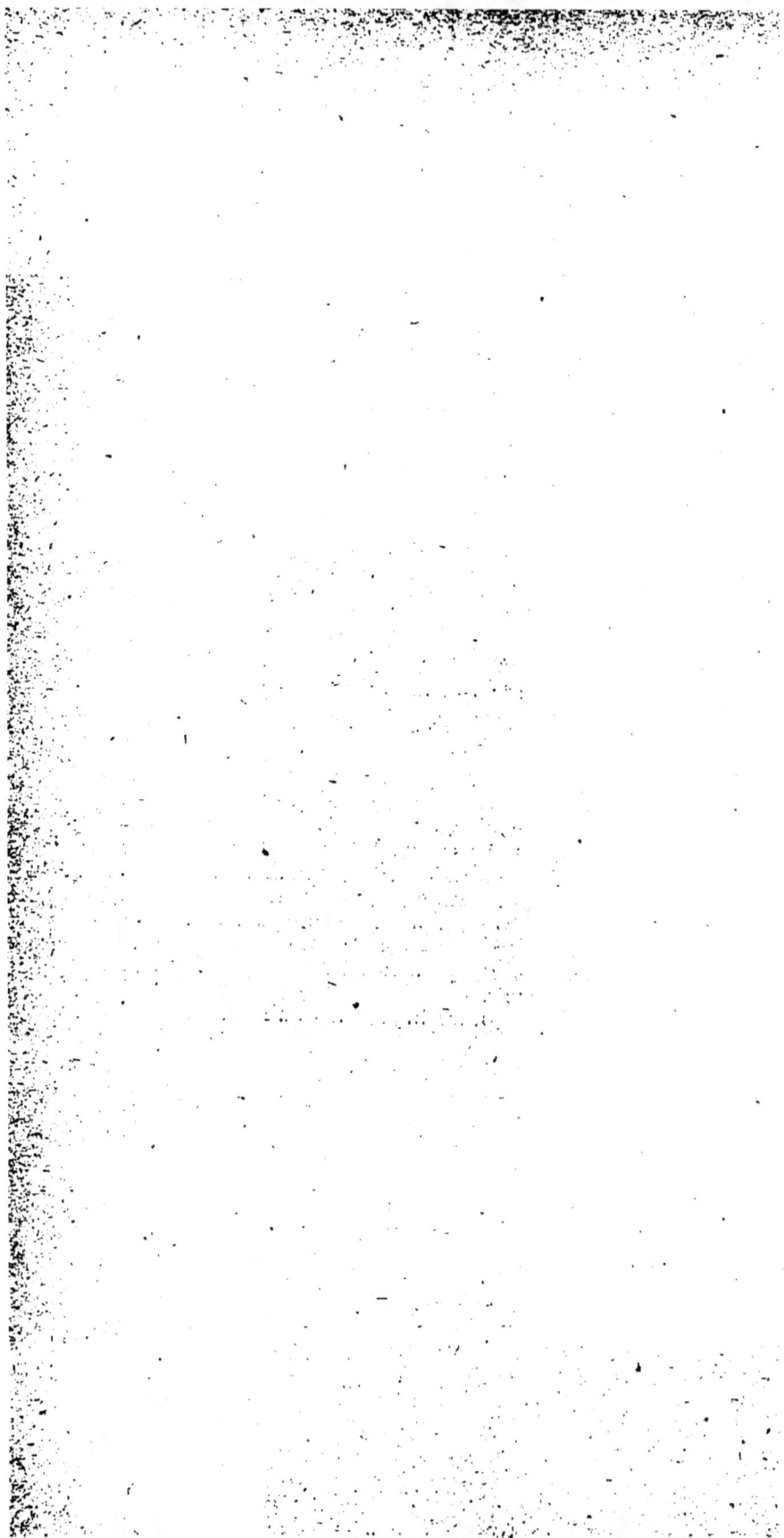

Au-dessus des illustrations que la guerre du Tonkin a mises en lumière, plane une gloire incontestée, celle du grand chef dont le nom par un sentiment de profonde admiration a été placé en tête de ce livre.

L'amiral Courbet appartient à la postérité, qui associera son souvenir à celui des meilleurs serviteurs de la patrie. Mais l'histoire de ses éclatants services doit être connue de ses contemporains qui ne sauraient oublier que, le premier depuis de cruels revers, il a su donner à la France les émotions de la victoire.

Si modeste que soit la part de son Escadre dans les brillants succès qu'il a remportés, cette part mérite d'être racontée. Il n'est pas inutile de rappeler et de prouver que si cette belle Escadre de l'Extrême-Orient a été parfois à l'honneur, elle a été aussi à la peine; et il est toujours salutaire pour un pays de rendre hommage à ceux de ses enfants qui déploient, sans compter, les meilleures vertus militaires.

C'est dans cette double pensée que les pages qui suivent ont été écrites. Elles ne sont qu'un simple récit du rôle joué sur mer par la marine française durant le cours de l'expédition du Tonkin. Il n'y est pas question de la flottille qui a opéré dans le Delta. Celle-ci comptait une vingtaine de petits navires qui contribuèrent souvent dans la plus large mesure au succès de nos armes depuis Son-Tay jusqu'à Tuyen-Quan. Ils ont déployé une activité et une énergie remarquables pendant deux années de guerre dans des rivières d'une navigation difficile. Il serait d'un puissant intérêt d'écrire leur histoire et de mettre en lumière ce que leurs équipages ont fait d'utile, d'audacieux et d'héroïque.

Mais ces *Souvenirs* n'embrassent que les opérations auxquelles ont pris part, soit la division navale des côtes du Tonkin et la division navale des mers de Chine, soit ces deux divisions réunies, soit l'Escadre de l'Extrême-Orient : ils partent de la sortie d'Hanoï du 19 mai 1883 et vont jusqu'à la dissolution de l'Escadre, le 25 juillet 1885.

Novembre 1885.

M. L.

Carte
pour
Servir à la lecture
des
Opérations de l'Escadre
de l'Extrême-Orient

L'ESCADRE

DE

L'AMIRAL COURBET

I

DEPUIS LA SORTIE D'HANOÏ
JUSQU'AU BOMBARDEMENT DES FORTS DE HUÉ
(19 mai - 20 août 1883.)

Il n'est pas besoin de rappeler les causes de notre dernière expédition en Extrême-Orient. Chacun sait que les difficultés sont venues, d'une part, de la volonté de la France à maintenir les droits que lui conférait le traité de 1874, et d'autre part, de la continuelle mauvaise foi de la cour de Hué, qui cherchait par tous les moyens possibles à s'affranchir des obligations que ce même traité lui avait imposées.

La question de la suzeraineté de la Chine sur l'Annam n'ayant pas été nettement résolue, — dans le sens de sa suppression — par le traité de 1874, le Céleste-Empire ne tarda pas à faire entendre des

protestations nombreuses au sujet de notre intervention en Annam. Les difficultés s'en accrurent
d'autant et le différend, de franco-annamite qu'il
était, devint par la suite franco-chinois.

Chacun sait aussi que ce fut seulement au lendemain de la mort d'Henri Rivière, c'est-à-dire après
le 19 mai 1883, que l'action de la France au Tonkin
commença à se dessiner nettement. Jusque-là, même
en 1882, notre action se manifestait timidement,
avec des alternatives de vigueur et de faiblesse.
Le ministre de la marine prescrivait de « relever
« notre prestige amoindri par nos hésitations et nos
« faiblesses ; il recommandait de faire comprendre
« à la cour de Hué que le moment était venu
« pour elle de prendre au sérieux les stipulations
« du traité de 1874, que les ruses de sa politique
« tortueuse avaient jusque-là réduites à l'état de
« lettre morte[1] ». Mais en même temps, on avait le
soin d'ajouter un correctif à cette politique, et de
tempérer par des atténuations ce que ces ordres
avaient de net et de résolu. C'est *politiquement, paci-
fiquement, administrativement*, que le gouverneur de
la Cochinchine[2] ordonnait d'agir ; et Henri Rivière,
dans une lettre datée d'Hanoï — 27 avril, 2 mai
1882, — souriait de ce luxe d'adverbes qui lui dé-

---

1. Instructions de l'amiral Cloué au gouverneur de la Cochinchine.
2. Instructions de M. Lemyre de Vilers au commandant Rivière, janvier
1882.

fendait, ce semble, de tirer un coup de fusil. C'était pourtant avec un certain appareil militaire, trois compagnies d'infanterie de marine et des canonnières, qu'on l'avait envoyé dans un pays notoirement hostile, où les mandarins ne se privaient ni d'insultes ni de menaces envers le drapeau français et ses défenseurs.

Il faut le dire, l'expédition de Francis Garnier, qui tient du prodige et du merveilleux, avait eu l'effet d'un mirage trompeur devant les yeux de tous ceux qui, après lui, avaient regardé du côté du Tonkin. Il était convenu et prouvé pour eux qu'une compagnie d'infanterie établirait à tout jamais notre autorité dans ce vaste pays.

Aussi, le mot d'ordre n'était pas d'agir militairement. On comptait sans doute que les Tonkinois, à la seule vue de nos fantassins et de nos marins, seraient pris d'une salutaire terreur et se montreraient calmes et soumis, peut-être même reconnaissants envers la nation généreuse qui venait s'implanter chez eux. Cette opinion était empreinte de quelque optimisme, mais elle avait cours pourtant : ils étaient nombreux, ceux qui allaient répétant qu'on ne perdrait pas quatre hommes à la conquête du Tonkin[1].

1. Je sais bien qu'en France, on a reçu assez d'étrivières des expéditions lointaines pour qu'on ne veuille pas en commencer une nouvelle. Celle-ci, en sachant se borner, *ne coûterait presque rien en hommes ni en argent* (Lettre de Henri Rivière du 4 juin 1882).

L'émotion fut donc grande à Paris quand arriva,
le 26 mai 1883, la nouvelle de la malheureuse sortie
du 19. L'émotion se doublait d'une cruelle surprise
et d'une douloureuse déception... Les quatre hommes
et le caporal qui, à eux seuls, devaient pacifier le
Tonkin, n'étaient donc pas suffisants?... Il fallait
compter avec nos ennemis!... On avait trompé l'opinion!... Mais le sang français avait coulé : les
Chambres résolurent de venger ceux qui étaient
tombés. Le ministre de la marine annonça qu'il
venait de donner l'ordre au général Bouët, commandant supérieur des troupes en Cochinchine, de
se rendre au Tonkin; que des renforts partaient sur
l'*Annamite* et sur le *Mytho,* et qu'une division navale, dite du Tonkin, allait être formée sous les
ordres de l'amiral Courbet, tandis que la division
navale des mers de Chine, commandée par l'amiral
Meyer, serait renforcée.

Ajoutons que, par un décret du 8 juin, M. Harmand, à ce moment-là consul à Bangkock, était
nommé commissaire général civil au Tonkin. M. Harmand, ancien médecin de la marine, compagnon de
Francis Garnier lors de l'expédition de 1873, homme
intelligent et instruit, très au courant des choses de
l'Indo-Chine, se trouvait investi d'une fonction assez
nouvelle, dont les attributions étaient considérables
et multiples, et dont le ministère lui-même ne pouvait qu'à grands renforts de périphrases établir la

nécessité : « Le commissaire général civil est un
« négociateur autant qu'un administrateur et un
« organisateur... il est le dépositaire de la pensée
« du Gouvernement... il a pour mission d'étudier ce
« qui est possible et de faire ce qui est nécessaire...
« Il est chargé d'empêcher que l'action militaire ne
« dévie et ne s'étende au delà du cercle tracé[1]... »

L'événement ne tarda pas à prouver que la fonction de commissaire général civil — malgré la com-
pétence du titulaire — était au moins prématurée.
La période militaire commençait à peine et le régime
anormal qu'elle entraîne reculait à une date indé-
terminée, mais lointaine, l'avènement du régime
pacifique et régulier qui aurait pu permettre à un
négociateur-organisateur-administrateur[2] de mettre
utilement à profit son expérience et ses méditations.
La mission de M. Harmand dura du mois de juillet
au mois de décembre 1883.

Lors de la sortie d'Hanoï, voici quelle était la
situation de nos forces navales dans l'Extrême-
Orient :

La division des mers de Chine stationnait à la
baie d'Halong depuis la fin d'avril, amenée là par
les événements qui se passaient au Tonkin. Elle
se composait du cuirassé *la Victorieuse*, portant le

---

1. Instructions officielles au commissaire général. — Discours de M. Chal-
lemel-Lacour à la Chambre (10 juillet 1883).
2. Voire même explorateur.

pavillon de l'amiral, du croiseur *Villars*, commandé
par M. le capitaine de vaisseau Dewâtre, des éclai-
reurs d'escadre *Kersaint* et *Volta*, commandés par
MM. de Beaumont et Fournier, enfin de la canonnière le *Lutin*, dont le capitaine était M. le lieutenant de vaisseau Debar [1].

Le commandant Rivière, avec le titre de commandant de la division navale de Cochinchine, avait
sous ses ordres au Tonkin, répandus dans les
divers arroyes: les avisos le *Pluvier*, le *Parseval*,
l'*Hamelin*; les canonnières *Surprise*, *Fanfare*, *Léopard*, et les petites canonnières *Éclair*, *Trombe*,
Hache, *Yatagan*, *Carabine* et *Massue*. En outre, il
avait en Cochinchine le transport le *Drac*, l'aviso
l'*Alouette* et les petites canonnières *Framée* et *Javeline*.

Le 26 mai, le contre-amiral Courbet qui commandait la *division d'essais* formée en avril·à Cher-
bourg, reçut l'ordre d'envoyer à Alger le cuirassé
le *Bayard*, sur lequel il avait son pavillon, et de
venir prendre les ordres du ministre en vue du
nouveau commandement de la division navale du
Tonkin, auquel il était appelé (31 mai). Le renom

---

1. Les compagnies de débarquement de la *Victorieuse* et du *Villars* avaient
été demandées par le commandant Rivière. Elles lui étaient arrivées le 14.
Elles prirent une part glorieuse à la sortie du 19 mai où elles eurent : la
Victorieuse, 12 tués et 13 blessés; le *Villars*, 3 tués et 9 blessés. MM. Le
Pelletier des Ravinières et Sentis commandaient les compagnies de débar-
quement, M. Pissère, les canons de 6.5$\frac{m}{m}$.

que s'était déjà acquis l'amiral Courbet, sa réputation
de marin savant et de chef habile, le désignaient
d'avance pour une mission qui nécessitait de grandes
et sérieuses qualités.

En même temps, le cuirassé *l'Atalante*, sous le
commandement de M. le capitaine de vaisseau
Galache, entrait en armement à Brest pour faire
partie de la division nouvelle, et le croiseur *le
Château-Renaud*, commandé par M. le capitaine de
frégate Boulineau, quittait, lui aussi, la division
d'essais — qui se trouvait disloquée — et suivait
le sort du *Bayard*. Précédemment, les canonnières
Vipère, capitaine Lejard, et *Lynx*, capitaine Blouet,
la chaloupe canonnière *le Mousqueton*, avaient été
désignées pour renforcer la division du commandant Rivière.

Le 28 mai, l'amiral Conte, qui avait, dans le
Levant, son pavillon sur la *Triomphante*, recevait
l'ordre de passer sur le *Duguay-Trouin* en attendant
l'arrivée de la *Vénus*, et d'expédier la *Triomphante*
à Saïgon, où elle devait rejoindre la division de
Chine. A la même date, le grand et rapide croiseur
le Tourville prenait armement à Toulon à destination de la même division. La *Triomphante* et le
Tourville étaient commandés par MM. Baux et Bosc.

Deux autres petits navires complétaient l'effectif
des bâtiments de l'amiral Courbet. C'étaient les
deux torpilleurs de 2ᵉ classe, porte-torpilles *45* et

46 : ceux-là mêmes qui plus tard devaient se couvrir de gloire au combat de Fouchéou[1]. On avait jugé, non sans raison, que leur aide pourrait être utile, et on avait décidé leur envoi en Extrême-Orient.

Les deux divisions ainsi constituées étaient indépendantes. Chacun des amiraux qui les commandaient avait le titre de commandant en chef. Leurs relations étaient ainsi réglées :

« Si à un moment donné M. le contre-amiral « Meyer croyait avoir besoin d'un renfort de bâti- « ments pour une opération dans les mers de Chine, « il aurait à prendre par le télégraphe les ordres du « département de la marine avant d'adresser une « réquisition à M. le commandant de la division du « Tonkin. M. le contre-amiral Courbet agirait de « même, de son côté, s'il reconnaissait la nécessité « de faire appel à M. Meyer. »

Les rapports entre l'amiral Courbet et M. Harmand étaient exactement ceux qui existent entre les commandants en chef de division navale et les gouverneurs de colonie : « Cet officier général devra « donc, si vous réclamez son assistance, déférer à « vos réquisitions, à moins qu'il n'apprécie que les

---

1. Chacun des transports *Mytho* et *Annamite* en prit un sur sa dunette. Leur longueur de 27 mètres dépassait la longueur de la dunette de 2 mètres ; la crosse qui constitue la cage de l'hélice se trouvait déborder en avant du fronton de dunette. La quille reposait alors parallèlement au pont sur des chantiers solidement vissés. La grue de l'atelier des machines du port de Toulon les plaça à bord et la grue du *Tilsitt* les débarqua sans difficultés.

« circonstances, dont il est seul juge, le mettent
« dans l'impossibilité de le faire[1]. Ainsi, c'est à
« M. le contre-amiral Courbet seul qu'incomberait
« la direction de toute opération militaire sur les
« côtes de l'Annam et du Tonkin, de tout blocus,
« en un mot de toute action par mer. » (Instructions
officielles à M. Harmand, 8 juin.)

Les rôles des deux divisions navales se trouvent
également définis dans le document auquel ces
emprunts sont faits. « L'amiral Courbet surveillera
« activement les côtes de l'Annam et du Tonkin
« jusqu'au détroit d'Haïnan, y compris le côté ouest
« de cette île. Il aura à garantir ces parages de
« tout acte éventuel d'hostilité de la part des bâti-
« ments de guerre chinois. Toutefois, le Gouver-
« nement désirant que cette éventualité ne se
« produise pas, je lui recommande, comme à M. le
« contre-amiral Meyer, d'agir à cet égard avec la
« plus entière prudence. Il se tiendra prêt toutefois
« à repousser toute action des Chinois, et à bloquer
« étroitement le port de Pakhoï. Il assurera, si cela
« est nécessaire, la navigation de nos transports ; en
« un mot, il garantira le corps d'occupation de tout
« danger venant de l'extérieur. »

---

1. Tout autre était la situation faite au général Bouët, M. Harmand
ayant autorité « sur les forces de terre et de mer : corps d'occupation et
« flottille du Tonkin ». Le général devait remettre tous ses rapports au commissaire général qui avait seul la correspondance avec le ministre. Cette
dépendance du général fut la cause non dissimulée des dissentiments qui
amenèrent son départ.

« M. le contre-amiral Meyer continuera d'être
« chargé de toute la surveillance à partir de l'île
« d'Haïnan. Il fera montrer fréquemment le pavillon
« dans les principaux ports de la Chine, et surtout
« dans ceux où la présence des navires de guerre
« peut exercer le plus d'influence sur l'esprit et la
« détermination des autorités chinoises. Je le prie
« d'étudier les moyens auxquels il lui semblerait
« utile de recourir pour exercer une action contre
« le gouvernement de Pékin. »

L'amiral Courbet arriva à Saïgon le 13 juillet, et
y demeura trois jours. Il y rencontra M. Harmand et
tous deux échangèrent leurs vues sur la ligne de
conduite à suivre. M. Harmand quitta Saïgon le
19 pour se rendre à sa nouvelle résidence.

Dès l'arrivée du *Bayard* dans la baie d'Halong,
l'amiral Meyer se hâta d'appareiller pour Hong-Kong
après avoir remis à l'amiral Courbet le commandement, provisoirement exercé par lui. Les derniers
jours du mois de juillet furent employés à l'étude
exacte des choses, à la répartition des canonnières
dans les rivières, à la réunion des plus gros navires
dans la baie d'Halong, en un mot à des mesures
d'ordre et d'installation. Le 30 juillet, le commissaire général réunissait à Haï-Phong en conseil de
guerre l'amiral Courbet et le général Bouët, afin de
délibérer sur la situation et d'arrêter un plan de
conduite. On y décida d'abord que l'effort principal

devait se porter sur Son-Tay et on y mit enfin en discussion l'opportunité d'une opération sur Hué.

Depuis longtemps, les personnes les plus compétentes émettaient l'avis que l'affaire du Tonkin ne se réglerait pas sans une intervention belliqueuse à Hué : c'était là qu'il fallait chercher la principale source des difficultés ; c'était de là que partaient les ordres donnés pour la résistance aux mandarins du Tonkin, les subsides et les encouragements aux Pavillons-Noirs. Ne convenait-il pas de profiter du trouble résultant de la mort soudaine de Tu-Duc pour se porter rapidement sur la rivière de Hué, enlever les forts qui commandent la passe et de là dicter des conditions ? Les avantages de cette opération furent reconnus à l'unanimité. Quant aux moyens d'action, un examen approfondi fit reconnaître qu'ils pouvaient être réunis en peu de jours : il suffisait que les forces navales fussent augmentées de quelques pièces d'artillerie fournies par le corps expéditionnaire et d'un petit corps de débarquement emprunté à la Cochinchine.

Le plan exposé offrait toutes chances de réussite. L'exécution n'en pouvait être retardée, car, passé le mois d'août, la mousson de nord-est pouvait se faire sentir et rendre la côte devant Hué intenable aux navires. Le Gouvernement y donna son assentiment. Rendez vous fut pris à Tourane où se rencontreraient, le 16 août, la division du Tonkin et les

bâtiments venus de Saïgon. M. Harmand prendrait
alors passage sur le *Bayard*, afin d'aller conduire
les négociations qui suivraient immédiatement les
opérations militaires ; il serait assisté dans cette
mission par M. de Champeaux, lieutenant de vaisseau, administrateur des affaires indigènes en
Cochinchine, ancien consul à Haï-Phong qui avait
été déjà, pendant un an, chargé de la légation de
Hué.

II

BOMBARDEMENT DES FORTS DE THUAN-AN

(18-20 août 1883.)

———

Le *Bayard*, le *Château-Renaud* et le *Lynx* quittèrent la baie d'Halong le 14 août. La journée du 16
fut employée à reconnaître les ouvrages qui défendaient l'entrée de Hué. Toutes les fortifications
paraissaient en bon état. Les sommets ayant vue sur
la mer, avaient été couronnés par l'ennemi d'a-
mas de sable derrière lesquels étaient braqués des
canons. Les deux ouvrages qui fermaient l'entrée
de la rivière ainsi que les douze défenses, situées en
arrière de la lagune sur la route fluviale de Hué,
méritaient seuls le nom de forts. Sur la plage même,
une série d'abris creusés dans le sable avaient été
disposés pour les tirailleurs et étaient soutenus en
arrière par une ligne continue de retranchements.
Enfin un barrage fermait la rivière.

L'*Annamite* était parti d'Halong quelques jours
avant pour aller à Saïgon chercher les troupes d'infanterie de marine qui devaient coopérer au débar-

quement: 600 hommes des 27ᵉ et 31ᵉ compagnies, 100 tirailleurs annamites, plus une batterie d'artillerie et 100 coolies pour le transport des bagages. Le soir du 16 août, ces quatre navires étaient au rendez-vous.

L'*Atalante*, qui avait quitté la baie d'Halong le 15, resta à la mer pour effectuer un tir d'exercice et mouilla le 17 à Tourane où venaient d'arriver la *Vipère* et le *Drac*: celui-ci apportait de Saïgon une partie des troupes et du matériel.

Le 18 au matin, l'escadre appareilla pour Thuan-an où elle arriva vers midi et où elle s'embossa. Les Annamites, qui l'attendaient, se rendirent immédiatement à bord du *Bayard* et demandèrent la cause de la présence de l'escadre. L'amiral, pour toute réponse, leur intima l'ordre de rendre les forts dans les deux heures, sous peine de bombardement. Ils déclarèrent ne pouvoir répondre sans consulter la cour de Hué et ils quittèrent le bord. En allées et venues entre la côte et le *Bayard*, ils gagnèrent quelques heures. Une autre circonstance allongea le délai assigné par l'amiral: on avait aperçu une fumée au large et bientôt on reconnaissait l'*Alouette* venant de Saïgon. Il se passa au moins une bonne demi-heure avant de pouvoir communiquer avec elle. Enfin, au signal du *Bayard*: « Avez-vous quelque chose pour moi ? » elle put répondre: Non. Avant même que l'aperçu du signal de l'*Alouette* fût rentré, le feu commença.

Il était 4 heures et demie. Chaque bâtiment attaqua l'ouvrage dont l'amiral l'avait particulièrement chargé.

Au septième ou huitième coup, les Annamites répondirent, mais leurs projectiles ne venaient pas à moitié route. Seule, la *Vipère,* qui était mouillée très près du fort du Nord, voyait les boulets pleuvoir autour d'elle. « Bien que plusieurs fois touché, le petit « bâtiment n'en continua pas moins son feu avec « une énergie qui fait le plus grand honneur à son « capitaine, M. Lejard [1]. » La riposte des Annamites dénotait, à la vérité, un réel courage ; malgré la houle qui gênait le tir, nos obus touchaient juste et devaient faire de grands ravages au milieu des défenseurs [2]. Le bombardement dura jusqu'à 8 heures du soir.

Le débarquement avait été décidé pour le lendemain, 19, à 6 heures du matin. Mais la houle très forte de la veille n'étant pas tombée, on ne put songer à aborder la plage et la journée se passa à agacer à coups de hotchkiss les sampans chargés de soldats qui allaient d'une rive à l'autre de la lagune. Les gros canons restèrent silencieux. Ce que voyant, les Annamites s'imaginèrent que nous n'avions plus de poudre et, à 10 heures du matin, reprenant confiance, ils ouvrirent un feu violent auquel tous les bâtiments

---

1. Rapport de l'amiral Courbet.
2. Dans le fort du Nord, on a trouvé près de 500 morts.

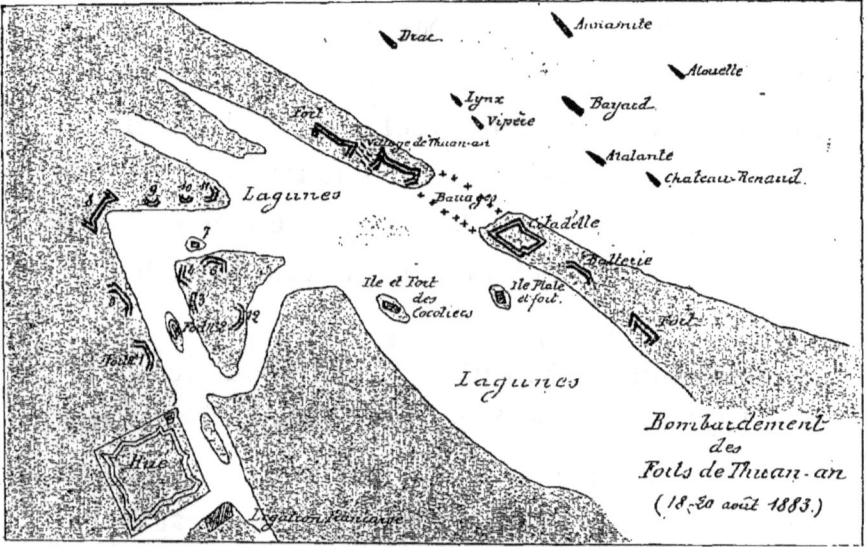

Bombardement des forts de Thuan-an (18-20 août 1883).

répondirent sans tarder. C'est alors que le *Bayard* reçut un boulet rond qui blessa un homme dans la batterie et quelques autres projectiles qui ne firent aucun mal. Cette fois, les canons des forts étaient mieux pointés, les boulets passaient même au-dessus du but.

Le 20, au petit jour, le feu recommença. L'amiral Courbet avait jugé le débarquement possible, et il importait de déblayer la plage et ses environs à coups d'obus. Les troupes devant débarquer étaient au nombre de 1,050 hommes, comprenant les 600 hommes d'infanterie de marine, la batterie d'artillerie de marine, la compagnie de tirailleurs annamites, les compagnies de débarquement du *Bayard*, de l'*Atalante* et du *Château-Renaud*, plus, la batterie des canons de 65% (en tout 15 canons) et les 100 coolies. A 5 h. 45 m., toutes ces troupes embarquées dans les canots poussaient des navires, tandis que la musique du *Bayard* faisait retentir l'air des accents de la Marseillaise. Il y avait encore un peu de levée à la plage, et pour débarquer les hommes durent se mettre dans l'eau jusqu'à la ceinture, au risque de mouiller leurs munitions et leurs armes. A 6 h. 10, sous la protection du *Lynx* et de la *Vipère*, qui, rapprochés de la terre, couvraient la plage de leurs obus, soldats et marins se lançaient à l'attaque, sous les ordres de M. le capitaine de vaisseau Parrayon, du *Bayard*. « Tout le monde

« était arrivé au complet sur le sable, malgré les
« balles et la pluie de bombettes que des gens invi-
« sibles, cachés derrière les dunes, lançaient d'en
« haut. Vite, on avait commencé à monter et à
« courir en gardant un silence de mort. Et puis,
« tout à coup, dans une ligne de tranchées, merveil-
« leusement établie, qui semblait entourer toute la
« presqu'île, on avait trouvé des gens qui guettaient,
« tapis comme des rats, sournois dans leurs trous
« de sable. On les avait presque tous tués là, sur
« place, au milieu de leur effarement, à coups de
« baïonnette [1] ».

Nos soldats n'avaient pas à redouter seulement
des embuscades; l'artillerie des forts tirait aussi sur
eux pour les repousser, mais en vain. M. le lieutenant de vaisseau Poidloue, à la tête des marins de
l'*Atalante*, enlève le fort du Nord et se livre à la
poursuite de l'ennemi. Vers le sud, le commandant
Parrayon se couvrant d'un détachement d'infanterie,
marche à l'assaut du fort principal. Les canons de
65, commandés par M. Amelot, du *Bayard*, en commencent l'attaque.

Pendant ce temps, les dernières troupes sont mises
à terre. A huit heures, elles rejoignent les soldats et
les marins aux abords du fort. Rien ne peut arrêter
leur élan; en vain, les Annamites se défendent avec

---

1. *Figaro*, Pierre Loti.

bravoure. Heureusement pour nous, ils n'ont pas
levé le pont-levis. Une cartouche de fulmi-coton,
placée par les torpilleurs du lieutenant de vaisseau
Gourdon, fait sauter la porte d'entrée et, à 9 heures,
le commandant pénètre dans le fort avec l'enseigne
Olivieri. A 9 h. 5 m., le pavillon tricolore remplace
au sommet des fortifications le grand étendard jaune
de l'Annam. Les Annamites, pris de terreur devant
nous, ont fui au milieu d'une bousculade insensée,
se jetant par-dessus les murs, se précipitant dans la
rivière et abandonnant morts et blessés par centaines.

Les deux principaux ouvrages de l'entrée de la
lagune étant évacués, il restait à franchir le barrage
de la rivière. Dans l'après-midi, la *Vipère* et le
Lynx y réussirent en essuyant les dernières salves
d'artillerie de l'ennemi. Les capitaines, MM. Lejard
et Blouet, firent preuve d'une ténacité et d'une
énergie remarquables ; ils s'avancèrent audacieuse-
ment, ripostant avec vigueur, tandis que de la haute
mer, le *Bayard* et le *Château-Renaud* contribuaient
à mettre en déroute les derniers défenseurs. Vers le
soir, le feu de l'ennemi était éteint, et dans la nuit,
les forts occupés par nous.

A 3 heures du matin, on vint prévenir M. Harmand, qui s'était rendu à terre, que le ministre des
affaires étrangères de Hué venait en parlementaire
avec un évêque comme interprète. Une suspension

d'armes de 48 heures fut convenue, mais M. Harmand déclara qu'il ne voulait traiter qu'à Hué même. L'armistice portait l'évacuation des douze forts intérieurs, l'enlèvement des barrages, la destruction des munitions et la restitution des deux derniers navires existant encore[1] parmi ceux concédés à Tu-Duc en 1874. Sans attendre la fin de la suspension d'armes qui avait été accordée, le commissaire général se rendit à Hué et s'installa avec M. de Champeaux à la légation de France. De là, il adressa au gouvernement annamite un ultimatum où, après avoir rappelé les nombreux griefs que nous avions à faire valoir, il indiquait les conditions d'une paix acceptable.

Le 25 août, après une longue discussion, le traité fut signé. En voici les principales clauses : Le protectorat sur l'Annam et le Tonkin est reconnu ; la France annexe la province de Binh-Thuan à la Cochinchine ; elle occupe militairement et d'une façon permanente les forts de Thuan-an ; les troupes annamites du Tonkin seront rappelées ; la France se charge de chasser les Pavillons-Noirs pour assurer la liberté du commerce : enfin le représentant de la France jouira du privilège, toujours refusé jusqu'alors, des audiences personnelles auprès du souverain.

---

1. Mais dans quel état !

Les plénipotentiaires annamites ayant demandé la réouverture la plus prochaine de la légation, M. de Champeaux fut nommé, par le télégraphe, résident à Hué. Il s'y installa le 1ᵉʳ septembre. Le 18, l'amiral Courbet quittait la baie de Tourane pour Halong avec le *Bayard* et le *Lynx*. Le *Château-Renaud* et la *Vipère* restaient à Thuan-an, où venaient d'arriver le torpilleur *46* et la *Javeline*, remorqués par les transports *Saône* et *Drac*. Peu de jours avant, le blocus de l'Annam avait été déclaré et notifié par l'amiral Courbet.

Ce fait d'armes était tout à l'honneur des canonniers, dont le tir avait été excellent, et des compagnies de débarquement, dont l'entrain avait largement contribué au succès. Quant à l'infanterie de marine, elle était restée à la hauteur de sa renommée de vaillance et de discipline. A la suite de cette affaire, le commandant Parrayon fut fait commandeur de la Légion d'honneur ; le chef d'état-major, M. de Maigret, nommé officier, et MM. Poidloue et Amelot, chevaliers. M. Lejard passait capitaine de frégate et restait à Thuan-an comme commandant supérieur ; MM. les lieutenants de vaisseau Gourdon et Blouet étaient mis au tableau d'avancement ainsi que l'enseigne Olivieri.

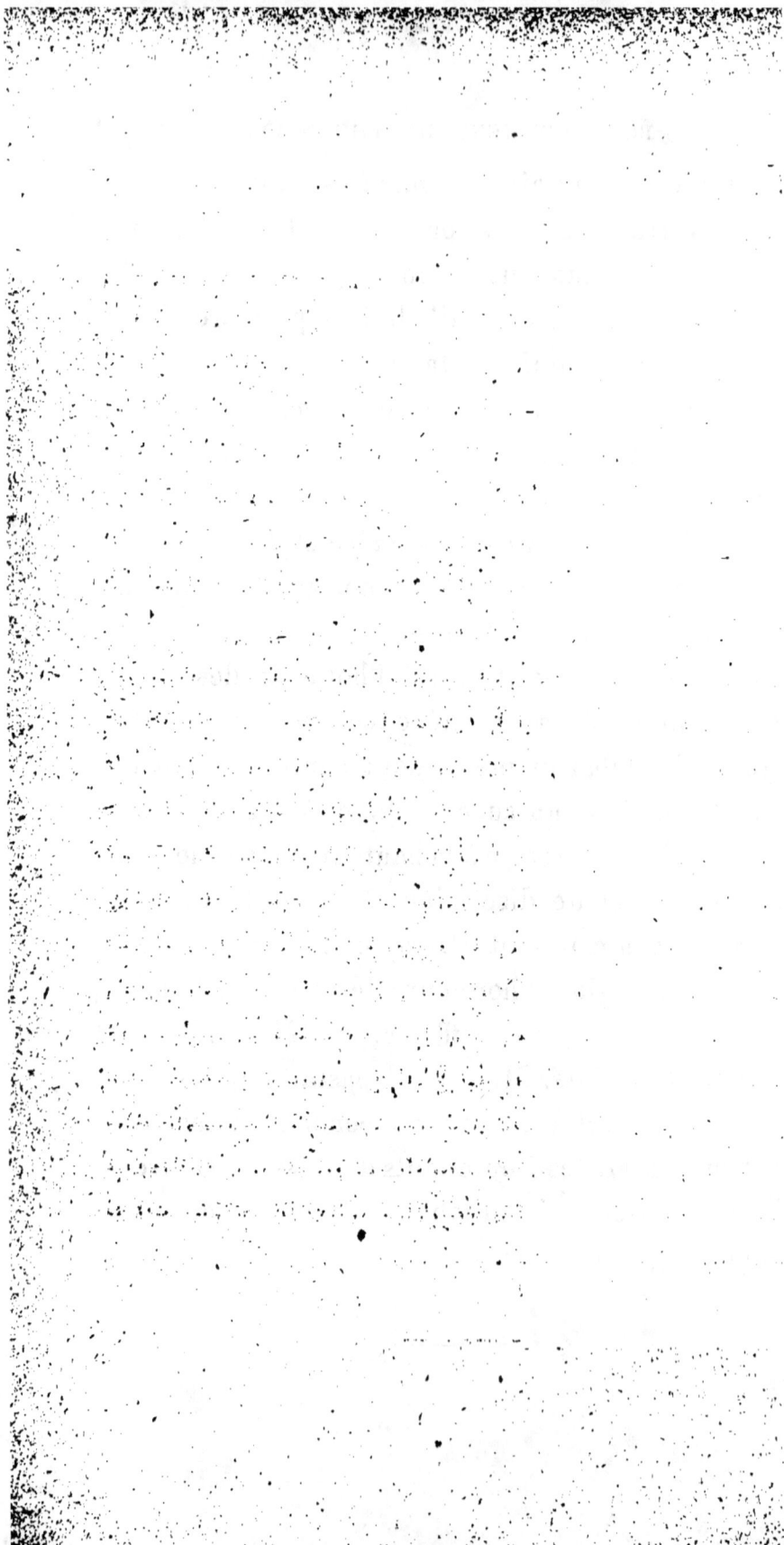

III

DEPUIS LE TRAITÉ DE HUÉ
JUSQU'A LA CONVENTION DE TIEN-SIN

(25 août 1833 - 11 mai 1884.)

———

Le coup de vigueur de la division du Tonkin
devant les forts de Hué avait mis entre nos mains
les clefs de la capitale de l'Annam; un traité de
paix avait été signé: il semblait donc que la solution de la question tonkinoise dût être proche. Il
n'en était rien. D'abord, dans l'application du traité,
nous commettions nous-mêmes des erreurs fonda-
mentales en oubliant que dans l'Annam, plus qu'ailleurs, la méfiance est mère de la sûreté[1], en exagérant
outre mesure la confiance qu'on devait aux mandarins de Hué, et surtout en ne faisant pas tomber résolûment les têtes de ceux de ces mandarins qui, tout
en protestant de leur amitié pour nous, demeuraient
de connivence avec les réguliers et les pirates chinois. D'un autre côté, chose beaucoup plus grave, la

———

1. Lorsque ces lignes furent écrites, le guet-apens qui attendait à Hué le
général de Courcy n'avait pas eu lieu. Il leur donne une consécration de
vérité qu'on ne pouvait supposer.

Chine ne voulant pas reconnaître à l'Annam le droit de traiter directement avec la France, continuait à soutenir de ses armes, de ses soldats et de son argent, tous ceux qu'il était convenu de désigner sous le nom de Pavillons-Noirs. Aussi, malgré le traité, la situation restait la même.

A la suite des combats du 15 août et du 1ᵉʳ septembre, les Pavillons-Noirs avaient été refoulés sur la rive droite du Day. Mais, malgré leur défaite, ils n'en demeuraient pas moins en face de nous, n'ayant pas de meilleurs ni de plus sûrs auxiliaires que les mandarins annamites, rendus confiants par notre mansuétude à leur égard. Sur ces entrefaites, de graves dissentiments s'étant élevés entre le général Bouët et le commissaire civil, le général rentra en France et le gouvernement confia à l'amiral Courbet la direction des affaires militaires.

L'amiral quitta le *Bayard* avec son chef d'état-major, M. de Maigret, ses aides de camp, MM. Ravel et de Jonquières, et vint établir son quartier-général à Hanoï (26 octobre). Il avait pris sur ses différents navires et amenait avec lui 600 hommes des compagnies de débarquement ou de l'armement des canons de montagne. Des renforts étaient attendus de France. Dès leur arrivée, l'amiral entreprit contre Son-Tay, la plus forte et la mieux défendue des citadelles tonkinoises, cette campagne de quatre jours qui demeurera, avec le siège de Tuyen-Quan, le plus

glorieux épisode de la conquête du Tonkin (14, 15,
16, 17 décembre). En attaquant Son-Tay avant
Bac-Ninh, l'amiral avait pensé que les Pavillons-
Noirs, une fois refoulés sur le haut Song-Koï, leur
repaire de Son-Tay enlevé, Bac-Ninh et les réguliers
chinois deviendraient une proie facile.

Les événements ont démontré la justesse de ces
prévisions. Son-Tay occupé, l'amiral se disposait à
reprendre le cours de ses succès, quand il fut remplacé par le général Millot (12 février). Le grade de
vice-amiral qu'obtint le 1er mars le vainqueur de
Son-Tay, ne tempéra que médiocrement l'amertume
et le regret que lui causait son remplacement. Un
mois après, jour pour jour, Bac-Ninh était entre nos
mains. Le 12 avril, c'était le tour de Hong-Hoa. Le
Delta était entièrement conquis.

Puisque la Chine nous faisait ouvertement la
guerre, puisque le marquis Tseng, dans sa correspondance avec les affaires étrangères, et Li-Hung-
Chang dans un entretien avec M. Tricou, avaient
avoué tous deux que des troupes impériales chinoises
étaient au Tonkin, et notamment à Bac-Ninh, il eût
semblé naturel de répondre à la guerre par la guerre.
Mais le Gouvernement crut ne pas devoir la déclarer,
et les deux divisions de Chine et du Tonkin restèrent
immobilisées, l'arme au bras, pendant tout cet hiver
(1883-1884), alors qu'il leur eût été facile de se
répandre sur les côtes de la Chine, de bombarder

ses ports, de rançonner ses villes commerçantes, de
ruiner sa marine, de couler ses jonques.

Nos navires avaient là un rôle tout tracé et tout
indiqué à remplir: ils eussent ainsi répondu éner-
giquement et efficacement à la guerre qui nous était
faite sur terre. Le cabinet français ne voulait pas en
venir à cette extrémité. Son constant souci, durant
le cours de ces difficultés, fut de respecter les intérêts des neutres. Or, c'eût été léser ces intérêts que
de bombarder des ports et rançonner des villes où
les étrangers l'emportent toujours sur les Français,
comme nombre, comme crédit et comme chiffre d'affaires[1]. De ce souci, peut-être exagéré, mais à coup
sûr défendable, naquirent toutes les hésitations du
Gouvernement devant les mesures de violence et de
coercition; si l'on a le droit de s'étonner parfois de
sa longanimité, il est juste aussi de reconnaître que
sa politique prudente nous a évité toute complication
avec les puissances neutres.

Ainsi qu'il a été dit déjà, la division de Chine
avait été réunie à Hong-Kong dès la fin de juillet.
Le 3 août, elle fut renforcée par la *Triomphante*, et
le 12 septembre par le *Tourville*. Quand cette division, imposante à la fois par le nombre et par la qua-

---

1. En 1831, le commerce de la Chine par frontière maritime a été de
1 milliard 100 millions, dont 866 millions sous pavillon anglais et 124 sous
pavillon français ; le reste est réparti entre les pavillons japonais, allemand, russe et américain. En outre, de port à port, le cabotage s'est élevé
à plus de 1 milliard, dont 600 millions sous pavillon anglais.

lité des navires, fut ainsi complétée, il vint à l'idée
de chacun de ceux qui se trouvaient à bord, que
l'heure était peut-être venue des belles choses à
accomplir. Un réel entrain animait les états-majors et les équipages ; leur amour-propre national
avait déjà souffert des atermoiements dont on usait
vis-à-vis d'un peuple solidaire après tout, de la
guerre que ses vice-rois nous faisaient au Tonkin.
Ils trouvaient que le moment d'en finir était venu,
et ils sentaient qu'on avait le moyen d'agir. Il était
au moins prématuré d'entretenir ces patriotiques
espérances : la marine devait rester longtemps encore
inactive.

En effet, la *Victorieuse,* frégate amirale, ne quitta
le mouillage de Hong-Kong que pour rentrer en
France le 10 mars 1884. Le *Tourville* passa le mois
d'octobre au Japon, puis il vint à Amoy et de là
gagna Hong-Kong pour y rester jusqu'à son retour
en France, le 4 mars. La *Triomphante* visita en octobre Amoy, Shanghaï, Tchefou, Port-Arthur, Ning-
Haï. Le 19 novembre, elle revint à Amoy où elle
resta jusqu'au 3 février. Après quoi elle retourna
à Hong-Kong et y demeura un mois et demi. Le
Villars se rendit en septembre à Shanghaï pour
protéger nos nationaux dans le cas où l'émeute qui
avait éclaté à Canton aurait eu son contre-coup dans
le nord ; il y resta jusqu'en décembre, époque où il
alla prendre à Halong un commandant, un état-

major et un équipage nouveaux que le *Mytho* lui amenait de France. Puis il rentra à Hong-Kong pour deux mois.

Le *Volta* fut mieux partagé. Envoyé à Shanghaï, le 24 août, pour y relever le *Kersaint,* il se mit à la disposition de M. Tricou, titulaire de la légation de France au Japon, envoyé en mission en Chine, après le départ de M. Bourée, pour essayer d'y négocier la question du Tonkin. M. Tricou avait rencontré Li-Hung-Chang à Shanghaï, alors que le vice-roi du Petchili se rendait dans le sud pour prendre le commandement des forces militaires, et il avait tenté de lui faire rebrousser chemin : le vice-roi, qui n'est pas un foudre de guerre, avait facilement consenti à remonter jusqu'à Tien-Sin. M. Tricou jugeant utile de l'y rejoindre, s'était embarqué le 13 septembre sur le *Volta* qui l'avait conduit à l'entrée du Peï-Ho (16 septembre). Là, notre envoyé extraordinaire voulut mettre à profit l'expérience que le commandant Fournier avait acquise pendant son récent commandement du stationnaire de Tien-Sin. Il savait que le jeune commandant du *Volta* était très au courant des choses de la Chine et qu'il s'était fait l'ami personnel du vice-roi et de son entourage : il demanda donc au ministre de la marine que M. Fournier lui fût adjoint pendant la durée de sa mission près de Li-Hung-Chang. Les négociations entamées n'aboutirent pas. M. Tricou se rembarqua le 2 novembre sur le *Volta* qui le conduisit au Japon, où il avait à rompre son établissement, et de là à Hong-Kong où le *Volta* resta jusqu'au mois d'avril. Un seul incident marqua ce séjour. Les Chinois ayant répandu le bruit que si un navire français osait remonter à Canton, il serait reçu à coups de canon, le *Volta* s'y rendit, l'équipage au poste de combat. Ce fut une précaution inutile. Les forts de Bocca-Tigris restèrent silencieux et les Chinois convaincus de fanfaronnade.

Le *Lutin* fut envoyé à Canton au lendemain de l'émeute qui y éclata le 10 septembre; il y séjourna jusqu'au mois de juin, n'interrompant cette monotone relâche que par de courts et rares voyages à Hong-Kong.

Le *Kersaint,* qui était à Shanghaï depuis deux mois aux ordres de M. Tricou, y fut relevé par le *Volta* à la fin d'août. Arrivé à Hong-Kong le 7 septembre, il en partit peu après pour la baie d'Halong d'où il devait rentrer en France. Les événements le maintinrent dans la division du Tonkin plus qu'on ne pensait. Le *Duguay-Trouin,* qui faisait partie de la division du Levant, était à Smyrne quand il reçut l'ordre (le 15 décembre 1883) de venir renforcer la division de Chine. Il arriva sur rade de Hong-Kong le 30 janvier.

Le rôle de la division du Tonkin, pendant cet

hiver 1883-1884, fut sans doute tout aussi ingrat,
mais en revanche plus actif et plus pénible que celui
de la division de Chine. Au lendemain du traité de
Hué, l'amiral Courbet avait déclaré le blocus des
côtes de l'Annam. Il s'agissait de le rendre effectif
et c'est à cette besogne que sa division fut employée.
S'il n'y avait pas de commerce à entraver ou à
détruire, il était du moins nécessaire d'empêcher
l'introduction des armes et le débarquement des
troupes.

La baie d'Halong était naturellement indiquée
comme point de concentration et de ravitaillement de
la station navale. On sait qu'elle offre un excellent
mouillage pour les navires de toutes dimensions.
Les milliers de rochers qui la défendent de la mer
font d'elle un abri sûr même en cas de typhon,
comme l'événement l'a prouvé au mois de décembre 1883. Sans doute, il serait téméraire de s'y croire
dans une sécurité profonde en temps de guerre avec
une nation maritime bien outillée. Chacun des
rochers qui la bordent peut servir merveilleusement
de cachette à des torpilleurs prêts à fondre sur un
ennemi tranquille au mouillage. Mais cette éventualité n'était pas trop à craindre de la part de la
Chine qui n'avait à nous opposer dans ces parages
que quelques jonques de guerre montées par des
pirates. Il suffisait de faire faire des rondes, chaque
nuit, par des canots à vapeur et d'avoir à bord quel-

ques pièces de petit calibre toujours chargées, pour
mettre la flotte à l'abri d'une surprise. Des ordres
sévères étaient également donnés aux factionnaires
qui devaient faire feu sur toute embarcation laissant
sans réponse un troisième appel.

Ces mesures de prudence n'étonneront pas ceux
qui connaissaient le chef de la division navale. Elles
ont eu le résultat attendu, jamais ses navires n'ont
été inquiétés au mouillage.

Chaque bâtiment avait alternativement une semaine de séjour à la baie d'Halong et une semaine de
croisière; celle-ci se passait tantôt dans la zone est
du blocus, c'est-à-dire du côté de Pakoï, tantôt dans
la zone sud, du côté de Tourane et de Hué. Puis,
suivant les besoins, les navires étaient envoyés à
Quan-Yen, à Hongay, à Saïgon, à Haï-Phong. D'autres fois on les chargeait de surveiller les chenaux
du long de la côte par où les troupes chinoises pouvaient chercher à gagner la frontière.

Les expéditions contre les pirates à Fou-Taï-
Moun, à Siong-Mui-Tao étaient celles que les équipages préféraient; les navires qui y prenaient part
avaient ainsi l'occasion de mettre à terre leurs compagnies de débarquement et revenaient avec un butin de jonques souvent bien armées. Mais c'étaient
des événements malheureusement trop rares.

Ceux-là seuls qui ont eu l'occasion de participer
à un blocus pourront se faire une idée exacte de

ce que fut cette tâche imposée pendant plusieurs
mois à la division Courbet. Ils n'auront pour cela
qu'à évoquer leurs souvenirs personnels. Faire pendant quelques heures une certaine route, la défaire
ensuite, aller dans un sens, revenir en sens contraire, constitue, il faut l'avouer, le métier le plus
monotone et le plus aride qui se puisse imaginer.

Ce blocus s'effectuait dans des conditions qui
augmentaient encore la monotonie et l'aridité habi-
tuélles. C'est sous un soleil de plomb, par une
chaleur tropicale et énervante que cette croisière se
tenait. Quelque pénible qu'elle fût, elle était encore
préférable au séjour d'Halong où l'inaction se faisait plus cruellement sentir et venait se joindre
aux rigueurs d'une température excessive. « Ici,
écrivait l'amiral, on cuit, on bout pour mieux dire,
car le milieu où l'on vit est un mélange d'air et de
vapeur d'eau à une température très désagréable.
A bord du *Bayard,* qui est tout en tôle et où le
thermomètre marque toujours 2 ou 3 degrés de plus
qu'ailleurs, l'épreuve est plus rude que chez les
voisins. » Aux fatigues d'un tel climat s'ajoutaient
les mille ennuis d'un séjour dans un pays sans ressources, dépourvu de vivres d'aucune sorte, où la
pauvre machine humaine se détraquait rapidement,
où les meilleures santés chancelaient pour ne plus
se relever et où les caractères eux-mêmes subissant
le contre-coup de ces malaises physiques, ne trou-

vaient que par des efforts de volonté la dose suffisante de patience et de résignation.

Si encore, au milieu de toutes ces misères, on eût été tenu en haleine par l'espoir de quelque chasse à l'ennemi, de quelque heureuse capture. Mais cela même faisait défaut. Les côtes de l'Annam en général sont peu fréquentées ; et, depuis que nous faisions bonne garde, les navires suspects y étaient de plus en plus rares.

Aussi la presque certitude de ne jamais voir surgir à l'horizon quelque hardi forceur de blocus privait même de cette attente de l'imprévu qui, d'habitude, peut suffire à rendre une croisière intéressante.

Il serait trop long de relater toutes les allées et venues des navires : c'est aux avisos *Hamelin*, *Kersaint*, *Parseval*, *Château-Renaud*, qu'incomba le plus grand nombre de semaines de croisière. Les avisos-transports *Drac* et *Saône* firent de nombreux voyages en Cochinchine pour les besoins du corps expéditionnaire. L'*Atalante* passa à Tourane de longs mois d'attente et d'isolement. Quant au *Lynx* et à l'*Aspic*, il furent employés presque toujours dans le Delta que leur tirant d'eau leur rendait accessible. En exécution d'un des articles du traité de Hué, 700 hommes de troupe tenaient garnison à Thuan-an où la *Vipère*, la *Javeline* et le torpilleur *46* restèrent en station pendant tout l'hiver.

Entre temps, deux ingénieurs hydrographes, MM. Renaud et Rollet de l'Isle, avec le concours de différents navires, mais en particulier de la *Saône* et du *Château-Renaud,* avaient fait l'hydrographie de toute la région très inconnue qui s'étend à l'ouest de la baie d'Halong[1].

La surveillance des côtes de l'Annam et du Tonkin a donc été l'unique et pénible occupation de la division de l'amiral Courbet depuis le bombardement des forts de Hué. Aussi, à la date du 24 avril 1884, l'amiral pouvait-il écrire : « Le rôle de la marine est fini. Évidemment on ne se décidera jamais à des opérations maritimes contre le Céleste-Empire. Depuis le jour où les Célestiaux ont mal digéré le traité de Hué, je n'ai eu qu'une opinion et je l'ai répétée sur tous les tons : déclarer la guerre à la Chine, brûler ses ports, ruiner sa marine. »

A quelques jours de là, les faits semblaient confirmer l'amiral dans la crainte qu'il éprouvait de voir finir son rôle et celui de sa division navale ; le 11 mai, la convention de paix de Tien-Sin était signée. Étrange revirement des choses d'ici-bas ! Cette convention, qui semblait terminer le différend franco-chinois, devait être le point de départ des grandes

---

1. Les travaux de ces ingénieurs qui devaient former un pilote très complet du golfe du Tonkin, eurent le sort le plus malheureux. Remis à bord de l'*Aveyron* qui revenait en France, ils furent perdus lors du naufrage de ce transport. Il fallut recommencer une seconde fois le travail fait à grand'peine.

opérations maritimes! Les négociations qui précé-
dèrent la signature de la convention de Tien-Sin,
tiennent de près au récit des mouvements de la
flotte. A ce titre, elles peuvent prendre place dans
ces souvenirs. Elles nous ramèneront, du reste, à
reparler de la division de Chine qui était toujours
au mouillage de Hong-Kong.

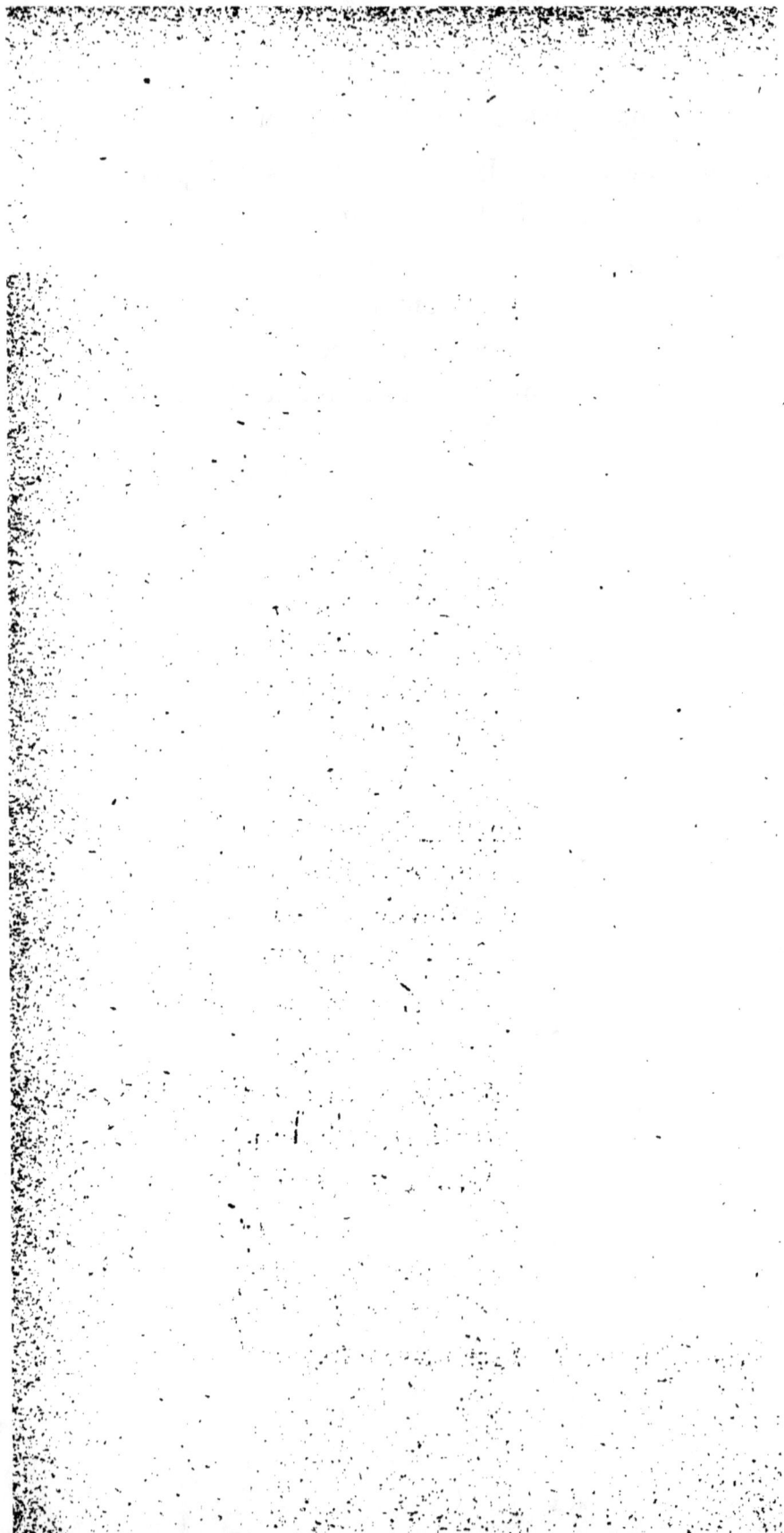

IV

AVANT ET APRÈS LA CONVENTION DE TIEN-SIN
JUSQU'A L'AFFAIRE DE BAC-LÉ

———

Etant donné le peu de services que le *Tourville*
avait rendus jusqu'alors, le ministre de la marine
se décida à le rappeler des mers de Chine et à le
remplacer par deux croiseurs un peu plus petits, le
Duguay-Trouin et le *d'Estaing*. Pour expliquer ce
rappel, on alléguait que que ce superbe navire joi-
gnait à de très sérieuses qualités des défauts graves :
tant il est vrai que la perfection n'est pas de ce
monde. Il calait beaucoup (7^m,78 en pleine charge),
dépensait énormément de charbon (50 à 60 tonneaux
avec la moitié des feux), et sa machine était très difficile à mener. Mais à côté de ces inconvénients, il
avait l'avantage d'une vitesse supérieure, dont il n'a-
vait rien perdu, puisque dans sa traversée de retour,
après dix mois de navigation, entre Port-Saïd et
Alger, il fila 15 nœuds à la vapeur seule en ne donnant que 65 tours, alors qu'en arrivant à Brest, il
put, avec 73 tours, réaliser une vitesse de 16 nœuds

passés. Cette grande marche en faisait un engin de
guerre qui n'était pas à dédaigner. Si l'amiral Courbet, le jour où il donnait la chasse aux croiseurs
chinois près de Sheipoo, avait eu avec lui un grand
croiseur filant 15 à 16 nœuds, peut-être se fût-il
décidé à le lancer seul en avant contre les trois
navires ennemis les plus rapides, et peut-être est-il
permis de penser que, dans ces conditions, le succès
eût été plus complet et plus éclatant.

On s'est plu à répéter que le tirant d'eau du *Tourville* lui défendait l'entrée de certaines rivières. Mais
la *Triomphante,* le *La Galissonnière* et plus encore le
Bayard, étaient dans le même cas. Ils avaient, eux
aussi, des tirants d'eau qui ne leur permettaient pas
de franchir les barres de quelques fleuves. Pourtant
on maintenait dans les mers de Chine la *Triomphante,* le *La Galissonnière* et le *Bayard,* à cause de
leurs cuirasses. Ne pouvait-on y maintenir le *Tourville* à cause de sa vitesse ? La vitesse est le premier
facteur à considérer dans la guerre moderne.

Le *Tourville* était parti de Hong-Kong depuis
trois jours quand le *La Galissonnière* vint y mouiller,
amenant le nouveau commandant en chef de la division de Chine, le contre-amiral Lespès (7 mars).
La remise du service eut lieu sans tarder, et la
Victorieuse put appareiller pour la France dès le
11 mars au matin.

Le premier soin de l'amiral Lespès fut de faire

avec sa division une tournée générale sur les côtes
de Chine. Cette division était fort bonne à montrer
avec ses deux cuirassés *Triomphante* et *La Galissonnière*, ses croiseurs *Villars* et *Duguay-Trouin*,
ses avisos *Volta* et *Lutin*. Justement, elle venait de
s'accroître d'un troisième croiseur, le *d'Estaing*,
commandé par M. le capitaine de vaisseau Coulombeaud, qui avait mouillé le 13 mars à Hong-Kong.
Ordre fut donc donné à la *Triomphante* et au *Duguay-Trouin* de se rendre à Amoy afin d'y relever le
Villars, qui s'y trouvait depuis la fin de février et
qui allait remonter à Shanghaï.

Le *Lutin* retournait à Canton. Quant au *La Galissonnière* et au *Volta*, ils devaient rejoindre un peu
plus tard à Amoy les navires qui venaient d'y être
envoyés. L'amiral Lespès voulait auparavant mettre
à profit la grande marée de la fin du mois de mars
pour remonter jusqu'à Canton avec le *Volta*. Notre
consul dans cette ville, M. Ristelhueber, avait insisté
auprès de l'amiral pour qu'il se rendît en visite chez
le vice-roi. Il n'était pas mauvais, pensait-il, qu'un
chef militaire français se montrât à Canton quelques
jours après la prise de Bac-Ninh. Ce récent succès
avait causé une énorme émotion en Chine, sans
doute parce que les soldats qui défendaient la ville
— et qui en avaient fui, du reste, — étaient des
réguliers chinois. Mais le mot d'ordre était alors
de sembler ignorer que des réguliers chinois fussent

au Tonkin en face de nous, et une visite de cour-
toisie à un vice-roi chinois, si bizarre qu'elle pût
paraître à la réflexion, n'avait rien que de normal :
nous n'étions pas en guerre avec la Chine.

Le *Lutin* et le *Volta* remontèrent donc à Canton
avec l'amiral, son état-major et sa musique. La musique, qui a pour vertu d'adoucir les mœurs, peut
aussi aider aux bonnes relations diplomatiques. Cette
visite qui, en elle-même, n'aurait pas été autre chose
qu'une de ces visites banales comme sont appelés à
en faire tous les chefs de station navale, ne vaudrait
pas la peine d'être mentionnée si elle n'avait
donné lieu au premier des pourparlers qui devaient
aboutir à la fameuse convention de Tien-Sin.

M. Detring, commissaire des douanes impériales
chinoises à Canton, était à ce moment de passage à
Hong-Kong, revenant d'Europe où il avait eu l'occasion de voir le ministre des affaires étrangères,
M. J. Ferry. Il l'avait entretenu de nos difficultés
avec la Chine et de la possibilité d'un arrangement.
Le chef du cabinet français avait fait bon accueil
aux idées de M. Detring, et l'avait engagé à s'aboucher dès son retour en Chine avec le commandant
du *Volta*, M. Fournier, dont le nom était en faveur
au ministère depuis la récente mission qu'il avait
remplie à Tien-Sin avec M. Tricou, auprès de Li-
Hung-Chang.

M. Detring connaissait, du reste, le commandant

Fournier depuis son commandement du *Lynx*; il le rencontra à Hong-Kong peu de jours avant le voyage du *Volta* à Canton : M. Detring fut de ce voyage.

On raconte qu'au moment où, sur le pont du *Volta*, M. Detring fut présenté à l'amiral Lespès, un aide de camp de celui-ci dit au commandant Fournier : « Qu'est-ce que c'est que cet Allemand? Est-ce que vous avez confiance en lui? » A quoi il fut répondu que cet Allemand était plus Autrichien qu'Allemand, qu'il était officier de la Légion d'honneur depuis l'Exposition de 1878 et qu'il se trouvait être, dans l'administration des douanes, l'antagoniste du commissaire général, M. Robert Hart; que ce dernier nous détestant cordialement, il était naturel que M. Detring nous portât quelque sympathie.

M. Fournier aurait pu ajouter ce qu'il avait dans la pensée, à savoir que M. Detring qui convoitait la succession future de M. Robert Hart, n'avait rien tant à cœur que de jouer un rôle important dans les affaires chinoises et de s'attirer la confiance et la reconnaissance du gouvernement de Pékin par un service signalé, par un service tel que la haute position, objet de ses désirs, lui revînt dans l'avenir comme un droit, comme une juste récompense. Or, il était vraisemblable que, parmi les bienfaits que la Chine pouvait souhaiter, le premier de tous était la paix; et que, sans oser la demander lui-même de peur de *perdre la face,* le gouvernement chinois était pourtant disposé à bénir des deux mains et pour de longues années, l'habile fonctionnaire qui viendrait lui fournir le moyen de la signer. M. Detring s'employait donc très sincèrement à la négociation d'un arrangement. L'aide de camp de l'amiral Lespès pouvait se rassurer; la confiance du commandant Fournier n'était pas hasardée. Les rêves ambitieux de cet Allemand liaient ses intérêts aux nôtres.

Aussitôt installé dans sa résidence de Canton, M. Detring soumit les conditions de la France au vice-roi, créature de Li-Hung-Chang, tout dévoué à sa personne. Ces conditions étaient: rappel du marquis Tseng, reconnaissance du protectorat de la France sur l'Annam et le Tonkin, ouverture du Yun-nan, du Kouang-si et du Kouang-tong, convention douanière et indemnité de guerre. Mais comme le pauvre vice-roi n'avait nulle qualité pour engager son gouvernement, il se hâta d'en référer à Li-Hung-Chang. Celui-ci répondit en appelant auprès de lui M. Detring qui se rendit aussitôt à Tien-Sin muni d'une lettre confidentielle où le commandant Fournier précisait les conditions de l'entente qu'il croyait acceptables par la France. Les événements semblaient donc tourner au gré des différents personnages qui s'étaient rencontrés à bord du *Volta*, lors du voyage à Canton.

Ce voyage effectué, l'amiral Lespès ne resta que quelques jours à Hong-Kong; il vint mouiller à

Amoy le 10 avril, dans la soirée. Le *Volta*, qui
avait quitté Hong-Kong vingt-quatre heures après
le *La Galissonnière,* le rejoignit dans la baie de Mirs
pour lui remettre son courrier, et de là se dirigea
vers une destination qu'on ne soupçonnait pas.

Ce fut seulement le 16 avril, quand le *Volta* vint
au mouillage d'Amoy, qu'on sut que de la baie de
Mirs il s'était dirigé sur Kelung[1], au N.-E. de Formose, port voisin de charbonnages importants d'où la
marine chinoise tirait son approvisionnement de
combustible, excellente relâche pendant la mousson
de S.-O., mais très mauvais mouillage pendant la
mousson de N.-E. Le séjour du *Volta* à Kelung
avait donné lieu à l'incident suivant :

Aussitôt arrivé en rade, le commandant Fournier
avait demandé à l'autorité chinoise 30 tonneaux de
charbon et un pilote pour pouvoir entrer dans la baie
et mouiller dans l'avant-port. Le charbon et le pilote
avaient été refusés. En outre, des officiers du *Volta*
qui s'étaient rendus à terre pour visiter les forts
défendant la rade, avaient été accueillis avec des
marques non équivoques d'animosité, et l'un des
factionnaires de ces forts avait même fait le geste de
les coucher en joue. En présence de ce mauvais
vouloir des autorités et de cette hostilité de la popu-

---

1. Les ports de Kelung et de Tamsui ont été ouverts en 1863 au commerce étranger. Ces deux villes ont ensemble une population de 70,000 habitants. Le revenu des douanes commun aux deux ports est de 2,100,000 fr.;
charbon à Kelung; thé à Tamsui. Le thé de Formose est très apprécié.

lation et des troupes, le commandant du *Volta* adressa au taotaï de Kelung une sorte d'ultimatum dans lequel il exigeait la livraison du charbon, la venue du pilote à son bord et des excuses du commandant du fort dont le factionnaire s'était permis de manquer de respect à un officier français. Si satisfaction ne lui était pas donnée, le commandant annonçait qu'il ouvrirait le feu le 15, à 8 heures du matin.

N'ayant pas tardé à reconnaître dans le fond de la rade, près de la ville, une position d'où il pouvait prendre à revers le seul fort dont le calibre des canons fût à craindre, le commandant du *Volta* vint y mouiller avec une assurance et une résolution remarquables, — et il attendit. A 7 heures et demie du matin, le 15 avril, le charbon était le long du navire ; le pilote ne venait pas, puisqu'on s'était passé de lui pour changer de mouillage, mais le commandant du fort se rendait à bord du *Volta,* où il apportait ses excuses pour l'incartade de son subordonné.

Cette mise en demeure suffisamment belliqueuse, émanant d'un officier récemment désigné comme l'intermédiaire d'un arrangement pacifique, était faite pour surprendre. S'il est souvent difficile de démêler le pourquoi des contradictions dont la vie est pleine, il est pourtant possible, dans le cas présent, de trouver la raison d'un aussi brusque changement d'attitude. M. Fournier, en causant avec M. Detring d'un traité possible, n'avait pas manqué d'insister sur les avantages que la paix devait procurer à la Chine, et il avait surtout fait entrevoir toutes les calamités qu'entraînerait la continuation des hostilités ; il avait montré — moins pour M. Detring que pour ses interlocuteurs chinois — les turcos prêts à seconder les musulmans du Yun-nan, les troupes du Tonkin prenant Haïnan et Formose, la flotte ravageant les côtes, brûlant les ports. Mais pour donner créance à ces sombres pronostics, il fallait au moins que cette flotte qui avait jusque-là si peu fait parler d'elle, s'affirmât d'une façon évidente. L'ultimatum envoyé par le commandant du *Volta* au taotaï de Kelung n'avait donc été que l'attestation palpable de la valeur des navires français et de l'énergie de ceux qui les montaient.

L'incident eut en Chine le retentissement que ses promoteurs avaient espéré.

La division navale, sauf le *d'Estaing*, partit d'Amoy à la fin d'avril pour Shanghaï. Chemin faisant, le *La Galissonnière* et le *Volta* s'arrêtèrent à Matsou d'où l'amiral se rendit avec le *Volta* à Fouchéou. Enfin, le 28 avril, toute la division se trouvait réunie dans le Yang-Tsé, les croiseurs seuls devant la ville, les cuirassés, qui ne pouvaient franchir la barre, étant restés à Voo-sung. L'amiral Lespès, afin d'entrer plus facilement en relations avec les diverses autorités s'était installé au Consulat général de France, et avait mis son pavillon sur le *Duguay-Trouin*.

Si, de son côté, l'amiral n'avait pas perdu de vue les conversations échangées lors du voyage à Canton, s'il avait envoyé le *Volta* à Kelung pour y faire la démonstration que l'on sait; de son côté Li-Hung-Chang n'avait pas tardé, comme on l'a vu, à faire venir auprès de lui M. Detring. Il s'était montré de suite disposé à bien accueillir le projet d'un arrangement et le lendemain même de son arrivée à Shanghaï, l'amiral Lespès recevait l'avis que le vice-roi du Petchi-li venait d'obtenir du gouvernement chinois le rappel du marquis Tseng comme première satisfaction donnée à la France [1]. Ainsi tout s'annonçait bien; les choses marchaient à souhait. Elles devaient aller mieux encore.

Li-Hung-Chang sachant que la division française remontait à Shanghaï, avait envoyé dans cette ville son parent et secrétaire, Ma-Kien-Tchang, jeune homme élevé en France, très au courant des choses d'Europe et d'une intelligence très ouverte. Le jeune Ma était donc à Shanghaï, *comme par hasard*, quand les navires français y arrivèrent. Il vint offrir ses hommages au commandant Fournier qu'il connaissait déjà et se fit présenter par lui à l'amiral Lespès. Le lendemain, à bord du *Volta,* pendant un déjeuner où étaient conviés l'amiral et le secrétaire de Li,

---

1. Télégramme de Li-Hung-Chang à Ma : « Dites au commandant Fournier que, pour preuve de notre sincérité et pour donner une première satisfaction à la France, j'ai obtenu par décret impérial le rappel du marquis Tseng. »

la conversation tomba naturellement sur le différend
entre la France et la Chine. Le jeune Ma parla longuement de la sympathie du vice-roi pour M. Fournier et insista particulièrement sur le regret qu'é-
prouvait Li-Hung-Chang de n'avoir pu, au mois
d'octobre précédent, réussir à s'entendre avec MM. Tricou et Fournier, etc., etc... Bref, le 30 avril, dans
l'après-midi, le *Volta* descendait le Yang-Tse et se
rendait à Tche-Fou, d'où le commandant partait pour
Tien-Sin dans le but avoué d'aller rendre visite à
son excellent ami le vice-roi, mais en réalité pour
y conférer avec lui sur les bases de la lettre qu'avait
portée M. Detring.

Aussitôt arrivé, le commandant Fournier entrait
en relations avec Li-Hung-Chang, et correspondait
en même temps et avec Paris et avec l'amiral. Il tenait ce dernier au courant des négociations enga-
gées, si bien que le 8 et le 9 mai, à la fois de Tien-
Sin et de Shanghaï arrivaient au ministère des
affaires étrangères deux télégrammes informant du
résultat des pourparlers. Les deux négociateurs
avaient fixé les termes d'une convention préliminaire en 5 articles destinés à servir de base au traité
définitif[1]. En réponse à son télégramme du 9, l'amiral reçut le dimanche 11 mai vers quatre heures de
l'après-midi, du ministre de la marine, une dépêche

---

1. Déclaration de M. J. Ferry à la Chambre, le 20 mai.

qui lui donnait les pleins pouvoirs pour signer à Tien-Sin, au nom de la France, la convention qui venait d'être discutée et arrêtée.

En conséquence, le 12 mai, le *La Galissonnière,* partait pour Tche-Fou et y arrivait le 15 au matin. Sans perdre de temps, l'amiral s'embarqua avec ses aides de camp sur un des vapeurs de commerce qui desservent Tien-Sin. Le vapeur ayant dû mouiller en dehors de la barre de Takou, des canonnières chinoises vinrent, sur l'ordre du vice-roi, chercher l'amiral Lespès que les canons des forts saluèrent au passage.

Mais une surprise l'attendait à son arrivée au quai de Tien-Sin. Le commandant Fournier, venu au-devant de lui, lui annonçait que depuis le 11 mai à cinq heures du soir le traité était signé en bonne et due forme. Le commandant se hâta d'expliquer à son amiral que les pourparlers avaient abouti à une entente beaucoup plus prompte qu'on ne pensait. Dès les premières entrevues, Li-Hung-Chang avait insisté en faveur d'une solution rapide ; il avait signalé comme un danger la versatilité de l'impératrice. Puisqu'en ce moment elle se montrait favorable à la paix, il conseillait de profiter sans retard de ces bonnes dispositions qui pouvaient ne pas durer et se changer, tout à coup, en une invincible opposition à tout projet de traité. Devant cette éventualité, que le vice-roi ne cessait de réprésenter comme immi-

nente, le commandant Fournier s'était vu contraint
de demander pour lui-même les pleins pouvoirs, sans
attendre l'arrivée de l'amiral [1]. Ces pouvoirs lui avaient
été accordés. C'est ainsi que la convention du 11 mai,
au lieu de s'appeler convention Lespès, porta le nom
de convention Fournier. Une affectueuse accolade
échangée entre l'amiral et le capitaine de frégate
prouva alors, mieux que de longs discours, que le
chef approuvait la conduite de son subordonné [2].

La rapidité dont les pourparlers marchèrent était
assurément faite pour étonner. La promptitude n'est
pas la qualité dominante des Fils du Ciel. Pourquoi
dans ce cas leur plénipotentiaire avait-il montré
un empressement si insolite ? Dans quel but avait-il

---

1. Qui ne pouvait être à Tien-Sin avant six ou sept jours.
Tien-Sin, 18 mai.
2. ..... De la lecture des télégrammes reçus directement par cet officier
supérieur, il résulte pour moi que la signature apposée par lui était définitive, les pleins pouvoirs qui lui avaient été donnés étant entiers et n'ayant
pas le caractère provisoire que m'avait semblé leur attribuer votre télégramme. Je crus devoir renoncer en conséquence à la signature de la convention dont tout l'honneur lui revient. Je me plais à le reconnaître. Lui
seul pouvait, par ses relations personnelles avec le vice-roi et l'indépen-
dance que lui laissait l'absence de toute mission officielle, mener à bien
une pareille entreprise, dont un des mérites est certainement la promptitude avec laquelle ont été menés les pourparlers et le secret qui les a en-
tourés, secret si bien gardé que le personnel des légations n'en a été avisé
que lorsque la convention était déjà un fait accompli. Le commandant
Fournier a déployé, dans cette circonstance, une netteté de vue, une fermeté
et une énergie qui lui font le plus grand honneur. Vous l'avez reconnu,
Monsieur le Ministre, en l'inscrivant d'office au tableau d'avancement,
je vous demande avec instance de compléter cette mesure en le nommant
au grade de capitaine de vaisseau, justifié amplement par sa grande valeur
militaire et son brillant commandement du *Volta*.....
Signé : LESPÈS.

tenu à négocier avec le commandant Fournier à l'exclusion de tout autre ? Comment se faisait-il qu'un simple capitaine de frégate eût été admis à marcher de pair avec le premier personnage d'un Empire où tout repose sur l'étiquette, où existe un ministère spécial des rites ?

Si le rapprochement qui va être fait entre un épisode lointain déjà et la signature de la convention est inexact, cela prouvera simplement que la clair-voyance du témoin de ces événements s'est trouvée en défaut, et que son appréciation, absolument per-sonnelle, s'est laissé entraîner trop loin sur les ailes de son imagination.

Le 25 octobre 1883, dans un entretien entre M. Tri-cou et Li-Hung-Chang, entretien auquel assistait M. Fournier, le dialogue suivant fut échangé : « Jus-qu'ici, dit le vice-roi, votre intervention au Tonkin n'a causé que des dommages à notre commerce : ainsi la Compagnie chinoise de navigation, *China-Mer-chant,* a vu mettre l'embargo sur les magasins de Haï-phong et sur des riz qui étaient sa propriété. — Le gouvernement vous désintéressera dit M. Tricou. » Le vice-roi dont la physionomie reflétait le vif inté-rêt qu'il portait à cette Compagnie dont il était le di-recteur et le plus fort actionnaire, posa une seconde fois sa question, à quoi le ministre répondit qu'il serait facile de trouver sur ce point une solution sa-tisfaisante. Puis s'apercevant sans doute qu'il s'attardait trop sur un sujet tout personnel, Li s'écria : « C'est que nous autres Chinois nous aimons tant l'argent ! »

Quelques jours après, quand M. Tricou quitta Tien-Sin, le vice-roi vint le saluer. « Vous ne voulez donc me rendre aucun service, dit-il en prenant M. Tricou par l'épaule ? Et la *China-Merchant* dont je vous ai parlé ? Vous en occuperez-vous ? En parlerez-vous à M. Harmand ? » — « Je passerai tout exprès par Hanoï, dit M. Tricou. Mais à quel chiffre estimez-vous le dommage ? » Li-Hung-Chang répondit que, les livres de la Compagnie se trouvant à Shanghaï, il ferait relever le chiffre et l'adresserait à M. Tricou à Hong-Kong.

Qui saura jamais si le plénipotentiaire chinois de la convention du 11 mai ne tenait pas à retrouver, dans le plénipotentiaire français, l'officier qui avait entendu naguères ses confidences à M. Tricou ?...

Les jours qui suivirent le 11 mai furent employés à discuter les questions de détail, entre autres, le 18, la fameuse question de l'évacuation des citadelles du Tonkin par les troupes chinoises. Lorsque tout fut réglé, le commandant Fournier revint en France [1] apporter l'instrument original du traité et l'amiral Lespès remonta jusqu'à Pékin pour rendre visite au Tsong-li-Yamen et sceller ainsi les relations d'amitié

---

1. A son arrivée, M. Fournier fut nommé capitaine de vaisseau. Le commandement du *Volta* fut donné à M. Gigon, second de la *Triomphante*.

que la convention venait de renouveler entre la France et la Chine. En même temps, le gouvernement français, suivant l'article 5 de la convention, désignait comme plénipotentiaire du traité définitif M. Patenôtre, qui avait quelques années auparavant géré la légation de France à Pékin et qui se trouvait alors à Hué, où il était chargé de signer avec le successeur de Tu-Duc un traité modifiant légèrement le traité de M. Harmand du 25 août 1883.

Les conséquences de la paix se firent bientôt sentir. Le 17 juin, ordre fut donné de renvoyer en France le *Duguay-Trouin* et de faire embarquer à destination de Madagascar le bataillon de fusiliers-marins qui, depuis plusieurs mois, tenait campagne dans le delta du Tonkin. De son côté, le gouvernement chinois ne négligeait rien pour nous donner l'assurance de ses intentions pacifiques; il semblait même ne pas vouloir demeurer avec nous en reste de frais d'amabilités. Dans la nuit du 23 juin, une escadre composée de 9 canonnières, 2 grands croiseurs et 3 avisos, mouillait à Tche-fou, auprès de la division française qui s'y trouvait réunie. Sur l'un des avisos était le vice-roi du Petchi-li, Li-Hung-Chang lui-même, qui venait saluer l'amiral Lespès. M. Detring l'accompagnait. Dans la journée du 24, les navires français pavoisèrent, et quand le vice-roi monta à bord du *La Galissonnière*, les hommes debout sur les vergues poussèrent cinq cris de: Vive la République! Après avoir assisté à un branle-bas de combat agrémenté du tir des canons de 24, le vice-roi se rendit à bord de la *Triomphante*, où il était attendu avec un cérémonial tout pareil. Des torpilles Whitehead furent lancées devant lui, à son grand émerveillement; puis, quand il regagna son navire, chaque bâtiment français fit une salve de 19 coups de canon. Dans la nuit, l'escadre chinoise appareilla et le lendemain nos équipages reçurent un gage de la sympathie de Son Excellence : des bœufs, des moutons, des poulets et quelques bouteilles de vin leur furent généreusement envoyés.

Cet échange de politesse semblait le présage d'une longue et durable entente. Quelques esprits inquiets trouvaient alors que notre empressement à diminuer nos effectifs au Tonkin et le nombre de nos navires dans les mers de Chine était une imprévoyance et une faute. Mais les sentiments optimistes prenaient facilement le dessus. Le vice-roi était personnellement, disait-on, très favorable à la France, et sa grande situation dans l'Empire permettait de supposer que, grâce à lui, les rapports d'amitié entre les deux pays seraient désormais établis pour longtemps.

Aussi, dans la division, chacun s'imaginait volontiers que la campagne si sévère jusqu'alors allait devenir plus féconde en distractions et en relâches agréables. On se flattait de l'espoir d'une prochaine

tournée au Japon. Ce pays enchanteur avec ses
jolies *mousmés*, ses curieux bibelots, ses riantes
cités, ses vertes campagnes, était entrevu de loin
comme une terre promise où chacun devait trouver,
selon ses goûts, repos ou plaisir. En attendant ce
voyage désiré, les officiers de la *Triomphante* avaient
monté un théâtre complet pour l'équipage. Deux
amusantes représentations étaient données coup sur
coup: *Choufleuri,* l'*Affaire de la rue de Lourcine* et
d'autres vaudevilles égayaient les matelots des différents navires conviés à ces spectacles.

C'est au milieu de ces pacifiques occupations et
de ces tranquilles espérances que, tout à coup, le
28 juin, arriva une très alarmante dépêche du général Millot. Une colonne de 600 hommes qui, sur
la foi de la convention de Tien-Sin, allait prendre
possession de Lang-Son, avait été attaquée les 23-24
juin aux environs de Bac-Lé par des troupes au
nombre de 10,000 hommes portant l'uniforme des
réguliers chinois. Nos pertes étaient considérables.
L'émotion fut grande dans la division de Chine, et
chacun ne put s'empêcher de faire une remarque.
C'est au moment où Li-Hung-Chang était reçu par
l'amiral Lespès à bord du *La Galissonnière*, que les
troupes chinoises violaient la convention. Quelle
duplicité se cachait donc dans le cœur de nos ennemis ?

V

DEPUIS L'AFFAIRE DE BAC-LÉ
JUSQU'A L'EXPIRATION DE L'ULTIMATUM

(29 juin - 1ᵉʳ août.)

Le sentiment qui se manifesta en France à la nouvelle du guet-apens de Bac-Lé, fut un mélange de consternation et d'indignation. M. Jules Ferry adressa directement à Li-Hung-Chang la dépêche suivante : « En vue d'assurer la paix et le bien de nos deux pays, nous avons fait un traité sérieux. L'encre est à peine séchée et il est violé. Un détachement de 800 hommes qui allait prendre possession de Lang-Son a été attaqué par 10,000 de vos soldats. Le gouvernement impérial assume une redoutable responsabilité. L'amiral Courbet remonte vers le Nord avec les deux divisions de l'escadre. »

En même temps, M. Patenôtre, qui avait quitté Hué le 11 juin pour se rendre à Pékin, où il devait signer le traité définitif, était arrêté à Shanghaï afin de s'y concerter avec l'amiral, tandis que le gé-

rant intérimaire de la légation de France, M. de
Semallé, remettait le 27 juin, de la part du Gouvernement, une protestation au Tsong-li-Yamen.

De son côté, l'amiral Lespès avait immédiatement
envoyé à Tien-Sin son aide de camp, M. Jacquemier,
pour demander des explications au vice-roi. Le
30 juin, cet officier rendait compte, en ces termes,
du résultat de sa mission : « Le vice-roi paraît cons-
terné de la violation de la convention du 11 mai.
Je crains que ce soit l'œuvre du parti opposé qui
triomphe à Pékin, et que Li ne soit plus maître de
la situation. Une action énergique de la division
navale et la prise d'un gage me paraissent indispensables pour imposer à la Chine l'exécution de la
convention de Tien-Sin. » L'opinion émise par
M. Jacquemier était dès ce moment partagée par
M. Patenôtre, qui révélait, en effet, que pendant le
délai assigné pour l'évacuation, il y avait eu des
préparatifs de guerre signalés par plusieurs de nos
agents consulaires. (Dépêche du 1ᵉʳ juillet.)

En réponse à la protestation du 27 juin, le conseil
de l'Empire rédigea une note soutenant que la
convention du 11 mai était une convention provisoire qui n'avait réglé ni les questions de frontière,
ni la date du rappel des troupes chinoises. Le cabinet
de Paris opposa, à cette assertion, la note du 18 mai
du commandant Fournier, où était il dit : « Après le
délai de 20 jours, c'est-à-dire le 6 juin, évacuation

de Lang-Son, Cao-Bang, Chat-Khe, etc... » Li-Hung-Chang nia d'abord l'existence de cette note, puis revenant sur ce premier dire, il nia seulement sa validité, déclarant qu'elle n'était pas revêtue de sa signature et qu'elle se trouvait, par ce fait, nulle et non avenue. Un long débat s'engagea à ce sujet, débat dont la presse retentit et qui eut pour résultat de prouver l'insigne mauvaise foi de la Chine. En admettant que pour une raison quelconque il lui eût été impossible d'évacuer le Tonkin aux dates convenues; en admettant même qu'elle refusât de se croire liée par la note du 18 mai, son devoir était de protester. C'est son silence à cet égard, ce sont les arguties, les faux-fuyants, les mensonges dont elle enveloppa ensuite ses explications sur les journées de Bac-Lé, qui donnent à ces journées le caractère d'un guet-apens, et à notre action énergique celui d'une légitime défense.

Aussi, le 12 juillet, M. J. Ferry, bien convaincu que l'affaire de Bac-Lé cachait une trahison, résolut d'en finir avec les explications confuses et vagues qu'on lui opposait. Il fit parvenir au Gouvernement chinois l'*ultimatum* dont voici les termes:

« Convaincu qu'un attentat aussi contraire aux « assurances de la cour de Pékin n'est imputable « qu'aux manœuvres d'un parti qui cherche à trou- « bler les bons rapports des deux pays, le Gouver- « nement français se voit dans l'obligation de récla-

« mer dès à présent des garanties pour l'exécution
« loyale des arrangements conclus à Tien-Sin. Le
« ministre de France à Shanghaï est chargé de de-
« mander que les troupes chinoises évacuent le
« Tonkin sans délai. De plus, il a reçu l'ordre de
« réclamer comme réparation pour la violation du
« traité et comme dédommagement des frais qu'en-
« traînera le maintien du corps expéditionnaire une
« indemnité de 250 millions au moins... Le Gouver-
« nement français compte que, sur ces deux points,
« une réponse satisfaisante lui sera faite dans la
« semaine qui suivra la remise, au Tsong-Li-Yamen,
« de la présente note. Autrement, le Gouvernement
« français serait dans la nécessité de s'assurer direc-
« tement les garanties et les réparations qui lui sont
« dues. »

Cet *ultimatum* eut un résultat immédiat. Le
17 juillet, la Chine publiait, dans la *Gazette officielle*, le décret du retrait de ses troupes et, le 18,
elle informait M. Patenôtre que le vice-roi de Nankin
était chargé « de régler d'une manière satisfaisante
« les autres demandes formulées par la France dans
« la note du 12 juillet ». Cette périphrase, qui té-
moignait de la répulsion de la Chine à prononcer
le mot *indemnité*, fut relevée par M. Jules Ferry.
Il répondit qu'il acceptait comme dernière preuve
de conciliation, la désignation du plénipotentiaire
chinois; mais, tenant à préciser les termes vagues

de la dernière communication du Tsong-li-Yamen, il ajouta que les négociations avec le vice-roi de Nankin ne porteraient que sur le second point de l'ultimatum, c'est-à-dire *sur l'indemnité.* « Le règle-
« ment, disait-il, en devra être terminé le 1er août
« au plus tard. Nos forces navales gardant leurs po-
« sitions actuelles, s'abstiendront de toute action
« jusqu'à cette date, à moins d'y être provoquées.
« Les négociations commerciales prévues par l'ar-
« ticle 5 du traité du 11 mai, ne seront entamées
« qu'après le règlement de l'indemnité. »

A cette note très claire, le Tsong-li-Yamen répondit par ce télégramme du 23, adressé à M. de Semallé :

« Le vice-roi de Nankin a pleins pouvoirs pour
« discuter et régler tout à la fois. Il est utile que les
« négociations soient conduites promptement, mais
« inutile fixer délai et envoyer navires dans les
« ports pour contraindre Chinois de vive force à
« l'exécution du traité. »

Ce n'était pas la première fois que les Chinois s'alarmaient des faits et gestes de la flotte. La nouvelle de l'envoi dans le Nord de la division navale du Tonkin avait été pour eux une cause d'effroi et de protestation. La personne même de l'amiral Courbet faisait sur leur esprit tout autant d'effet que son escadre entière. Le vainqueur de Son-Tay était devenu rapidement légendaire et sous le nom du « *terrible Coupa* » remplissait de terreur tous les Fils du Ciel.

Le gouvernement français ne demandait pas mieux que de conduire les pourparlers avec promptitude, mais il tenait pour indispensable la fixation d'un délai et il n'entendait nullement renoncer à maintenir devant Fou-chéou la flotte qu'y s'y trouvait depuis quelques jours et où sa présence pouvait avoir une grande influence sur le résultat des négociations. On devait d'autant mieux compter sur leur prochain aboutissement que, dans un but de conciliation, le ministère se montrait disposé à faire quelques concessions au sujet de l'indemnité. Abandonnant le chiffre absolu de 250 millions, il se contentait d'une somme calculée sur les bases suivantes : secours aux familles des soldats tués ou blessés et indemnité couvrant les dépenses extraordinaires imposées pour le maintien des forces de terre et de mer qu'une exacte exécution du traité de Tien-Sin eût permis de rappeler [1].

Au moment où le président du Conseil rédigeait ces instructions, un changement se produisait dans les dispositions du Gouvernement de Pékin. Les équivoques, les contradictions, les obscurités reparaissaient dans les notes remises tant à M. J. Ferry qu'à M. Patenôtre ou à M. de Semallé. Les Chinois

---

1. Dépêche de M. J. Ferry à M. Patenôtre du 27 juillet.

retiraient le lendemain ce qu'ils avaient concédé
la veille et augmentaient chaque jour leurs prétentions en les masquant sous une phraséologie pleine
d'ambiguïtés. Le 26 juillet, M. de Semallé informait que le Tsong-li-Yamen refusait de supporter
les frais de notre expédition et Li-Fong-Pao, le
successeur du marquis Tseng, déclarait, contrairement à ce qui avait été dit le 23, que le vice-roi de
Nankin n'avait de pleins pouvoirs que pour négocier
un traité définitif sur les bases de la convention de
Tien-Sin.

Le 28 juillet, M. Patenôtre, après avoir eu un
entretien avec les plénipotentiaires écrivait: « J'ai
vainement essayé pendant trois heures d'une discussion stérile de leur arracher une réponse quelconque.
Vingt fois je leur ai demandé si la Chine adhérait
ou non au principe de l'indemnité sans pouvoir
obtenir d'eux ni négation, ni affirmation. » Le 29,
ils apportèrent une note où ils repoussaient la
demande d'indemnité. Sur cette réponse, M. Patenôtre leva la séance: alors ils annoncèrent pour le
lendemain une proposition formelle. Le 30, M. Jules
Ferry recevait le télégramme suivant de notre ministre en Chine : « Tout en persistant à déclarer in-
juste notre demande d'indemnité, les plénipotentiaires nous offrent, *par esprit de conciliation*, 500,000
taëls, soit 3 millions et demi de francs, à titre de
secours pour les victimes de Lang-Son. J'ai naturel-

lement refusé cette offre et je me suis borné à dire au vice-roi que j'en référerais à mon Gouvernement. »

Tandis que la diplomatie échangeait ces pourparlers, toutes les mesures de désarmement précédemment ordonnées avaient été suspendues. Le *Duguay-Trouin* en route pour France, était arrêté à Hong-Kong. L'amiral Courbet avait quitté le 29 juin la baie d'Halong pour venir prendre dans le Nord le commandement des deux divisions navales. Quant à l'amiral Lespès il s'était établi à Tche-Fou d'où il commandait le golfe du Petchi-li et pouvait tenir en respect l'escadre du Peï-Ho. Cette escadre, qui avait, le 23 juin, fait cortège à Li-Hung-Chang était composée de la façon suivante : 9 canonnières dites alphabétiques à cause de leurs noms : alpha, bêta, gamma, etc..., et portant un canon de 38 tonnes sur l'avant ; 3 croiseurs en bois de taille inégale dont le plus grand avait un déplacement intermédiaire entre celui du *Villars* et celui du *Volta* ; 2 croiseurs en acier ayant l'apparence de monitors avec leur batterie s'élevant au-dessus d'une plate-forme basse. Ces 2 croiseurs, construits et lancés en 1881 chez sir William Armstrong, ont été longuement décrits dans l'ouvrage de M. Brassey. Leur déplacement est de 1,350 tonneaux ; ils sont mus par deux hélices actionnées par deux machines qui développent 2,400 chevaux avec une vitesse de 16 nœuds aux essais. Leur artillerie comprend 4 canons de 40 livres et 2 canons de 26 tonnes, sur affût à pivot central, un à l'avant, l'autre à l'arrière, battant ainsi presque tout l'horizon. 2 Nordenfeldt et 4 mitrailleuses Gatling complètent cet armement.

L'amiral Ting qui commandait cette escadre avait son pavillon sur le grand croiseur en bois. Auprès de lui demeurait le *commander* de la marine royale anglaise chargé de l'instruction et du perfectionnement de la marine chinoise. Outre ce *commander*, un autre officier anglais (*gunner*) était chargé de ce qui concernait plus spécialement l'artillerie [1].

Le jour même où la trahison de Bac-Lé fut connue de l'amiral Lespès, cette flotte vint mouiller sur rade de Tche-Fou, à quelques encablures de la division française, se livrant, pour ainsi dire, à sa merci. Quel butin glorieux eût été cette réunion de 12 bâtiments ! Quelle splendide capture ! Certes, le *La Galissonnière*, la *Triomphante*, le *Volta* et le *Lutin* étaient désavantagés par le nombre, et les chances, à la seule nomenclature des navires et des canons, semblaient n'être pas de leur côté. Mais fallait-il compter pour rien la valeur des équipages et leur supériorité bien évidente ? Au moment où l'on cherchait un gage, pouvait-il y en avoir un meilleur

---

1. Ces deux officiers ont cessé d'appartenir au service de la Chine dès la nouvelle de la violation du traité de Tien-Sin. Leur contrat les déliait du gouvernement chinois en cas de guerre avec une puissance européenne.

entre nos mains que cette flotte tout entière ! L'amiral dut se faire ces réflexions et regretter amèrement de ne pas être seul maître de trancher une situation inespérée, providentielle. Mais un contre-amiral pouvait-il, sous sa seule responsabilité, engager le Gouvernement et le pays ? Ne devait-il pas craindre d'entraver, par un coup d'audace et de force, des négociations sur le point d'aboutir ?... L'histoire de la marine montre, dans le passé, des chefs de division navale prenant d'eux-mêmes des résolutions aussi graves ; mais une pareille liberté d'action n'est plus possible aujourd'hui. Le télégraphe a opéré une révolution dans les usages. Tout ministre a pris l'habitude d'être tenu jour par jour, heure par heure, au courant de ce qui se passe au loin et dirige tout de son cabinet, que ce cabinet soit quai d'Orsay ou rue Royale. Un commandant en chef ne peut plus, même à 3,000 lieues de son pays, agir de son propre mouvement sans avoir reçu des ordres de son ministère.

Le 2 juillet, vers une heure de l'après-midi, l'escadre chinoise alluma ses feux et se livra à des manœuvres qui ressemblaient singulièrement à des préparatifs de combat, dépassant ses mâts de flèche, rabattant ses pavois, relevant ses sabords et pointant ses canons dans la direction des navires français. C'était là une des fanfaronnades dont sont coutumiers ces excellents Fils du Ciel, facétieux personnages qui, du haut de leurs navires, faisaient à nos

embarcations un signe expressif accompagné des
mots français « *coupé cou* ». Pourtant, en présence
des événements récents dont la route de Lang-Son
avait été le théâtre, il était sage de se tenir sur le
qui-vive. Aussi l'amiral donna-t-il l'ordre de charger
les pièces, d'avoir des servants aux hotchkiss et de
redoubler de surveillance. Mais dans la nuit, vers
2 heures, 6 des canonnières ennemies appareillèrent
en ordre parfait et se dirigèrent vers le sud, sur
Wei-Ha-Wei, à trente milles de Tche-Fou, où la
Chine crée, depuis peu, un nouvel arsenal. Le lendemain, 3 juillet, les autres canonnières demeurées
à Tche-Fou ne renouvelèrent pas leurs démonstra-
tions de la veille et à 11 heures du soir, elles s'en
allèrent également vers le sud.

Les navires français ne devaient plus jamais
revoir cette escadre ! On sut plus tard qu'elle se
dirigea sur Port-Arthur où elle évacua le matériel
de Wei-Ha-Wei, puis de Port-Arthur elle se rendit
au Peï-Ho, où tranquille et confiante en dedans de
la barre du fleuve, elle put attendre les événements,
sans danger d'être atteinte par nos obus ou coulée
par nos torpilles.

Pendant ce temps, le croiseur *l'Hamelin*, qui se
trouvait à Hong-Kong lorsque parvint la nouvelle de
l'incident de Bac-Lé, recevait l'ordre d'aller attendre
le *Bayard* en dehors de l'île. Le 1er juillet, les deux
bâtiments se rencontraient et l'amiral Courbet se

transportait immédiatement sur l'*Hamelin*, laissant le
Bayard faire route sur Hong-Kong où il avait à
s'arrêter. Le 5 juillet, dans la nuit, l'*Hamelin* mouillait à Shanghaï et l'amiral quittait le bord dès le
lendemain pour aller s'installer à terre à l'Oriental-
Hôtel, avec son état-major. Il y retrouvait M. Patenôtre, déjà rendu au consulat de France.

Peu après l'arrivée de l'*Hamelin*, l'*Aspic* venait
mouiller à côté du *Volta*, du *Villars* et du *d'Estaing*;
quant au *Bayard*, arrivé de Hong-Kong, il devait
forcément rester à Woo-Sung à cause de son tirant
d'eau qui ne lui permettait pas de franchir la barre
du fleuve. Dès le 6 juillet, l'amiral Courbet avait
pris le commandement effectif « *des divisions réunies
de la Chine et du Tonkin* ». L'amiral Lespès qui restait confirmé dans son titre de commandant en chef
de la division de Chine, recevait, aussitôt, l'ordre
de quitter Tche-Fou en y laissant la *Triomphante*
et le *Lutin* et de venir rejoindre à Shanghaï le vice-
amiral.

Celui-ci se concerta sans retard avec M. Patenôtre
qu'il trouva, du reste, aussi disposé que lui-même à
une action vigoureuse et énergique. Depuis longtemps l'amiral Courbet avait jugé qu'un coup de
force sur la Chine était absolument nécessaire; il
était persuadé qu'il n'y avait moyen d'en finir que
par une catégorique déclaration de guerre, et ce
sentiment s'était certainement affermi depuis les

derniers événements. Sa première inspiration, en prenant possession de son nouveau commandement, avait été de frapper la Chine le même jour et à la même heure sur des points différents. Port-Arthur, Nangkin, Woo-Sung, Fou-Chéou, Amoy, auraient été attaqués, au moment convenu, par des fractions des forces qu'il avait sous sa main. L'*Hamelin*, par exemple, se serait rendu dans la rivière Min, sou-tenu par une ou deux canonnières pour s'y opposer, par la force, à tous les travaux de défense et à la circulation des navires de guerre chinois. La *Triom-phante* aurait été chargée de bloquer Port-Arthur en attendant l'heure du bombardement, tandis que les autres navires devaient être répartis sur les divers points choisis. C'était l'hostilité franchement ou-verte. Mais, bien entendu, dans la pensée de l'amiral l'attaque devait avoir lieu à très bref délai, sans donner à l'ennemi le temps de se reconnaître. Il comptait, sans doute, pour réussir, sur la supériorité de ses navires et de ses équipages, mais aussi sur le désarroi des Chinois, mal préparés, rendus confiants par notre longue mansuétude et surpris par la rapi-dité de nos mouvements et l'imprévu de notre attaque.

En prévision de cette éventualité, il ne négligea rien pour préparer son escadre à faire dans les meil-leures conditions une guerre sérieuse. Il étudia soigneusement et arrêta les moyens de ravitaillement sur la côte. Il fit choisir par le consulat un certain nom-

bre de lettrés chinois et d'interprètes qu'il embarqua,
deux par deux, sur les principaux navires. En même
temps il se préoccupa de la question des pilotes. Il
avait trouvé, à Shanghaï même, un pilote anglais,
nommé Thomas, qui avait exercé longtemps dans la
rivière Min et qui n'avait quitté ce service que
depuis quelques mois. Il l'engagea immédiatement
ainsi qu'un ancien pilote du Yang-Tse, du nom de
Muller, Alsacien bien connu de tous les officiers qui
ont navigué dans les mers de Chine et qui pouvait
être fort utile non seulement pour la navigation du
Yang-Tse, mais encore pour la côte où il avait longtemps commandé et qu'il connaissait parfaitement.
Ces pilotes étaient engagés à des prix très élevés,
par un contrat qui les liait à nous durant une année.
Dans les circonstances actuelles, l'amiral jugea indispensable de pourvoir les bâtiments de fonds de
prévoyance. Les commandants pouvaient, suivant
les occasions, avoir besoin de débourser de fortes
sommes sans trouver les moyens de remplir les
formalités des traites ordinaires.

Tandis que les navires se ravitaillaient, les négociations, comme on l'a vu, marchaient toujours.
L'amiral les suivait de près. Et ce ne fut pas sans
regret que, pour ne pas entraver leur succès, il se
vit contraint de renoncer à la réalisation du plan
d'attaque d'ensemble qu'il avait arrêté tout d'abord
et qui ne pouvait avoir quelque chance de succès que

s'il était exécuté immédiatement sans laisser à nos
ennemis, par des hésitations et des lenteurs, le moyen
de se préparer, de se fortifier et de riposter. Les
premières instructions données aux navires furent
immédiatement modifiées. Lorsque l'*Hamelin* quitta
Shanghaï le 11 juillet pour se rendre à Fou-Chéou,
il était entendu déjà que son rôle se réduirait à une
simple observation, et que son commandant, M. Roustan, n'aurait qu'à empêcher le déchargement des navires apportant aux Chinois de la dynamite et des
torpilles achetées en Allemagne. Le lendemain 12,
la note pacifique s'accentuait encore : le cabinet télégraphiait « son grand espoir » de s'entendre avec la
cour de Pékin et interdisait toute hostilité directe ;
il maintenait seulement la faculté d'arrêter la contrebande de guerre. Ce *grand espoir* escomptait d'a-
vance les heureux effets de l'ultimatum qui est de
cette même date du 12 juillet.

La nouvelle de l'envoi de cet ultimatum fut
accueillie avec une complète satisfaction par toute
l'escadre. On y voyait l'indice d'une conduite résolue,
très digne de la France et bien faite pour relever
son prestige dans l'Extrême-Orient. On était donc
fort anxieux de savoir la réponse de la Chine et les
journaux de Shanghaï, qui ont un service régulier
d'informations télégraphiques, étaient lus avec avidité. C'est par eux qu'on avait connu les termes de
l'ultimatum, le chiffre de l'indemnité réclamée ainsi

que la menace de prendre des garanties. On en avait
conclu que l'escadre aurait certainement à appuyer
par une démonstration l'attitude nouvelle du cabinet
français, et on ne fut pas surpris de voir le 14 juillet
l'amiral quitter Shanghaï. On soupçonnait qu'il se
rendait sur le lieu même où ces garanties devaient
être prises, et qu'il voulait s'y trouver le 19, c'est-à-
dire au bout de la semaine de répit qui avait été
assignée à la Chine pour satisfaire à nos demandes.
Du 11 au 17 juillet il expédiait sur ce lieu, toujours
inconnu, les navires mouillés à Shanghaï, à l'exception du *d'Estaing*, retenu par M. Patenôtre pour
calmer les alarmes des résidents français qui crai-
gnaient un soulèvement de la population chinoise.
Mais vers quel port se dirigeait-on? Où allait-on?
C'était à bord le sujet de toutes les conversations.

L'arsenal de Fou-Chéou, créé récemment à grands
frais par le gouvernement chinois sous la direction
de deux Français, MM. Giquel et d'Aiguebelle, était
un point tout naturellement désigné aux coups de
l'escadre, d'autant mieux que le fleuve qui y mène
est accessible à de grands navires. On répétait que
l'amiral avait reçu l'ordre de détruire cet arsenal de
fond en comble. Mais le mystère dont le commandant
en chef entourait, avec tant de raison, tous ses projets,
ne donnait à ce bruit que la valeur d'un racontar.
Pourtant il s'affirmait avec une persistance singulière.
Les gens bien informés — il y en a partout — pré-

tendaient même que deux transports chargés de
troupes étaient au mouillage de Matsou. Ils se
trompaient. En arrivant à Matsou les navires n'aper-
çurent pas le moindre transport. Mais quand on
mouilla sous l'île, quand on vit l'amiral s'aboucher
avec les pilotes du Min, on eut la certitude que
décidément Fou-Chéou était l'objectif choisi.

L'occupation de la rivière Min par l'escadre française débuta par un triste événement qui aurait pu
se changer en désastre sans l'énergie et la valeur de
quelques-uns. Le 14 juillet, à une heure de l'après-
midi, l'*Hamelin*, ayant à bord le pilote Thomas,
donna dans la passe de Kimpaï. A 2 h. 20 m.,
au moment où il dépassait l'île Plate, il s'échoua
avec une vitesse de 12 nœuds sur un banc de formation nouvelle. Les voiles brassées à culer, la machine
mise en arrière à toute vitesse ne réussirent pas à
déséchouer le navire. Comme il n'y avait plus que
trois quarts d'heure de flot, il fallut se résigner à
attendre la marée suivante pour essayer le renfloue-
ment. Les sondages faits au moment de l'accident
avaient donné sous la passerelle à bâbord 3^m,90, à tribord 4^m,80, à l'avant 5^m,10, à l'arrière 6^m,50. Le
bâtiment était donc monté sur le dos d'âne du banc
où il reposait par son milieu.

A 4 heures, le jusant s'établit, et quand vers
10 heures du soir la mer fut basse, le banc découvrit
complètement.

La souille profonde que le navire avait faite dans la vase le laissait presque droit et rendait le béquillage inutile ; mais, sous le poids de l'avant et de l'arrière, le malheureux bâtiment qui ne portait sur le banc que dans la maîtresse partie, se cassait en deux. L'effort de rupture avait été tel que le pont supérieur, venant buter contre le dessus des chaudières, éclatait sur l'avant du grand mât dans presque toute sa largeur en arrachant ou faussant son chevillage. La membrure, entraînée dans ce mouvement, craquait de toutes parts et de tous côtés. C'était dans le silence de la nuit, d'incessantes détonations qui semblaient annoncer la ruine du bâtiment.

A 11 heures, le jusant était fini, la mer commençait à remonter et filtrant par toutes les fissures béantes de la coque, se précipitait dans la cale, de l'avant à l'arrière, avec violence. L'équipage, mis aux pompes, était insuffisant pour arrêter l'envahissement des cales ; il fallut mettre la machine à toute vitesse pour que ses pompes pussent produire un résultat. Encore, cinq fourneaux sur huit étaient-ils éteints par l'eau qui, dans la machine, atteignait plus d'un mètre. Un instant, on put croire qu'on allait être obligé de renoncer à déséchouer le navire. Rien n'eût servi, en effet, de le tirer du banc pour le voir couler un instant après en une eau plus profonde : sur le banc, du moins, la vie des hommes était en sûreté. Soudainement, l'eau baissa dans la cale. L'avant et l'arrière, relevés par la mer, avaient, en se redressant, fermé sans doute, en partie, les crevasses par où l'eau s'introduisait à l'intérieur du navire, et les pompes produisaient quelque effet.

Entre temps, toutes les dispositions usitées en pareil cas avaient été prises. Dans la soirée, la canonnière anglaise *Merlin*, commandée par le lieutenant Brenton, était venue mouiller sur l'arrière de l'*Hamelin* pour lui offrir son aide avec un empressement, une cordialité qu'on ne saurait passer sous silence. Enfin, vers 4 heures du matin, avant même qu'une amarre envoyée du *Merlin* eût été utilisée, la machine étant lancée à toute vitesse, le navire se déséchouait, puis faisait route pour le mouillage de la Pagode, dont il était distant de moins d'un mille. Mais les voies d'eau restaient toujours béantes, et pour actionner les pompes, la machine devait tourner sans cesse, même une fois le bâtiment mouillé.

Pour comble de malheur, dans la nuit de ce même jour, une canonnière chinoise, dite alphabétique, par une manœuvre inexplicable — ou trop explicable, — arrivait sur rade, passait par bâbord de l'*Hamelin*, faisait le tour sur son avant, et revenait l'aborder en cassant son bout-dehors de foc. Pour se dégager, l'*Hamelin* était obligé de virer sur sa chaîne : le cabestan dévirait et blessait plusieurs hommes.

Malgré tout, les travaux de réparation avaient été commencés de suite. Le lendemain 16, ils étaient

en pleine activité, quoique gênés par certains mouvements hostiles des navires chinois, qui obligeaient
une partie de l'équipage à rester en branle-bas de
combat. Dans la soirée, le *Volta*, portant le pavillon
de l'amiral Courbet, rejoignait l'*Hamelin* et lui apportait en même temps que la sécurité, le secours
de ses ouvriers et de son personnel. Tandis qu'à
l'intérieur on s'attaquait à boucher les trous par où
l'eau s'engouffrait, deux bonnettes goudronnées
étaient coulées sur les flancs du navire, puis, pour
obvier à la cassure, des chaînes de cintrage verti-
cales et des chaînes de ceinture étaient raidies en
plusieurs sens. C'étaient là les premiers remèdes
qu'il convenait d'appliquer à la grave blessure du
bâtiment. Aussi habilement ordonnées que rapidement exécutées, ces réparations sommaires permirent
à l'*Hamelin*, trois jours après le déséchouage, de
quitter seul le mouillage de la Pagode et de gagner
Matsou, sans même être convoyé. Près de cette île il
ne trouvait plus le violent courant de la rivière Min,
qui empêchait les plongeurs d'opérer, et il était à
l'abri d'une attaque de l'ennemi. En outre, le *Bayard*
et le *La Galissonnière*, mouillés au même endroit,
lui prêtaient leurs ouvriers et leurs scaphandres.
Le 28 juillet, grâce à l'activité de tous et à son énergie personnelle, le commandant Roustan se jugeait
en état d'atteindre Hong-Kong, où il devait passer
au bassin. La *Saône* l'escorta dans ce voyage, pen-

dant lequel une grosse mer les obligea à relâcher près de Swatow, sans que le malheureux navire si cruellement endommagé eût donné de graves inquiétudes. Le 1er août, ils arrivèrent victorieusement à destination. Après vingt jours passés au bassin à Hong-Kong, l'*Hamelin* put gagner Saïgon, où une réparation complète le mit en état de servir et de bien servir[1].

Ceux qui liront ce simple récit ne manqueront pas d'être émus en s'imaginant par la pensée la détresse où ce navire est resté pendant de longues heures. Mais les marins seront frappés surtout de l'habileté et de l'entente des choses de la mer qu'il a fallu à un capitaine pour sauver, en si peu de temps et par ses propres moyens, un navire brisé, cassé littéralement, faisant eau de toutes parts. La description de tous les travaux entrepris mériterait mieux que la mention rapide qui vient d'en être faite: une relation minutieuse devrait en être écrite. Il se dégagerait de sa lecture un utile enseignement et la preuve d'un surprenant tour de force. On y apprendrait ce que peuvent l'intelligence et le savoir mis au service d'un cœur qui ne sait pas désespérer; on y verrait ce que produisent le courage et le dévouement dépensés sans mesure; on y trouve-

---

1. Il fut au mois d'octobre envoyé au Tonkin aux ordres du général Brière de l'Isle; il y resta jusqu'en mars, époque de son retour en France.

rait le consolant spectacle d'un vaillant équipage
conservant à force d'énergie un navire à sa patrie.
Il est des victoires plus retentissantes, il n'en est
pas qui soient plus à l'honneur de ceux qui les ont
gagnées.

Avec son grand cœur, l'amiral avait pris une part
très vive aux vicissitudes du commandant Roustan,
qu'il honorait de son affection. Le souci qu'il avait
à un haut degré de l'honneur de la marine n'é-
tait pas moins fait pour l'intéresser grandement à
un sauvetage si difficile. En apprenant, à son arrivée à Matsou, l'accident que les pilotes venus au-
devant de lui représentaient comme irrémédiable,
il partait pour secourir l'*Hamelin* sans vouloir même
attendre le *Duguay-Trouin*, sur lequel il comptait
mettre son pavillon et qui était retenu par une
courte réparation de machine. Il passait immédiatement sur le *Volta*, qui dut, à cette circonstance, de
garder jusqu'après Fou-Chéou ce glorieux pavillon.
Pendant qu'il se rendait de Matsou à la Pagode,
l'amiral ne se préoccupait que de l'*Hamelin*, et nullement des dangers auxquels l'exposait sa fière
entrée dans la rivière Min. Les jours suivants, même
au milieu des graves préoccupations qui l'assié-
geaient, il ne cessait de penser au sort de ce navire,
prodiguant à tous encouragements et conseils, et il
est juste de reporter sur sa ténacité et sur sa haute
initiative une partie du succès final. C'est le propre

des hommes supérieurs de communiquer aux autres un peu de la généreuse ardeur qui les anime[1].

Cependant la concentration de la flotte se faisait devant l'arsenal de Fou-Chéou. Le lendemain de l'arrivée de l'amiral et du *Volta*, c'est-à-dire le 17 juillet, l'*Aspic* mouillait à Pagoda ; puis, après lui, le *Duguay-Trouin*, le *Lynx*, le *Château-Renaud*. Tels étaient les navires qui se trouvaient dans la rivière Min le 19, jour de l'échéance de l'ultimatum, et qui auraient eu à ouvrir le feu et *à prendre des garanties* si l'expiration de cet ultimatum n'avait pas été prorogée au 1er août.

Le 23 juillet arrivait la *Vipère*, ayant à son bord l'amiral Lespès, qui venait mettre son pavillon sur le *Duguay-Trouin*, et quelques jours après, les deux torpilleurs *45* et *46*[2] faisaient leur entrée dans la rivière. Le 30, l'*Aspic* était allé chercher la com-

---

1. Ordre du jour de l'amiral :
L'*Hamelin*, échoué gravement par un pilote dans la rivière Min, a subi des avaries qui semblaient le mettre hors d'état de reprendre la mer. Grâce aux mesures énergiques et intelligentes prises immédiatement par M. le commandant Roustan, grâce au concours dévoué des officiers et de l'équipage, non seulement l'*Hamelin* a été remis à flot, mais les dispositions prises pour le consolider ont permis de le conduire au mouillage de Matsou, puis à celui de Hong-Kong. Ce succès est dû aux éminentes qualités de l'homme de mer déployées par M. Roustan, ainsi qu'à l'énergie et à la persévérance avec laquelle les officiers et l'équipage de l'*Hamelin* l'ont secondé. Le vice-amiral commandant en chef se fait un devoir et un plaisir de témoigner son entière satisfaction au commandant, aux officiers et à l'équipage de l'*Hamelin*.
A. COURBET.
2. Ces deux torpilleurs étaient venus du Tonkin accompagnés par la *Saône*. Les difficultés ne manquèrent pas pendant cette traversée. Les deux capitaines, MM. Douzans et Latour, firent preuve d'excellentes qualités, ce qui leur valut d'être mis à l'ordre du jour de l'escadre.

pagnie de débarquement du *La Galissonnière*, resté
au mouillage de Matsou avec le *Bayard*, et l'avait
conduite à bord du *Duguay-Trouin*, où elle devait
renforcer l'effectif des troupes susceptibles d'être
mises à terre.

Jamais aucun de ces navires ne fut inquiété dans
le passage devant les forts de Kimpaï ou de Mingan:
tous faisaient leur entrée avec l'équipage aux postes
de combat, précaution qui ne paraissait pas superflue
devant l'imposant déploiement des forces chinoises.
Tous les camps retranchés, casernes, forts, étaient,
en effet, couverts de pavillons de formes et de nuances
variées, rangés en ligne de bataille ; en arrière se
tenaient des files de soldats vêtus des couleurs les
plus éclatantes. A l'entrée des enceintes fortifiées
on voyait des portes couvertes d'inscriptions en
lettres d'or surmontées de dragons fantastiques peints
en rouge ou en bleu. Et partout, sur les hauteurs,
sur les flancs des collines, sur les berges du fleuve,
on apercevait des canons de toutes les tailles et
de tous les âges, sans compter les volées luisantes
des canons Krupp ou Armstrong qui sortaient des
embrasures des récentes batteries blindées.

Si les défenseurs des forts ne témoignaient que
par leur nombre et leur animation leurs velléités
belliqueuses, tout autre était l'attitude des canonnières chinoises mouillées à la Pagode. L'impudente
agression dont avait été victime l'*Hamelin* désem-

paré, la nuit même de son déséchouage, indiquait
une animosité par trop vive. Elle se manifesta de
nouveau le lendemain et d'une façon aussi directe.
Trois petites canonnières alphabétiques et le croiseur
le *Yang-Ou* vinrent mouiller autour du navire français en l'enserrant dans un cercle si étroit, que le
commandant Roustan envoya demander au croiseur
ce que signifiaient ces dispositions. On répondit que
ces dispositions avaient un but, mais impossible à
dévoiler, et que, du reste, elles provenaient d'ordres
formels du commissaire impérial. Ce personnage,
questionné immédiatement par le consul de France,
assura que les craintes du commandant de l'*Hamelin*
n'avaient rien de fondé et que le voisinage des bâtiments chinois était au contraire une preuve de sollicitude pour le navire français en cas d'accident. Mais
M. Roustan n'était pas homme à se contenter de
pareilles réponses, ni à subir plus longtemps une si
inqualifiable vexation. Bien que son équipage fût
exténué de fatigue, et bien que l'accident du cabestan eût mis seize hommes hors de service, il avait
résolu de profiter de la nuit pour enlever les canonnières à l'arme blanche, pendant que l'*Hamelin* se
jetterait sur le *Yang-Ou* et tenterait de s'en emparer. L'*Hamelin* aurait été alors abandonné à son
triste sort: le *Yang-Ou* le valait comme taille et
comme force, sa capture eût amplement compensé
la perte de notre croiseur et les petites canonnières

eussent encore ajouté au butin. Ce plan ne fut pas mis à exécution. Le 16, en effet, dès que le *Volta* fut.là, portant haut le pavillon du commandant en chef, la belle audace des Célestiaux se dissipa soudainement. La vue de ce pavillon leur inspirait d'autant plus de respect et de terreur que l'amiral n'avait pas tardé à faire savoir au commandant des forces navales chinoises qu'il ne supporterait pas un instant la moindre incartade de ses navires, et qu'il le rendrait lui-même responsable de tout manquement aux règles internationales qui régissent les rapports entre marines étrangères.

Les capitaines chinois se tinrent pour avertis. Mais depuis lors, ce fut un incessant mouvement, un chassé-croisé perpétuel de canonnières, d'avisos et de croiseurs. Ces allées et venues étaient, à la longue, absolument irritantes : on approchait alors du 31 juillet, terme assigné à l'expiration de l'ultimatum et une fièvre d'impatience dévorait tous les cœurs.

Sur ces entrefaites, toute idée d'action dans le Petchili avait été écartée. L'amiral avait, en conséquence, rappelé de Tche-Fou le *Lutin* et la *Triomphante*. Il avait fait venir le premier à Fou-Chéou et envoyé la seconde à Woo-Sung, où il avait l'intention d'agir en même temps qu'à Fou-Chéou. Quand la *Triomphante* y arriva, le 26 juillet, elle trouva la **rivière encombrée de croiseurs et de jonques de** guerre au dragon impérial qui, reprenant confiance depuis le jour de la sortie des navires de l'amiral Courbet, s'étaient empressés de se rallier, en escadre, sous les murs du fort. La présence de ces navires à 2,000 mètres de la *Triomphante* faisait renaître à bord de ce cuirassé les émotions ressenties quelques jours avant à Tche-Fou devant l'escadre du Peï-Ho. N'était-ce pas une proie bien tentante, un gage merveilleux qui s'offrait encore ?

En dehors des jonques, les navires ennemis étaient au nombre de onze, plus une batterie flottante, sorte de grand ponton en bois, avec un assez gros canon à pivot central, battant tout l'horizon. Les trois plus grands croiseurs étaient le *Nang-Tsau*, le *Nang-Soué*, le *Tin-Tschou*. Les deux premiers étaient venus d'Allemagne au mois de mai et avaient l'apparence de nos croiseurs, type *Villars*. Leur armement consistait en 4 gros canons de 17 $\%_m$ environ dans des demi-tourelles. Entre le grand mât et le mât d'artimon des torpilleurs-vedettes pouvaient être hissés au moyen d'un mât de charge. On leur attribuait une vitesse de plus de 15 nœuds, vitesse qu'ils ont d'ailleurs prouvée lorsque l'amiral Courbet leur donna la chasse à Sheï-Poo. Le troisième croiseur était l'œuvre de l'arsenal de Fou-Chéou ; ses formes et ses dimensions le rapprochaient de notre type *Éclaireur*. Il avait en abord 4 pièces de 16 $\%_m$ environ, plus deux petites par le travers de la cheminée et une pièce de 16 également sous la dunette. On lui donnait aussi une très belle vitesse. Les autres navires étaient trois avisos, quatre canonnières du genre alphabétique et une un peu plus petite.

Ce déploiement de forces navales, le mouvement inusité qui se voyait dans le fort de Woo-Sung et aux alentours n'étaient pas de nature à affirmer les intentions pacifiques des Chinois. Aussi, dès son arrivée, le commandant de la *Triomphante* insistait-il auprès de M. Patenôtre pour rappeler le *d'Estaing* du mouillage de Shanghaï et le faire venir à la Bouée-Rouge où il pouvait plus facilement se garder. Le paquebot des messageries le *Natal* et le trois-mâts *Auguste* étaient déjà venus rejoindre la *Triomphante* à ce mouillage.

Le commandant Baux, plus ancien de grade que son collègue du *d'Estaing*, correspondait presque chaque jour avec le ministre de France qui le tenait au courant des négociations en cours. Il avait été prévenu que l'ultimatum expirait le 1er août et cette date était attendue avec impatience à bord des navires français. Si la rupture entre la Chine et la France avait lieu, M. Patenôtre devait en informer sans retard le commandant Baux, chargé par l'amiral Courbet de procéder comme il l'entendrait à la destruction des croiseurs chinois.

Voici les instructions que l'amiral lui avait données.

Pagoda, 26 juillet 1885.

Monsieur le Commandant,

Dans le cas où les négociations en cours aboutiraient à une rupture, vous auriez à attaquer les bâtiments de guerre chinois présents sur rade par tous les moyens à votre disposition : canons, torpilles, embarcations. Vous auriez également à ouvrir le feu contre le fort de Woo-Sung, peut-être même devriez-vous commencer par là si vous êtes seuls, mais j'espère pouvoir vous donner le concours du *Parseval*. Vous ne perdriez pas de vue que beaucoup de points des environs de Woo-Sung ne sont pas battus par les feux du fort. Vous inviterez les bâtiments de commerce français à se réfugier dans ces zones.... Je crois superflu d'ajouter que vous ouvririez le feu sans hésitation et à outrance si vous étiez l'objet de quelque tentative hostile soit de la part des forts, soit de la part des bâtiments de guerre chinois. C'est là une règle de conduite générale dictée par les sentiments de l'honneur et du devoir dont l'application ne saurait être en aucune circonstance, et *à fortiori* dans les circonstances que nous traversons, sujette au moindre tempérament. Je termine ces instructions en remettant avec la plus entière confiance à votre habileté et à votre patriotisme le soin de soutenir dignement l'honneur du pavillon français.

Recevez, etc.   *Signé :* COURBET.

Le plan que le commandant de la *Triomphante* avait arrêté et dont il avait fait part à ses officiers et au commandant Coulombeaud ne manquait pas d'audace. Le 1ᵉʳ août au jour, mettant le *Natal* et l'*Auguste* en lieu sûr, il voulait appareiller, suivi du *d'Estaing* et descendre le Yang-Tse, comme pour aller à la mer,

pendant un mille environ. Venant alors brusquement
de 180° sur un bord, il entrait à toute vitesse dans
la rivière de Woosung, de façon à rester le moins
longtemps possible dans le champ de tir du fort. Il
coulait de son éperon les navires chinois surpris au
mouillage sans défiance, puis, devant le village même
de Woosung, il laissait tomber l'ancre et de là il bom-
bardait aisément le fort qu'il prenait à revers et dont
il n'était plus distant que de 1,000 ou 1,200 mètres.

Nul doute que ce plan ne réussît, étant donné qu'il
fût exécuté sans hésitation : les Chinois du fort et
des navires eussent été certainement décontenancés
par la soudaineté de l'attaque et leur riposte n'eût
pas été assez prompte pour être dangereuse. Dans
l'éventualité d'un engagement prochain, les dispositions de combat étaient prises strictement, les feux
toujours allumés, les cloisons étanches fermées, les
canons chargés et les servants jour et nuit à leurs
pièces : la perspective d'une lutte était envisagée
avec une entière sérénité : les équipages se montraient
pleins d'ardeur, leur chef très résolu.

Mais cette seconde escadre devait, elle aussi, nous
échapper. Le 31 juillet, au lieu d'un ordre d'attaque,
il parvint au commandant de la *Triomphante* la défense de rien entreprendre à Woo-Sung, tant sur les
navires que sur les fortifications. Une action de vive
force sur ce point pouvait avoir son contre-coup à
Shanghaï, et le Gouvernement français croyait devoir

ménager le premier centre commercial de l'Extrême-Orient où les neutres ont d'immenses intérêts. L'assurance fut officiellement donnée que Shanghaï serait respecté.

Pourtant ces navires étaient là, nous narguant de leurs canons et leurs matelots répétant à nos canots leur éternel « *coupé cou !* » Pourtant les fortifications s'accroissaient chaque jour en face de nous, toujours plus menaçantes, au point qu'en une seule journée un parapet en terre, long de 1,000 mètres, haut de 3, s'éleva sur la rive du fleuve !

Le voisinage de l'ennemi n'était pas, au reste, la seule cause des froissements que notre amour-propre avait à subir. Les nations européennes, toutes représentées à Shanghaï par des agents consulaires et par de nombreux résidents, assistaient curieuses, et rarement sympathiques, aux négociations que M. Pàtenôtre poursuivait avec le vice-roi de Nankin. Témoins de notre longanimité, les étrangers ne nous épargnaient ni les allusions dans leurs conversations, ni les épigrammes dans leurs journaux. Nous étions venus dans le nord de la Chine en forces considérables, nous avions paradé devant nos adversaires avec des navires bien armés, nous avions posé un *ultimatum* — ce qui de tout temps avait voulu dire qu'après ce dernier argument écrit, la parole était au canon — et voilà que cet *ultimatum* qui expirait le 19 avait été prorogé peu à peu jusqu'au 31. On pensait, et on

avait le droit de penser, que nous ne nous sentions
pas les reins assez solides pour accepter les conséquences d'une situation que nous avions seuls créée.
Et ces appréciations, prenant naissance dans une
ville aussi cosmopolite que Shanghaï, où chaque nationalité surveille et critique avec jalousie et passion
les agissements des autres nationalités, étaient bien
faites pour nous humilier.

Mais il est nécessaire d'ajouter que ces mêmes
étrangers, qui savaient si bien railler nos atermoiements et nos hésitations, auraient été les premiers à
faire entendre des gémissements et des imprécations
si, n'écoutant que notre droit strict, nous eussions
fait un coup de force sur l'escadre et le fort de Woo-
sung. Leurs intérêts auraient eu certainement à
souffrir de cette attaque et leurs rancunes nationales
n'étaient pas assez vives pour leur faire perdre le
souci de leurs intérêts particuliers.

Le cabinet français avait une connaissance exacte
des dispositions des neutres à notre égard et il a cru
devoir renoncer à une action militaire, qui aurait pu
déchaîner contre nous des animosités préjudiciables
à nos opérations. Il ne faut pas oublier, en effet, que
n'ayant dans les mers de l'Extrême-Orient que le
seul port de Saïgon, nous étions tributaires sous bien
des rapports de nos rivaux les Anglais. Or ceux-ci
n'avaient pas encore publié l'*Enlistment Act :* leurs
ports nous étaient ouverts, leurs négociants pou-

vaient nous livrer vivres et charbon. Il était donc
sage au Gouvernement français de ne pas s'aliéner
une nation si puissante dans les mers de Chine et
dont les bonnes dispositions actuelles pouvaient tant
nous servir. Nous n'étions pas en situation de piétiner
sur les intérêts des neutres, de faire fi de leurs protestations, et nous avions tout bénéfice à nous ménager leur indifférence, à défaut de leur sympathie.
Il faut être bien sûr de soi pour essayer de se passer
des autres.

De là la raison des réserves que le ministère s'im-
posa, de là le soin qu'il mit à n'en venir aux solutions
extrêmes qu'après avoir épuisé tous les moyens de
conciliation et d'arrangement. Ceux qui, dans l'escadre, se sentaient animés d'une généreuse et patriotique ardeur envisageaient avec tristesse ce parti pris
de temporisation. Mais devenus plus calmes, à mesure que le temps les éloigne de ce passé plein de
fièvre, quand ils chercheront à analyser posément
les événements d'alors, ils en arriveront sans doute
à justifier, dans leur esprit, l'attitude expectante
qui fut si longtemps gardée par le Gouvernement
français [1].

1. Il ne faut pas perdre de vue que notre commerce en Chine est une très
petite fraction du commerce général. En 1881, le commerce par frontières
maritimes a été de 1 milliard 100 millions de francs, et s'est ainsi réparti par
pavillons : Anglais, 836 millions ; Français, 124 millions ; Japonais, 48 millions; Allemand, 40 millions ; Russe, 27 millions ; Américains, 16 millions.
Les messageries maritimes font uniquement, ou à peu près, notre chiffre
d'affaires de 124 millions.

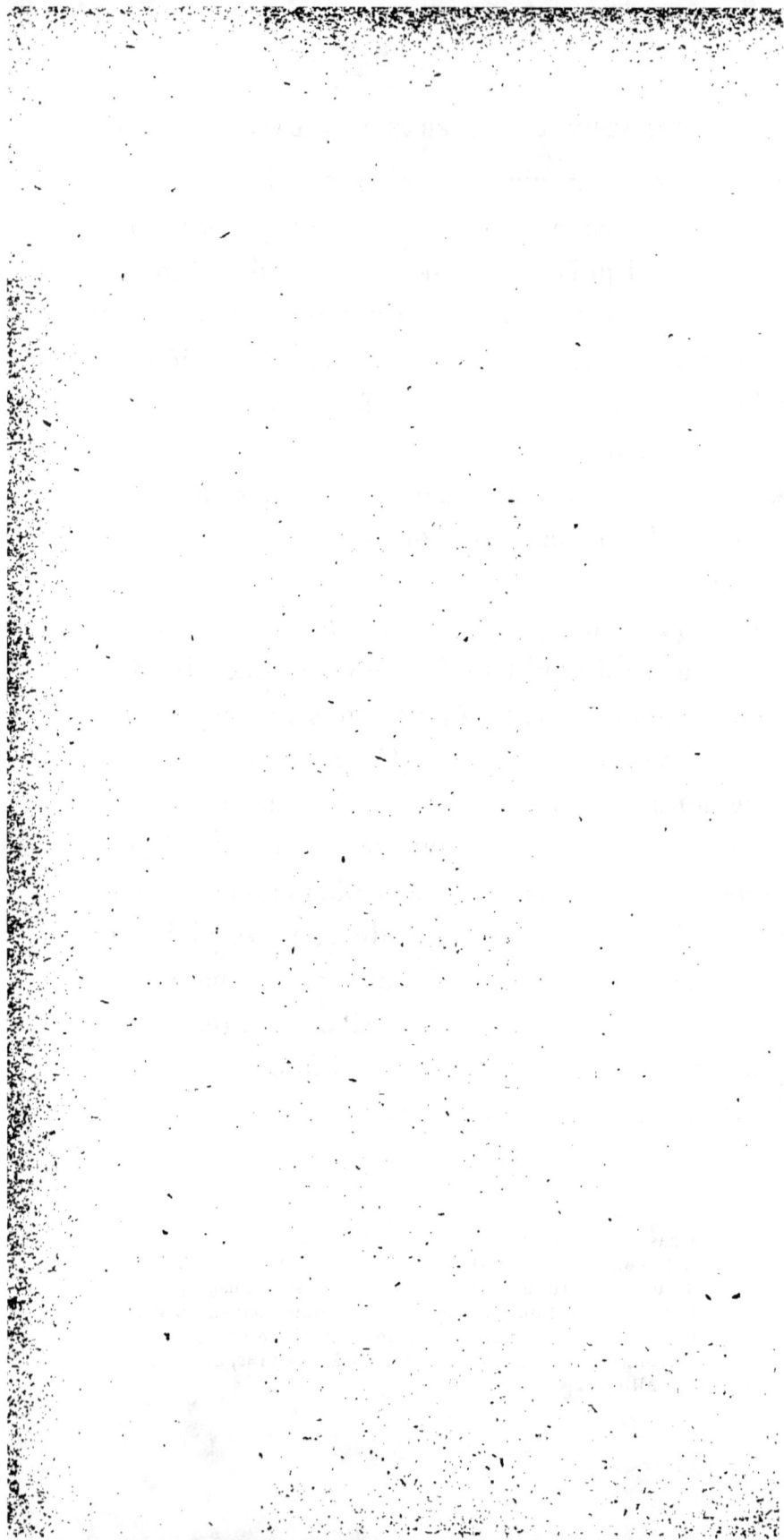

VI

LES PREMIÈRES HOSTILITÉS CONTRE LA CHINE. LE BOMBARDEMENT DE KELUNG. LE SÉJOUR DANS LA RIVIÈRE MIN

(Août 1881.)

———

Le 31 juillet se passa sans apporter aucune réponse de la Chine. Les plénipotentiaires firent alors prier M. Patenôtre de leur accorder encore un répit de 48 heures en ajoutant que l'on touchait à la conclusion désirée. Le 2 août, M. Patenôtre leur écrivait : « Les nouveaux délais résultant de la prolongation de l'*ultimatum* du 12 juillet étant expirés sans qu'aucune proposition acceptable nous ait été faite, le Gouvernement de la République reprend sa liberté d'action. » Sa lettre se terminait par un dernier appel à la sagesse de la Chine qui ne devait pas être entendu.

Dans ces conditions, il ne restait plus à la France d'autres ressources que de donner suite à l'avertissement contenu dans son *ultimatum* et de s'assurer la possession d'une garantie quelconque contre l'obsti-

nation du Gouvernement chinois à lui refuser une
indemnité.

Mais contrairement à ce que chacun pensait, il
ne fut pas pour le moment question de Fou-Chéou.
Le ministre donna l'ordre à l'amiral Lespès d'aller
à Formose, d'y détruire les batteries de Kelung et
d'y occuper les charbonnages. *La politique des gages*
était inaugurée.

Pourquoi Formose ? Le président du conseil en
donnait la raison en disant qu' « entre tous les
gages, celui de Formose était le meilleur, le mieux
choisi, le plus facile et le moins coûteux à garder[1] ».
Ce gage si supérieur avait été, on s'en souvient, l'objet d'une démonstration faite au mois d'avril par le
Volta. Depuis lors, chaque fois qu'il y avait eu dans
l'air quelque indice de guerre, le mot de Kelung était
toujours revenu dans les conversations et une action
sur ce point était chose à laquelle on pouvait s'attendre. L'amiral Lespès l'avait même conseillée. Dans
un rapport daté de la fin de mai, après avoir rendu
compte de sa visite au Tsong-li-Yamen, il avait
ajouté : « Si contre mes prévisions, les choses ne se
passaient pas au Tonkin comme elles ont été arrêtées
(entre le commandant Fournier et Li-Hung-Chang),
je crois qu'il serait bon de saisir immédiatement un
gage, et, après vous avoir consulté par le télégraphe,

---

1. Discours à la Chambre (26 novembre).

je n'hésiterais pas à occuper les mines de Kelung et le nord de Formose. »

Quelle est donc l'importance de ces mines et du commerce de Formose ? Le mouvement commercial des deux ports Kelung et Tamsui a été, en 1879, de 294 navires jaugeant 88,000 tonnes et de 1,937 jonques. La valeur des échanges avec l'étranger s'est élevée, en 1880, à 26,868,000 fr. Les droits de douane des deux ports réunis ont été, en1881, de 2,225,000 fr.; en 1882, de 2,139,000 fr. ; en 1883, de 2,053,000 fr. La vente du charbon à Kelung, en 1880, a été de 24,850 tonnes et la production complète de 55,000 tonnes, ce qui fait, au prix de 20 fr. la tonne, 1,100,000 fr. On peut donc évaluer à un peu plus de 3 millions le total des ressources annuelles que l'occupation du nord de Formose pouvait nous offrir.

L'amiral Lespès se trouvait, le 2 août, dans la rivière Min, à bord du *Duguay-Trouin*, quand, vers minuit, un canot à vapeur vint le prendre et le conduisit à bord du *Volta*. Il en revint une heure plus tard et, à 6 heures, il transporta son pavillon sur le *Lutin* qui descendit immédiatement la rivière. Bien qu'on eût acquis déjà l'habitude des événements imprévus et des surprises, on ne fut pas sans commenter, sur tous les navires, le départ si précipité du contre-amiral. On eut tout de suite le pressentiment que l'affaire de Kelung, dont on parlait à mots couverts, entrait dans la période d'exécution.

A Matsou, l'amiral Lespès fit compléter par le *Bayard* le charbon du *Lutin*, et embarquer sur le *La Galissonnière* la compagnie de débarquement du *Bayard*. Prenant le *Lutin* à la remorque, le *La Galissonnière* appareilla le 3 au soir pour Kelung où il mouilla à 11 heures le lendemain matin. Le *Villars* était sur rade depuis deux semaines environ. Un seul incident avait jusque-là marqué son séjour. Un navire allemand, le *Wille*, s'étant présenté pour débarquer 19 canons de 17%ₘ et des torpilles, le commandant Vivielle avait intimé au capitaine la défense expresse de mettre à terre armes ou munitions. Le vapeur allemand s'était exécuté sur un ordre écrit du commandant du *Villars*, tout en protestant contre cette façon d'agir, alléguant que nous n'étions pas en guerre et que le blocus n'était pas déclaré officiellement. Il était allé, du reste, porter tranquillement son chargement à Tamsui, où canons et torpilles purent être utilisés à nos dépens.

Un rapide examen des lieux et de la position des ouvrages de défense indiqua à l'amiral le point qu'il devait choisir pour mouiller son bâtiment. Des trois forts défendant Kelung, un seul était à craindre pour un cuirassé. C'était une batterie rasante de 5 pièces de 17ᶜ,3, abritée derrière une épaisse muraille blindée de plaques d'acier de 20 centimètres et battant en plein le goulet assez étroit qui fermait la baie. Le tirant d'eau du *La Galissonnière* lui interdisait de se

tenir en dehors du secteur battu. Il lui était impossible de prendre le fort à revers à moins pourtant
de rester au large de la baie, à une grande distance,
trop loin par conséquent pour que son tir eût une
action bien effective. Force lui était donc de mouiller
dans le champ de tir de la batterie. Or, d'après la
puissance de pénétration des canons de 17%, il
suffisait de tenir à une distance de 1,000 mètres
environ un bâtiment, comme le *La Galissonnière*,
blindé de plaques de 15 centimètres, pour que sa
cuirasse eût des chances de protection efficace.

Avec une résolution très hardie et une bravoure
toute française, l'amiral Lespès vint fièrement se placer à 900 mètres du fort, juste par son travers. Il fit
immédiatement embosser son bâtiment de façon à
présenter le côté de tribord à l'ennemi. Le *Villars*
avait pu, grâce à son tirant d'eau, se défiler des
coups du grand fort; il n'était exposé qu'à ceux d'un
fortin situé par son travers de tribord à 120 mètres de
distance et armé de 3 canons lisses de 18. Mais de
la position qu'il occupait, il pouvait bombarder aisément le fort blindé et, par des obus bien envoyés
tombant dans l'enceinte de ce fort, jeter le dé-
sordre et faire des ravages parmi ses défenseurs.
Le *Lutin* avait pénétré encore plus avant dans le
fond de la baie, derrière le *Villars*; il était à l'abri
de tous les coups et menaçait en flanc les batteries
des deux côtés.

Quand ces dispositions furent prises, un aide de camp alla porter à terre, au général chinois, la sommation d'avoir à livrer ses défenses. Cette sommation étant restée sans réponse, le 5 août, à 7 heures et demie du matin, le branle-bas de combat fut ordonné et à 8 heures précises s'ouvrit un feu violent auquel les Chinois répondirent immédiatement avec vivacité et précision. Le *La Galissonnière* reçut quelques projectiles dans la mâture et 3 obus dans la muraille du réduit. Deux d'entre eux s'arrêtèrent dans le matelas en bois et éclatèrent en arrière ; le troisième perça la cuirasse au-dessous d'un sabord et faussa la cheville ouvrière du canon en restant lui-même engagé dans le trou qu'il avait fait. Le *Villars* reçut plusieurs coups de mitraille.

Le feu de l'ennemi se ralentissant peu à peu, l'amiral fit ralentir également le feu de ses navires, afin de rendre le tir plus sûr. Dès lors, les obus de 24 produisirent des effets foudroyants, grâce à la précision mathématique de tous les coups. La muraille du fort n'était atteinte par les projectiles que sur les embrasures, et celles-ci étaient démolies avec une régularité surprenante. Ce bombardement fut un incontestable succès de tir. Les circonstances y prêtaient sans doute, mais il est juste de reconnaître aux excellents canonniers de la frégate amirale la part de mérite qui leur revient.

A 8 h. 45 m., un incendie se déclara dans la partie

nord du fort et communiqua le feu au village voisin.
A 9 heures, la poudrière sauta et les derniers soldats restés dans le fort s'enfuirent au loin dans la
montagne. Tout était terminé du côté des autres défenses; les obus du *Villars* et du *Lutin* avaient eu
facilement raison des mauvaises maçonneries de leurs
batteries et des artilleurs qui servaient leurs pièces.
L'opération du bombardement était donc achevée en
une heure; il ne restait plus qu'à occuper les ouvrages déjà abandonnés par l'ennemi.

Alors le *Lutin*, pour appuyer le débarquement, reçoit l'ordre d'appareiller. Il vient s'embosser en arrière
du *La Galissonnière* et canonne un camp retranché
qui fait des feux de mousqueterie sur nos navires. La
compagnie du *Villars* (80 hommes commandés par
le lieutenant de vaisseau Dartige) embarque dans les
canots, se dirige sur le fortin de la côte sud, y arrive
sans encombre et y arbore le pavillon français. Elle
poursuit sa marche en avant et déploie un nouveau
pavillon sur le mur du grand fort; puis elle bat en
retraite, une deuxième poudrière venant de sauter.

« Bientôt, dit le rapport officiel, les hauteurs dont
la rive est dominée commencent à se couvrir de
troupes nombreuses et la nécessité d'occuper ces
crêtes s'impose. » A 10 heures, la compagnie du
Bayard, sous le commandement supérieur de M. le
capitaine de frégate Martin est envoyée à terre dans
les embarcations du *La Galissonnière*. Elle accoste

Kelung et les charbonnages.

la plage, rejoint la compagnie du *Villars* et gagne la hauteur. A 11 heures, elle est aux prises avec les troupes chinoises qui reculent. Elle s'installe sur un sommet et y campe, après avoir planté en terre une longue hampe portant un grand pavillon tricolore. A 2 heures de l'après-midi, des escouades de torpilleurs vont dans les forts et détruisent avec du fulmi-coton le matériel ennemi. La soirée se passe sans incident.

La nuit est mauvaise, il tombe des torrents d'eau qui empêchent les hommes de se reposer ; aussi, dès le matin du 6 août, le premier soin de l'amiral est d'envoyer aux troupes de débarquement le nécessaire pour parfaire leur installation : voiles, tentes, tauds, pelles..., etc. Les matelots, malgré une nuit passée sans sommeil, sous une pluie battante, sont immédiatement employés à achever leur campement improvisé, et, en particulier, à élever un mur d'abri. Vers deux heures, la compagnie du *Villars*, conduite par M. Jacquemier, se porte sur la ville pour y occuper le yamen, c'est-à-dire la demeure du taotaï. Mais, pour y arriver, elle passe sur une route que domine le camp retranché du sud, elle essuie le feu de ce camp, perd un homme et, devant le nombre, est obligée de battre en retraite.

Le mouvement fait par les Chinois pour arrêter les hommes du *Villars* est aperçu par la compagnie du *Bayard*, toujours campée sur la hauteur. La sentinelle donne l'alarme et le commandant Martin

fait tirer à 1,000 mètres environ sur une longue file
de Chinois qui suivent un étroit sentier. Les Chinois
ripostent aussitôt. Alors, non seulement du sentier
où on les a découverts, mais encore de toutes les
directions partent des coups de fusil qui décèlent la
présence d'un vaste cordon de tirailleurs. L'ennemi
est en train d'effectuer un mouvement enveloppant
pour cerner le camp des Français. Si la tentative de
la compagnie du *Villars* n'a pas réussi, elle a, du
moins, eu ce bon effet de permettre au commandant
Martin de surprendre les Chinois dans leur manœuvre et de devancer leur attaque.

La compagnie du *Bayard* saute sur ses armes et,
pendant une heure, avec beaucoup d'ordre et de
calme, fait des feux de salve bien exécutés. Mais
l'ennemi grossit toujours, il n'est plus qu'à quelques
centaines de mètres et son cercle se rétrécit peu à peu.
Il paraît évident que, pris de tous côtés par 2,000 ou
3,000 hommes, nos 200 marins ne peuvent tenir plus
longtemps et il est à tout prix indispensable, nécessaire de ne pas laisser couper la communication avec
la plage. La retraite s'impose d'elle-même. Elle est
opérée si promptement qu'elle ne peut être exécutée,
par le gros de la compagnie, avec le bon ordre dési-
rable. L'enseigne Barbier, qui commande le poste
avancé, fait avec sa section une belle résistance. Le
commandant Martin, resté le dernier sur le front du
camp, rallie quelques hommes et se porte sans retard

au milieu de cette intrépide avant-garde qu'il encourage de sa présence et de son exemple. Ils sont autour de lui une quarantaine qui ne cèdent que pied à pied le terrain. S'ils reculent, c'est en tenant l'ennemi en respect, c'est en faisant un feu nourri et bien réglé. Leur sang-froid et leur vigoureuse défense, surtout l'héroïque bravoure du commandant, permettent aux blessés de gagner en sécurité les embarcations qui attendent au rivage. Mais une partie du matériel est abandonnée. La hampe du pavillon ne peut pas être déracinée; alors un second-maître du *Bayard*, nommé Jullaude, se pend à l'étamine qui se déchire. A cinq heures du soir, les compagnies rembarquent à leurs bords.

L'odyssée de ce brave Jullaude mérite d'être contée dans le détail. Après avoir déchiré le pavillon en s'accrochant à lui, il courut vers les compagnies qui se repliaient déjà et dans sa course tomba dans un ravin. De la cachette où il se tint blotti, il vit distinctement les troupes chinoises passer au-dessus de lui et mettre le camp au pillage. Quand la nuit fut venue, les Chinois ayant évacué nos anciennes positions, il remonta du côté du camp pour chercher à s'orienter, y but un peu de café resté dans un bidon et descendit la colline. A 3 heures du matin, il arriva à la plage, héla le *Villars* mouillé à 400 mètres et une embarcation le ramena à bord.

Nos pertes étaient de 2 tués et 11 blessés.

La mission dont on avait chargé l'amiral Lespès consistait d'abord à détruire les fortifications, ce qui avait été fait avec une habileté parfaite et un plein succès ; ensuite à occuper les charbonnages, ce qui n'avait pas réussi. Qui donc s'étonnerait de cet insuccès ? Ces fameux charbonnages sont à 6 kilomètres de la rade et séparés de celle-ci par une région montagneuse et escarpée. Et c'est avec 200 matelots des compagnies de débarquement que cette occupation devait être faite ! C'est avec 200 hommes qu'il fallait prendre d'abord et conserver ensuite une pareille étendue de terrain ! Mais en admettant qu'il n'y eût dans tout le nord de Formose que les 200 soldats chinois qu'y supposait le Gouvernement français, nos 200 marins n'eussent pas été suffisants pour garder la route qui menait de la rade aux mines de charbon. Or ce n'étaient pas 200 Chinois qui se trouvaient là, c'étaient plusieurs milliers de fantassins réguliers.

L'opération ordonnée à l'amiral Lespès était donc fatalement condamnée à un échec. Il ne pouvait dépendre ni de son audace, ni de son énergie de mener à bien une pareille entreprise. Il avait été partisan, il est vrai, de l'occupation de Kelung, mais c'était trois mois plus tôt, à un moment où la défense de Formose n'existait pas et où il disposait du reste, non pas de deux navires, mais de toute sa division [1].

_____

1. Je retiens le *Duguay-Trouin* en vue de cette éventualité. (Dépêche du 28 mai de l'amiral Lespès.)

Le *Lutin* était parti le soir du 5 août pour
Shanghaï, afin d'y annoncer à M. Patenôtre le bombardement qui avait eu lieu le matin même. Le
lendemain, le *Villars* allait à Matsou rendre compte
à l'amiral Courbet du résultat de l'affaire. Le *La
Galissonnière* restait seul à Kelung, où le *Lutin* venait
le retrouver à son retour de Shanghaï. Dès le 7, les
Chinois s'étaient mis à fortifier sans relâche toutes
les crêtes, notamment celles voisines de la route de
Tamsui.

Tandis que ces événements se déroulaient au
nord de Formose, l'amiral Courbet était toujours
dans la rivière Min. Aucun ordre ne lui était parvenu à la date du 31 juillet, jour de l'expiration de
l'*ultimatum*. Il avait été simplement chargé d'envoyer
l'amiral Lespès à Kelung, tandis que lui et ses navires
montaient la faction devant l'arsenal et devant la
flotte. Le temps qui passait ainsi sans rien changer
pour nous, était singulièrement mis à profit par nos
ennemis. Depuis le 1ᵉʳ août, les mouvements de leurs
canonnières et de leurs croiseurs étaient plus fréquents
que jamais : ce n'étaient que mouillages et changements de mouillages. L'attitude des capitaines et des
officiers était plus correcte : aucune marque d'hostilité
ne s'était renouvelée depuis celles qui avaient été
dirigées contre l'*Hamelin*. Tout se bornait, de la
part des matelots, à des plaisanteries plus ou moins

ridicules et pas toujours du meilleur goût. La lumière
électrique qu'on faisait chaque soir avait le don de
les agacer et ils profitaient du passage des rayons de
la gerbe pour exhiber sans façon à nos regards ce
que les plus élémentaires lois de la pudeur font, en
tout pays, un devoir de dissimuler. Tout indiquait,
à bord des navires, un vigoureux effort. Les équipages avaient été renforcés considérablement par de
nouvelles recrues. Des exercices fréquents avaient
lieu et les manœuvres s'exécutaient au signal du
commandant supérieur embarqué sur le *Yang-Ou*.

A terre, les forts accroissaient chaque jour leurs
défenses; de grands travaux de terrassement y
étaient effectués et des canons rangés en batterie
derrière des sacs à sable, aussi bien sur la rive que
sur les hauteurs, menaçaient la rade.

Devant ces préparatifs, il fallait que les navires
français demeurassent sans cesse sur le qui-vive.
Les pièces et les fusils restaient nuit et jour chargés, les passages prêts à fonctionner; et dans la
machine, les feux étaient tenus de manière à avoir
de la pression, soit en vingt minutes, soit en trois
quarts d'heure. Jamais les hamacs n'étaient distri-
bués aux hommes. L'ordre général était de coucher
aux postes de combat; les servants s'étendaient auprès des circulaires des canons, tandis que gradés,
aspirants ou officiers, faisaient bonne veille autour
d'eux. La vie du matelot devenait, dans ces circons-

tances, assez pénible, mais de toutes les privations
qu'on lui imposait, la plus sensible était l'impossibilité de laver son linge comme il l'aurait voulu et
comme on sait qu'il en a la manie. Le savon était
rare et les cartahus de linge n'étaient jamais hissés.
Les officiers eux-mêmes participaient à des distribu-
tions de savon comme les équipages, et faisaient faire
leur lessive à bord.

Pourtant, et c'est là un trait fort curieux du caractère chinois, jusqu'au jour du combat de la Pagode
un blanchisseur ne cessa de venir nous offrir ses
services. Ce n'était pas, du reste, le seul indigène
qui mettait son industrie à la disposition de nos
navires. En même temps que lui, un marchand
apportait de la glace, et d'autres bateliers chinois
faisaient les commissions dont les chargeaient les
officiers ou les hommes, avec l'empressement le
plus entier, sinon le plus désintéressé. Plusieurs
commandants avaient comme domestiques des Célestiaux qui allaient librement du bord à terre sans
que jamais leurs compatriotes eussent eu l'idée de
leur faire un mauvais parti pour les services qu'ils
rendaient à quelques-uns d'entre nous.

On a le droit d'être surpris de cette façon origi-
nale dont le peuple chinois pratique les usages de
la guerre. Il est vrai que nous n'étions pas en guerre
et que l'état actuel, désigné sous le nóm bizarre
d'*état de rétorsion,* pouvait permettre certaines con-

cessions mutuelles. Mais pendant la guerre de 1860,
la même remarque avait été faite ; les idées de solida-
rité qui, chez les nations civilisées, unissent le citoyen
et le soldat dans un même sentiment contre l'ennemi,
font totalement défaut en Chine. Pour le marchand
de glace de Fou-Chéou, pour le blanchisseur et pour
les domestiques, la lutte prochaine devait se passer
entre les marins français et les soldats des mandarins; quant à eux, commerçants ou artisans, ils n'a-
vaient rien à y voir et ils n'y voyaient, en effet, aucune raison d'animosité. Un des interprètes embarqués
à bord fit un jour une réponse qui indique bien
l'absence de toute communion d'idées entre les deux
éléments civil et militaire. Questionné sur l'accueil
que ses compatriotes lui réservaient à son retour
parmi eux après la guerre : « Quoi, s'écria-t-il, quelle
raison de m'en vouloir ? Mon seul métier est d'in-
terpréter le français et le chinois. Je ne fais à votre
bord que gagner ma vie, qui peut m'en empêcher ? »
Il faut ajouter, du reste, que dans le sud du Céleste-
Empire, à l'inverse de ce qui se passe dans le nord,
où domine la race mandchoue, très guerrière, le
métier des armes est fort déconsidéré, le soldat est
mal vu et les derniers de tous les mandarins sont les
mandarins militaires.

Ceux-ci n'étaient pas tendres à notre endroit. Ils
étaient loin d'avoir les aménités des industriels ou
des marchands. Ils mettaient notamment toutes sortes

d'entraves à la livraison des bœufs par le fournisseur. Le commandant en chef chinois n'en autorisait
la vente qu'après des pourparlers interminables lui
expliquant que nous n'étions pas en guerre. Par suite
de ce mauvais vouloir des généraux chinois, les vivres
frais étaient rares, la nourriture peu variée ; la chaleur étant excessive, l'appétit diminuait chaque jour,
les santés s'affaiblissaient et il fallait aux officiers
et aux équipages bien de l'ardeur et de la volonté
pour supporter allègrement, comme ils le faisaient,
une existence aussi rude.

Le service de garde, très strict en tout temps,
redoubla de sévérité quand l'amiral put craindre
qu'à la nouvelle du bombardement de Kelung, les
Chinois n'usassent de représailles sur nous. Les rondes
des embarcations pendant la nuit étaient plus fré-
quentes ; des canots armés en guerre stationnaient à
la coupée du *Volta* ou du *Duguay-Trouin*. Les Chinois avaient pris très vite l'habitude d'imiter absolument toutes nos manœuvres ; ils tenaient donc, eux
aussi, des canots à leurs coupées et se donnaient en
outre le luxe de pointer sans cesse leurs canons sur
nos bâtiments et de les suivre pendant les évitages.
Chaque fois que nos torpilleurs s'exerçaient et manœuvraient dans la rivière, ils ne manquaient pas
de faire circuler, à leur tour, leurs canots porte-torpilles. Leur manie d'imitation s'étendait même aux
installations des navires. Ayant vu un jour à l'*Aspic*

des tôles de protection sur la passerelle, ils firent immédiatement confectionner pour les passerelles, les barres et les canots-torpilleurs, des abris semblables.

L'appréhension des torpilles était naturellement à l'ordre du jour. On avait mené grand bruit autour des achats d'engins sous-marins de toutes sortes que les Chinois avaient faits à diverses nations européennes. On redoutait surtout de les voir imaginer contre nous un système quelconque de torpilles automatiques qu'ils auraient laissé dériver au courant et qui seraient venues éclater au contact des carènes. Pour parer à ce danger, l'amiral avait prescrit de disposer, chaque fois qu'on serait au jusant, un appareil de protection sur l'avant des navires. Lors du changement d'évitage au flot, on relevait l'appareil pour le remettre en place à l'évitage suivant.

L'amiral avait facilement prévu l'insuffisance des canots à vapeur pour le service d'une rivière aussi rapide que le Min; il avait pourtant fait rallier autour de lui le canot de l'*Hamelin*, celui du *Bayard*, celui du *La Galissonnière,* de façon à en avoir le plus grand nombre possible. Mais dès les premiers jours, il avait acheté à une maison de commerce anglaise une chaloupe à vapeur nommée le *Nantaï.* Cette chaloupe, de bonne dimension et de bonne marche, devait rendre les plus utiles services : elle **remorquait aisément trois ou quatre canots; on la** munit d'un appareil de lumière électrique et d'un hotchkiss.

La question des pilotes avait été aussi l'objet des préoccupations de l'amiral. Pour se les attirer, il avait décidé que ceux d'entre eux qui remonteraient ou descendraient les navires français recevraient des droits de pilotage doubles du tarif ordinaire. Il reconnut plus tard la nécessité d'avoir des pilotes permanents, et il en engagea quatre, de nationalités européennes, aux conditions suivantes : ils recevaient par jour 15 dollars, mais ils s'obligeaient à rester un an liés à notre service, et devaient, pendant ce temps, piloter tous les navires français qu'on leur désignerait. Ces 15 dollars quotidiens faisaient au bout de l'année 25,000 fr., somme qui représentait leurs bénéfices moyens annuels. En outre, dans le cas d'une *déclaration officielle* de guerre (ces mots étaient soulignés dans le contrat), une somme de 100,000 fr. devait leur être versée. Ces chiffres sont assurément élevés [1], mais il faut songer que la position de ces pilotes était perdue par le fait même de leur engagement à notre service : il était juste de les indemniser de ce que cette position représentait pour

---

1. Les prétentions des pilotes du Yang-Tsé à qui l'amiral avait fait demander de conduire, le cas échéant, son escadre à Nangkin étaient autrement exagérées. Les uns demandaient 50,000 taëls pour la durée de la guerre; les autres 1,000 taëls par mois pendant un an, plus 20,000 taëls en cas de guerre. Le taël représentant 7 fr., on voit que les plus accommodants exigeaient près de 200,000 fr. et les autres 350,000.

eux, non seulement dans le présent, mais aussi dans
l'avenir. D'ailleurs, ici comme partout, il fallait subir
la loi de l'offre et de la demande, et puisque l'amiral
avait pour ses opérations un absolu besoin de leur
concours, force lui était de subir leurs exigences.
Les risques qu'ils pouvaient courir étaient réels après
tout ; l'un d'eux, le pilote Thomas, celui-là même
qui échoua l'*Hamelin,* fut tué à la Pagode sur la
passerelle du *Volta,* le 23 août [1].

On devine aisément que les journées d'attente
anxieuse ne manquèrent pas pendant ce long séjour
en face de l'ennemi. C'était à chaque instant des
alertes faisant croire que l'heure tant désirée de la
lutte allait enfin sonner. Tout était motif à émotion :
une lettre portée à un commandant par un canot du
Volta, un signal de l'amiral appelant chez lui tous
les capitaines, une visite du consul, ou même les
racontars des gens bien informés qui colportaient les
nouvelles d'un navire à l'autre ! Le 12 août, en particulier, on put croire que les canons, muets jusque-là,
allaient peut-être parler. Il y avait quelque chose
dans l'air. A 11 heures et demie, les prévisions sem-
blèrent se réaliser. On donna l'ordre de prendre

---

1. Sa veuve a touché 100,000 fr., bien qu'il n'y ait pas eu de déclaration *officielle* de guerre. En rédigeant le contrat, l'amiral Courbet avait cru
prévoir les hostilités directes et effectives par ces mots : « en cas de déclaration de guerre ». Or le contraire est arrivé : sans déclaration officielle les
hostilités eurent lieu. Les pilotes du Min ne pouvaient pas être victimes de
cette fiction diplomatique qu'on a appelée l'état de représailles, et ils ont
bien réellement acquis les droits au paiement de la prime de 100,000 fr.

toutes les dispositions de combat, on rappela aux
passages, on installa le service des blessés... Les Chinois tenaient leurs pièces braquées sur nous, nous
faisions de même... et la journée se passa sans qu'il
advînt rien de nouveau. Les jours suivants, rien
encore, si ce n'est la plus étrange conséquence de
cet état de représailles qui n'était pas la guerre. Dix
jours après le bombardement de Kelung, la Chine
célébrait la fête de son impératrice. Ainsi que le
veulent les usages maritimes, un officier du *Yang-Ou*
se rendit la veille à bord du *Volta* pour demander
que les bâtiments français voulussent bien pavoiser
en l'honneur de la souveraine. Le 16 août, le petit
pavois fut hissé, avec le pavillon chinois au grand
mât de nos navires, et le lendemain un officier, selon
la coutume, vint remercier de cette marque de cour-
toisie. Cela se passait six jours avant le combat de
la Pagode ! Quelle singulière chose que cet état
intermédiaire fait de politesses et de bombardement ! Durerait-il longtemps encore ? C'est ce qu'on
ne pouvait savoir alors et ce que chacun se demandait avec anxiété, car les négociations se continuaient
toujours.

Le 8 août, M. Patenôtre avait remis aux trois plénipotentiaires résidant à Shanghaï, une note destinée à leur faire connaître à la fois et l'attaque de
Kelung et le but du Gouvernement français qui
voulait s'assurer « la possession d'un gage servant

« de garantie contre le refus d'une indemnité ». Il n'ajoutait pas que le cabinet français avait eu le secret espoir de voir la Chine prendre peur devant notre résolution belliqueuse. Le 12 août, en réponse à la note du 8, le Tsung-Li-Yamen exprimait « son « étonnement de la saisie du port de Kelung, décla- « rant que rien ne l'avait préparé à une nouvelle de « ce genre ».

Ainsi, les coups de canon tirés à Kelung n'avaient pas amené la Chine à composition, et les espérances d'intimidation qu'on avait pu fonder sur ce bombar- dement étaient évanouies. D'autre part, la prise d'un gage ne s'était pas réalisée, puisque les 200 marins mis à terre le 5 août avaient dû, dès le lendemain, regagner leurs navires poursuivis par un ennemi dix fois plus nombreux. La question n'avait donc pas fait un pas, il fallait recommencer de nouveau l'expérience. Mais le Gouvernement semblait avoir quelque peine à s'y décider : il croyait encore à la possibilité d'un arrangement. Une dépêche de M. Patenôtre, du 14 août, mentionne en effet que peu de jours avant cette date, il poursuivait toujours ses pourparlers et qu'il avait même fait de nouvelles concessions à la Chine touchant l'indemnité. « Le maintien provisoire du *statu quo* dans la rivière Min vous a prouvé, écrivait-il aux négociateurs chinois, que si la France est résolue à poursuivre avec toute **l'énergie nécessaire la réparation qui lui est due,** elle veut fournir jusqu'au bout la preuve indubitable de sa patience et de sa modération. L'arsenal et les forts de Fou-Chéou sont, depuis bientôt un mois, sous les coups de nos bâtiments de guerre. Il nous eût été facile de les détruire dès l'expiration de l'*ultimatum*. Malgré les inconvénients de toute sorte qui résultent pour nous de ces délais incessants, le Gouvernement a cru devoir, jusqu'ici, suspendre toute action militaire contre Fou-Chéou, dans l'espoir que le Gouvernement impérial, éclairé enfin sur la situation, lui épargnerait la nécessité d'en venir à une mesure de rigueur qu'il préférerait éviter. Nous sommes allés plus loin dans la conciliation... Le Gouvernement a consenti à réduire de plus des deux tiers l'indemnité primitivement réclamée à la Chine et à en étendre le paiement à dix années. » (80 millions.)

Ces concessions ne devaient pas être accueillies par la Chine : elles ne servaient qu'à enhardir nos ennemis, à les rendre plus exigeants et à prolonger indéfiniment dans la rivière Min le séjour de l'escadre. Celle-ci devait s'armer de patience et de résignation pour supporter pendant si longtemps une situation d'où il ne résultait qu'une déconvenue pour son amour-propre et une humiliation pour le pays. Que dire, en effet, d'une semblable épreuve ? Comment donner une idée de ce qu'était pour le chef, pour les officiers, pour les simples matelots cette fac-

tion montée devant un ennemi plein d'arrogance et
qu'il fallait néanmoins traiter avec les égards appa-
rents dus à une nation amie. Pendant que les diplo-
mates échangeaient leurs notes, leurs dépêches et
leurs rapports, des navires étaient venus à Fou-Chéou
pour y faire œuvre de guerre. Et quand, sous leurs
yeux, cet ennemi se faisait menaçant, ils n'avaient
pas le droit de le remarquer; quand il redoublait
d'audace, ils n'avaient pas le droit de s'en émouvoir.
Leur dignité, leur patriotisme en souffraient, qu'importe ! L'heure n'était pas encore venue de châtier
les traîtres ou les fanfarons : la parole était aux négociateurs, le tour du canon ne viendrait que plus
tard. Et d'ici-là, il fallait tout supporter, tout endurer
et se répéter que les défenses qui s'élevaient centu-
pleraient la peine et le danger au jour de la lutte.

C'est à l'austérité d'une pénible campagne où, depuis un an, jamais n'était venue la moindre éclaircie
— non pas de plaisir — mais de distraction, que
s'ajoutait cette irritante expectative. Elle ne laissait à
l'esprit ni trêve, ni repos; les conversations de carrés
ne roulaient que sur un même et constant sujet,
l'alternative de paix ou de guerre avec la Chine. A
ce régime, les plus calmes étaient devenus nerveux,
les plus réservés avaient fini par s'exaspérer et une
fiévreuse impatience surexcitait cette escadre préoc-
cupée, avant tout, de l'honneur de son pavillon.

A la longue, du reste, l'honneur n'était plus seul

en cause : la sécurité elle-même était compromise.
Chaque jour voyait augmenter les avantages des Chinois sur nous. En un mois, ils avaient progressé du
simple au double. Le port était visité sans cesse par
de nombreux vapeurs étrangers que l'amiral ne pouvait contrôler, n'ayant pas l'autorisation d'agir, et qui
apportaient journellement aux Chinois de quoi parfaire leurs défenses — ou plutôt leurs moyens d'attaque. Car nous étions maintenant réduits à craindre
une attaque. La situation avait singulièrement changé
depuis la fin de juillet. A cette époque, l'amiral, par
une audacieuse offensive, était sûr du succès. En
surprenant à l'improviste, avec ses six bâtiments et
ses deux torpilleurs, la flotte chinoise, celle-ci devait
être facilement coulée par le fond, sans que les ouvrages à terre qui tombaient en ruines eussent été
en état d'envoyer un seul obus pour la défendre :
l'escadre française eût réglé en quelques minutes,
sans danger pour elle, le sort des canonnières chinoises.

Mais à mesure que le temps marchait, notre évidente supériorité du premier jour allait s'affaiblissant
devant la constante progression des avantages de
l'ennemi et un engagement avec lui devenait de plus
en plus périlleux.

Le 15 août, en effet, les Chinois comptaient dans
la rivière 10 ou 12 bateaux porte-torpilles, défectueux peut-être, mais très capables avec un peu de

chance de nous endommager sérieusement ; à côté de
ces canots, 9 bâtiments de guerre, 10 jonques armées
chacune de 8 ou 9 canons, et une série de jonques
mandarines, de brûlots en nombre exagéré. Depuis
le jour de notre entrée, nous avions vu s'établir et
s'armer sur le monticule de la Pagode une batterie
au ras de l'eau, et un peu au-dessus trois pièces de
8% Krupp de campagne derrière des épaulements
de terre ; auprès de l'arsenal, 2 pièces bouche, protégées par des sacs à sable ; puis, dominant toute la
rade, sur la haute colline au nord de l'arsenal, deux
batteries nouvelles armées de pièces Krupp. Pour
compléter ses moyens d'action, le général en chef
Chang-peï-Loun avait rassemblé dans des camps
retranchés plusieurs milliers de fantassins bien armés. Tandis qu'au mouillage même de la Pagode
l'ennemi avait fait cette accumulation de batteries,
de casemates, de fortifications, à Mingan et à Kimpaï
il n'était pas resté inactif. Ces deux passes étaient
hérissées de canons de tous les calibres et les camps
qui y avaient été établis regorgeaient de troupes.
Ces soldats massés sur les hauteurs qui surplombent
et enserrent étroitement le lit de la rivière, nous
menaçaient d'un réel danger. Le jour où l'escadre
devrait sortir de cette perfide souricière, ils pouvaient faire subir des pertes considérables à ses
bâtiments en criblant de balles les ponts et les passerelles.

Les appoints qui, depuis le 1ᵉʳ août, avaient grossi les forces de l'amiral étaient sérieux, mais pas en proportion de ceux acquis par nos adversaires. La *Saône* était entrée le 5 août, le *Villars* le 15 et le *d'Estaing* le 16; mais le *Château-Renaud* avait dû être envoyé avec la *Saône* en grand'garde à l'entrée de la rivière, entre Mingan et Kimpaï. Les navires à Pagoda étaient donc le *Volta*, le *Lynx*, l'*Aspic*, la *Vipère*, le *Duguay-Trouin*, le *Villars* et le *d'Estaing*, plus les 2 torpilleurs. Le 16 août, l'amiral télégraphiait à M. Patenôtre de lui envoyer la *Triomphante* et le *Drac* qui n'avaient plus rien à faire à Shanghaï, désormais épargnée à nos coups : « Ces deux bâtiments, la *Triomphante* surtout, pourront m'être très utiles, mais les dangers de surprises ici n'en seront pas moins grands. Je ne saurais trop répéter combien les retards nous ont été préjudiciables. » Pourtant une question se posait. La *Triomphante* qui calait plus de 7 mètres, pouvait-elle entrer dans le Min ? Certains pilotes ne le pensaient pas, l'un d'eux disait la chose possible. L'amiral écrivit donc au commandant Baux qu'il lui laissait le soin d'apprécier lui-même s'il devait essayer d'arriver à Pagoda. En tout cas, l'amiral recommandait de tout tenter pour que la *Triomphante* pût franchir au moins la barre extérieure, afin d'aider avec sa puissante artillerie à la sortie de la rivière.

Sur ces entrefaites, le 15 août, à la Chambre, et le 16 au Sénat, le ministère soutenait une demande de crédits pour la continuation des hostilités. « Nous vous demandons, disait-il, l'autorisation de continuer ce que nous avons commencé à Kelung. » Les crédits étaient votés et, par un ordre du jour, la Chambre se déclarait « confiante dans la fermeté du Gouvernement à faire respecter le traité de Tien-Sin. »

Fort de ce vote, le ministère envoyait à l'amiral Courbet l'ordre d'attaquer la flotte chinoise, et de détruire l'arsenal et les forts de la rivière Min. L'ordre parvint le 22 août vers cinq heures du soir. La nouvelle en transpira bientôt dans toute l'escadre, apportant aux esprits un immense soulagement et mettant dans les cœurs une patriotique allégresse.

VII

LE COMBAT NAVAL DE FOU-CHÉOU

(23 août 1884.)

———

Lorsque, le 22 août, l'amiral Courbet reçut l'autorisation d'ouvrir le feu, les forces qu'il avait devant lui se décomposaient ainsi :

Onze navires de guerre : *Yang-ou, Yang-pao, Tschen-Hang, Fou-Sheng, Kien-Sheng, Yu-Sing, Fou-poo, Fou-Sing, Tsi-ngan, Feï-yuen, Tchen-oueï* [1]. Ces 11 navires (4 croiseurs, 2 transports-avisos, 2 avisos, 2 canonnières dites alphabétiques, 1 canonnière en bois) étaient armés ensemble de 47 bouches à feu, savoir : 2 canons de 25^c_m pouvant lancer des obus ou des boulets de 185 kilogrammes ; 1 canon de 19^c_m avec projectile de 82 kilogrammes ; 19 canons de 16^c_m Withworth ; 16 canons de 40 livres ; 6 canons de 12^c_m ; enfin sur la petite canonnière 3 espingoles. Tous ces bâtiments étaient en bois, sans aucun blindage, élégants de formes, mais faibles d'échan-

———

1. Cette orthographe est celle donnée par le *Carnet de l'officier de marine.*

tillon. Leurs coques étaient plus ou moins protégées
contre la submersion à l'aide de quelques cloisons
étanches. Le *Yang-ou*, le plus grand de tous, avait
un déplacement de 1,600 tonneaux; les deux avisos-
transports déplaçaient 1,450; trois autres croiseurs
1,258; les deux alphabétiques 250, ainsi que la petite canonnière *Yu Sing*; enfin les deux avisos, 550.
Les équipages très nombreux (officiellement 1,220
hommes) ne possédaient ni canons-revolvers ni mitrailleuses, mais ils avaient entre les mains des
fusils de modèles très récents et perfectionnés.

A ces onze navires s'ajoutaient: neuf jonques de
guerre armées chacune de 7 à 8 canons lisses anciens
et montées par 60 à 70 hommes d'équipage; deux
autres jonques très grandes chargées d'au moins
120 à 150 soldats; sept canots à vapeur et trois ou
quatre embarcations à rames, les uns et les autres
munis à l'avant d'un espar porte-torpilles; enfin des
quantités de brûlots chargés de matières explosibles.
Toutes ces forces maritimes étaient appuyées par la
nombreuse infanterie du général Chang-peï-Loun et
par 7 batteries de création récente : 2 sur le monticule
de la Pagode, dont une de trois Krupp de $8\%_m$; 2 sur
la haute colline qui dominait la pagode et l'arsenal,
dont une de trois Krupp également; 3 de deux pièces chacune aux abords de l'arsenal.

L'escadre française comprenait le *Volta*, l'*Aspic*,
le *Lynx*, la *Vipère*, le *Duguay-Trouin*, le *Villars*, le

d'Estaing et les 2 torpilleurs. Au total, 58 canons
dont 5 de 19, 47 de 14, 6 de 10. Croiseurs et canonnières avaient tous des canons-revolvers. Le *Nantaï*
et 4 canots à vapeur munis de hotchkiss formaient
une escadrille à part, qui était chargée de prendre
des navires à l'abordage et de jouer le rôle de con-
tre-torpilleurs. La *Saône* et le *Château-Renaud*
étaient toujours en amont de la passe Kimpaï où ils
devaient s'opposer à ce que les Chinois obstruassent
cette passe, soit en y coulant une trentaine de jonques chargées de pierres, soit en y mouillant des torpilles. Tous les bâtiments français avaient une toi-
lette de combat uniforme : le grand mât d'hune et le
mât de perroquet de fougue calés, les vergues amenées. Seul, le phare de l'avant était en place sans
mât ni vergue de perroquet.

L'amiral Courbet avait mouillé ses navires sur une
ligne brisée contournant la presqu'île triangulaire de
la Pagode. Cette presqu'île dessine au milieu de la
rivière Min un angle, presque géométrique, dont le
sommet est au sud et dont les deux côtés sont orien-
tés l'un vers le nord-ouest, l'autre vers le nord-est.

Sur le côté de l'angle qui se dirige vers le nord-
ouest et où se trouve bâti le célèbre arsenal de Fou-
Chéou, il y avait le *Volta* en tête, puis l'*Aspic*, la
Vipère, le *Lynx* et, un peu en arrière du *Volta*, les
2 torpilleurs. Autour de ces quatre navires, les Chinois avaient rangé leurs jonques de guerre et leurs

jonques chargées de soldats, puis un peu plus loin en amont, les bâtiments *Yang-ou, Fou-Sing, Fou-poo, Yang-pao, Tschen-Hang, Fou-Sheng, Kien-Sheng* et *Yu-Sing*. Quant aux canots porte-torpilles, ils se trouvaient dans un arroyo dont l'embouchure était voisine du bâtiment de la douane, sur la rive opposée à la Pagode.

En aval de la Pagode, du côté du nord-est, étaient les trois croiseurs *Duguay-Trouin, Villars, d'Estaing*, et respectivement par leur travers, près de la douane, les avisos *Tchen-oueï, Feï-yuen* et *Tsi-ngan*.

La largeur de la rivière Min en cet endroit est de moins de 1,000 mètres. Les deux escadres ennemies étaient donc à des distances de quelques centaines de mètres. En outre, la hauteur du fond interdisait aux trois grands croiseurs français, qui calaient 5 à 6 mètres, de venir, sauf à la haute mer, dans les environs du *Volta*.

En aval et en dehors des lignes occupées par les adversaires, se trouvaient la corvette américaine *Enterprise* avec l'amiral John Lee Davis, les corvettes anglaises *Champion* et *Sapphire* ainsi que le *Vigilant* ayant le pavillon du vice-amiral Dowell, 3 voiliers et 3 steamers [1].

----

1. A Fou-Chéou même se trouvaient le *Monocacy* de la marine américaine et l'aviso anglais *Merlin*.

Le vendredi 22 août, à 8 heures du soir, l'amiral appela tous les capitaines à bord du *Volta* et leur communiqua le plan de combat qu'il avait résolu et qui se résumait en ceci[1] : Pendant l'évitage au jusant de l'après-midi du 23 août (un peu avant 2 heures) les navires appareilleront et se tiendront à leurs distances respectives actuelles de mouillage, sous toute petite vitesse à la vapeur. L'amiral hissera le pavillon n° 1 en tête de mât. A ce signal, les deux torpilleurs iront attaquer deux des bâtiments chinois mouillés en amont de l'amiral. Quand le pavillon 1 s'amènera, le feu commencera sur toute la ligne. Le *Volta*, tout en soutenant l'attaque des torpilleurs au moyen de son artillerie et de sa mousqueterie de bâbord, ouvrira son feu par tribord sur les jonques de guerre dont il est le principal point de mire. En même temps, les canonnières *Lynx*, *Aspic* et *Vipère*, laissant l'amiral à tribord, se porteront rapidement à hauteur de l'arsenal et livreront combat aux trois canonnières et aux trois avisos qui s'y trouvent. Le *Duguay-Trouin*, le *Villars* et le *d'Estaing* devront couler les trois avisos chinois qui sont par leur travers avec leur artillerie d'un bord, battre les jonques en enfilade avec leur artillerie de l'autre bord. Le *d'Estaing* entrera ensuite dans l'arroyo près de la

---

1. Les capitaines des bâtiments n'étaient autorisés à prévenir leurs états-majors de la situation que le 23 à 11 heures du matin.

douane pour donner la chasse aux torpilleurs, après quoi il ralliera le *Volta*[1].

En se décidant à engager l'action à l'évitage au jusant, l'amiral prenait sur l'ennemi un avantage tactique tout à fait décisif. Dans cette position, le *Volta*, les trois canonnières et les deux torpilleurs étaient *sous le courant* par rapport à l'escadre chinoise et la menaçaient de leurs étraves. Les Chinois, au contraire, leur présentaient l'arrière, point faible de tout navire, et ne pouvaient venir sur eux qu'après avoir fait une demi-évolution complète, c'est-à-dire après avoir présenté leur travers à nos coups. Les trois avisos mouillés en aval près de la douane avaient, il est vrai, sur les navires français situés en amont, les avantages qui viennent d'être dits, mais les trois grands croiseurs *Duguay-Trouin*, *Villars* et *d'Estaing* les tenaient sous leur puissante artillerie : ils étaient de taille à les maintenir en respect et à leur barrer la route.

L'habile résolution prise par l'amiral de n'attaquer qu'au jusant avait un seul danger : c'était d'éloigner

---

1. Pour informer les capitaines mouillés en dehors de Pagoda du moment de l'ouverture du feu, l'amiral était convenu avec eux que la phrase suivante : Vous trouverez la *Nive* au mouillage de Matsou, tel jour à telle heure, signifierait j'engagerai l'action tel jour à telle heure. C'est ainsi que le commandant Baux reçut la lettre dont voici le texte :

Pagoda, 22 août.

Mon cher Commandant,

Je présume que vous trouverez encore la *Nive* au mouillage de Matsou le 23 août, à 2 heures de l'après-midi. Elle vous remettra mes dernières instructions.

Votre bien dévoué.   A. COURBET.

le moment de l'ouverture du feu et de donner ainsi
aux Chinois la faculté de prendre l'offensive pendant
l'évitage au flot qui devait durer toute la matinée
du 23. Il y avait à craindre, en effet, que, par suite
de l'avis qui devait être fait officiellement aux consuls étrangers, nos ennemis fussent renseignés sur nos
intentions et entraînés à prendre l'avance sur nous.
S'ils attaquaient pendant le flot, les rôles seraient
alors intervertis et tous les avantages dont l'amiral
escomptait les bénéfices passeraient en leurs mains
et seraient tournés contre nous. Mais il y avait lieu
d'espérer que les Chinois qui n'avaient pas encore
osé prendre l'initiative des hostilités, ne seraient pas
plus hardis cette fois. L'amiral pouvait compter sur
la crainte qu'il leur inspirait. C'était, en tout cas,
une chance à courir. La guerre est faite de chance
autant que d'audace.

Le vice-consul de France à Fou-Chéou, M. de
Bezaure, avait été aussitôt mandé par l'amiral, qui
lui communiqua les décisions du Gouvernement. Il
remonta en toute hâte à sa résidence pour amener
son pavillon et pour avertir le vice-roi et les consuls.
En même temps, l'amiral informa les navires étrangers, qui déjà, du reste, étaient mouillés en dehors
des limites où l'action devait vraisemblablement
s'engager.

La soirée du 22 fut calme, les jonques allaient
et venaient comme d'habitude. Pourtant, plusieurs

symptômes indiquaient que les Chinois supposaient la bataille imminente : les marchands venus dans la journée avaient insisté pour qu'on réglât leurs factures, et le domestique chinois du commandant du *Volta* avait quitté furtivement le bord pour n'y plus revenir. Bientôt tout fut enveloppé dans l'obscurité. On n'entendit plus sur la rivière que le clapotis de l'aviron des sampans qui de temps en temps glissaient sur l'eau. Vers 9 heures, le *Duguay-Trouin* illumina la scène en projetant son feu électrique pour surveiller la rade et ses alentours.

L'aurore du samedi 23 présage un jour d'une pureté sans égale. Le soleil apparaît dans toute sa splendeur derrière les collines de l'Est. Paisible et majestueuse, la rivière Min roule ses eaux rapides et rien ne fait prévoir la lutte terrible qui, quelques heures plus tard, ensanglantera ses flots. Au matin, M. de Bezaure revient, il informe que son pavillon est amené, que l'avis des intentions de l'amiral sera donné à 8 heures du matin aux consuls et à 10 heures au vice-roi. La journée débute par une triste cérémonie : le *d'Estaing* envoie un de ses canots enterrer sur la rive un baleinier qui s'est noyé la veille.

A 9 heures et demie, le flot s'établit, il ne dure que 4 heures, comme dans bien des rivières ; de 9 heures et demie à une heure et demie, c'èst une alerte de tous les instants. Les Chinois font des **préparatifs ostensibles d'appareillage et de combat.**

Pourvu qu'ils n'aient pas la hardiesse de nous attaquer dans cette situation ! L'amiral ne quitte pas
le pont du *Volta* pour observer leurs mouvements.
Debout, au pied du mât d'artimon, il surveille avec
anxiété tout ce qui se passe. Il est calme, comme à
son ordinaire, toujours recherché dans sa mise, vêtu
d'un veston d'uniforme en flanelle de Chine, guêtres
blanches à ses chaussures, la tête coiffée d'un petit
chapeau de paille blanc dont le ruban noir porte, en
lettres dorées, le nom du *Bayard*.

A 9 h. 45 m., les bâtiments sont prêts à marcher.
A 11 heures, les équipages dînent : la bordée de
quart mange sur le pont. Le temps s'est un peu couvert, il fait calme plat, la chaleur est accablante. A
une heure et demie, on met aux postes de combat
sans sonneries de clairon. Les Chinois se tiennent à
leurs pièces. On vire les chaînes aux cabestans, tandis que les navires évitent, de façon à avoir l'ancre
haute lorsque l'évitage au jusant sera complètement
achevé. A 1 h. 45 m., l'escadre est appareillée, prête
au combat. Les Chinois qui ont imité nos mouvements sont prêts également. Le cœur bat, les regards
ne se détachent plus des navires ennemis. Pas un
bruit ne s'entend : un silence solennel fait d'émotion,
d'impatience et d'espoir. Minute suprême et grandiose que rien ne peut faire oublier !

Tout à coup, un canot-torpille chinois se dirige du
côté du *Volta* d'un air plus résolu que de coutume.

L'amiral croit à une attaque. Sans perdre un instant, il fait hisser le pavillon 1 en tête de mât. Les deux torpilleurs se lancent en avant. L'amiral veut leur laisser le temps de faire éclater leur torpille et ne donner le signal du combat d'artillerie qu'une fois leur attaque accomplie. Mais soudain un coup de hotchkiss part de la hune du *Lynx*. Une riposte de l'ennemi est à craindre. Pour la prévenir, l'amiral, un peu plus tôt qu'il n'aurait voulu[1], amène ce pavillon 1, signal de l'ouverture du feu. Un long roulement de canon résonne tout aussitôt et deux explosions élèvent dans les airs deux lourds et épais nuages de fumée blanchâtre.

Le sort en est jeté, la bataille est engagée.

Le plan, réglé la veille, est exécuté avec un ensemble parfait.

Le torpilleur Douzans, n° *46*, doit attaquer le *Yang-ou* dont il est distant de 500 mètres environ. Sa torpille est chargée de 13 kilogrammes de fulmicoton. Au signal convenu, il appareille, pousse sa hampe et vient faire éclater au choc sa torpille contre la partie centrale bâbord du *Yang-ou*. Tout cela nettement, résolûment, sans aucune hésitation, comme dans un simple exercice ! Mortellement at-

---

1. Les officiers de la frégate américaine *Enterprise* qui ont suivi soigneusement les divers événements de la journée ont écrit qu'il s'était écoulé 27 secondes entre le coup tiré de la hune du *Lynx* et l'explosion des torpilles. Le signal de l'ouverture du feu a donc été donné environ une demi-minute plus tôt que l'amiral n'en avait l'intention.

teint, le croiseur peut cependant faire usage de sa machine. Grâce à elle, il gagne la berge où il s'échoue. Le torpilleur marche en arrière pour se dégager. A peine a-t-il fait quelques tours que sa chaudière est crevée par un éclat d'obus. Le fragment recueilli à bord a la section hexagonale caractéristique de l'obus Withworth : c'est bien un projectile chinois. Le *46* désemparé dérive en aval jusqu'à la hauteur des bâtiments neutres, dans le voisinage desquels il vient mouiller : un seul homme a été tué par une balle. Au torpilleur *46* et à son énergique capitaine, M. Douzans, reviennent les honneurs de la journée. Un brillant succès est venu couronner leur superbe attaque.

Le torpilleur Latour, n° *45*, audacieux lui aussi est moins heureux. Il a pour mission de couler le *Fou-Sing* [1]. En courant sur l'ennemi, il rencontre le

---

1. Le rapport de l'amiral Courbet, inséré dans le *Journal officiel* du 23 octobre 1884, indique que c'est le *Fou-Poo* qui a été torpillé par M. Latour. Malgré la grande autorité que l'on doit attacher à un pareil document, nous croyons qu'il y a là une confusion de noms. Des renseignements très précis semblent prouver que c'est le *Fou-Sing* et non le *Fou-Poo* qui a été attaqué par le torpilleur *45*. D'abord le *Fou-Poo* était un navire de 1,258 tonneaux et il est manifeste que le navire torpillé par M. Latour, qui vint ensuite dériver au milieu de l'escadre sous les couleurs françaises après avoir été pris à l'abordage par M. de Lapeyrère, n'avait pas ce déplacement et se rapprochait bien plus du déplacement de 558 tonneaux donné dans le *Carnet de l'officier de marine*. En second lieu, une liste très exacte des navires chinois présents au combat du 23 août, dressée, établie et transcrite par un Chinois fait prisonnier à bord du navire en question, a été mise sous nos yeux. Ce Chinois très intelligent et lettré, maintes et maintes fois questionné par les officiers pendant son internement à bord de la *Triomphante*, leur a toujours dit que son navire s'appelait le *Fou-Sing* et c'est ainsi qu'il l'a dénommé sur sa liste.

Combat naval du 23 août. Position des navires français et chinois au moment de l'attaque.

canot-torpille qui, depuis quelques instants, parade devant le *Volta*. Il veut l'éviter, ce qui l'oblige à choquer le *Fou-Sing* en un point qui n'était pas exactement son objectif. Aussi l'explosion n'amène pas un effet destructeur immédiat, et le torpilleur reste engagé par sa hampette et sa fourche dans le massif arrière de l'aviso. Vainement il marche en arrière à toute vitesse : il demeure collé aux flancs de l'ennemi. Alors l'équipage chinois, revenu de sa stupeur, l'inonde de petits projectiles et même d'obus lancés à la main. Une balle de revolver atteint à l'œil M. Latour et un biscaïen fracasse le bras d'un de ses hommes. Après plusieurs minutes critiques, le *Fou-Sing* réussit à faire route en avant et le torpilleur, dont la machine continue à tourner à toute vitesse, se trouve brusquement dégagé et part violemment en arrière. De là il va s'amarrer en dehors de l'action, dans le voisinage de la corvette américaine *Enterprise*.

A ce moment, M. de Lapeyrère, second du *Volta*, chargé par l'amiral de diriger la flottille des embarcations destinées à l'abordage, s'aperçoit que l'attaque du 45 n'a pas pleinement réussi. Il se décide à torpiller de nouveau l'aviso chinois ; quittant le *Nantaï* où il se trouve, il embarque dans le canot à vapeur (*White*) du *Volta*, armé en porte-torpille. Il poursuit dans cette petite embarcation le *Fou-Sing* et réussit fort heureusement à l'atteindre en faisant

exploser sa torpille dans le voisinage de l'hélice.
Celle-ci est sans doute brisée, car le navire stoppe
instantanément. Désemparé, tombant en dérive,
abîmé par les obus que les canonnières lui ont lancés
déjà, le *Fou-Sing* est accosté bientôt par la flottille
qui s'en empare à l'abordage. A la tête de nos
matelots, l'aspirant Layrle escalade les bastingages,
saute sur la drisse du pavillon, amène l'étendard
jaune de la Chine et fait flotter à sa place les couleurs françaises.

Soudain, dans le lointain, de fortes détonations
retentissent en aval de la Pagode. Ce sont les canons
de 24 de la *Triomphante* qui grondent. Le commandant Baux laissé libre, comme on l'a vu, d'entrer
dans la rivière s'il croit la chose possible, a trouvé
un pilote pour le conduire jusqu'à la Pagode. Pendant
24 heures, il a déjaugé son navire en envoyant une
partie de son matériel sur la *Nive* et à 10 heures il
a quitté Matsou, ayant mis l'équipage aux postes de
combat, les pièces prêtes à faire feu, mais les forts
de Kimpaï et de Mingan l'ont laissé passer. Et le
voilà qui vient se mêler à la lutte. Quand, à 1 h. 50,
on prévient l'amiral qu'un grand navire français
arrive, il s'écrie : « C'est Lespès ou la *Triomphante!* »
C'était la *Triomphante,* et la venue de ce cuirassé
avec ses 6 canons de 24 était faite pour diminuer les
vives préoccupations que la descente de la rivière
devait susciter au commandant en chef.

Pendant ce temps, le *Volta* a envoyé au *Yang-ou* après l'explosion, quelques obus qui hâtent sa perte. Puis, intrépide et brave, insouciant du danger, l'amiral a fait avancer son navire au plus fort de l'action, du côté des jonques où les Chinois, habitués au maniement de leurs mauvais canons, font une résistance vigoureuse. Sous une pluie de mitraille, ils tirent et rechargent sans cesse. Grâce à la faible distance, tous les coups portent. Un de leurs boulets ronds traverse la passerelle du *Volta*, tue le pilote Thomas et deux timoniers à la roue du gouvernail. Le commandant Gigon et l'enseigne Mottez échappent miraculeusement à ce boulet qui les frôle. Les balles et les obus sifflent de toutes parts. Mais l'amiral conserve un calme admirable qui entraîne les uns et les autres. Le *Volta* se montre digne de lui.

Les trois canonnières *Aspic*, *Lynx* et *Vipère*, en passant devant les jonques, leur ont lâché deux ou trois bordées ; puis elles ont été canonner les navires en amont, auxquels elles font de graves avaries. Enfin, les trois grands croiseurs ont ouvert un feu des plus vifs sur les batteries de la Pagode et sur les avisos mouillés dans leur voisinage.

Il fait un calme absolu ; en quelques secondes, une épaisse fumée couvre le champ de bataille, on distingue mal amis ou ennemis ; et peu à peu la canonnade se ralentit.

A 2 h. 25, après *trente minutes* de combat, elle cesse presque complètement de part et d'autre. Bientôt la fumée se dissipe. Ce n'est pas sans anxiété que, de tous côtés, on cherche, on regarde, on interroge.... Les navires français sont intacts. Ils portent à peine, çà et là, quelques glorieuses traces d'obus ou de boulets : le grand pavillon tricolore qui flotte à chacun de leurs mâts est bien réellement victorieux. La flotte chinoise est écrasée. Les neuf jonques coulent et brûlent en même temps. Leurs équipages sont à l'eau, pêle-mêle, dans un fouillis de mâts, de cordages, où la mitraille a fait d'affreux ravages. Les brûlots flambent et sautent. Les deux jonques chargées de soldats sont coulées ou en feu. Les flammes dévorent le *Yang-ou*. Quant aux deux transports amarrés le long des quais de l'arsenal, ils ont été abandonnés par leurs équipages : les obus des canonnières ont fait brûler l'un d'eux et fait sauter l'autre. Seuls, les deux petits navires *Fou-Poo* et *Yu-Sing,* grâce à leur faible tirant d'eau, ont pu quitter le combat et remonter la rivière ; mais ils portent aux flancs de graves blessures et s'échouent sur les bancs dans leur fuite rapide. Les deux canonnières, dites alphabétiques, *Fou-Sheng* et *Kien-Sheng* ont résisté plus longtemps. Dès le commencement de l'action, elles ont évolué pour présenter l'étrave à l'escadre française, leur unique canon de 25% étant sur l'avant. Mais criblées d'obus par nos navires de tête, elles ont été désemparées, et leur appareil moteur paralysé. Maintenant elles dérivent au milieu de la rivière, entraînées par le courant, meurtries, défoncées, percées à jour. Leur pont est jonché de cadavres. Quant aux trois avisos mouillés près de la Douane, bien loin de se lancer en avant comme on pouvait le craindre, pour venir à la rescousse des bâtiments en amont, on les a vus cherchant à fuir en aval; ils ont, dans ce but, filé leurs chaînes par le bout et marché en arrière, mais pas assez promptement pour éviter d'être foudroyés sur place. Nos obus ont jeté le feu à bord, enflammant les gargousses mises en grenier sur le pont; les chaudières ont été crevées par nos projectiles, les machines se sont arrêtées : le courant entraîne ces lamentables débris.

Leurs équipages ont cherché à se sauver et à fuir. C'est en vain. Des obus impitoyables ont semé la mort parmi eux. Quelques-uns pourtant donnent de beaux exemples de courage et d'héroïsme. Sur l'un des croiseurs, aux trois quarts incendié et prêt à s'abîmer dans la rivière, le pavillon chinois est tout à coup rehissé et un servant envoie à nos navires un dernier coup de canon.

Le fleuve est couvert de morceaux de bois, d'espars, de tronçons de mâts, de débris de jonques, et accrochés à ces épaves de pauvres diables de Célestiaux cherchant à se sauver. Leur tête émerge de l'eau et n'apparaît que comme un petit point noir.

Nos matelots qui, depuis le début, ont été admirables d'entrain et de discipline, sont maintenant surexcités par le combat. On a toutes les peines du monde à les empêcher de décharger leurs fusils sur ces petits points noirs qui défilent au gré du courant.

A 2 h. 32, la canonnade recommence un peu plus lente. Il faut répondre aux batteries de terre qui ont rouvert le feu depuis que la fumée s'est dégagée. La batterie de campagne de la Pagode est servie avec acharnement. Celle qui est située sur la hauteur tire avec non moins de ténacité. Elles seront dures à démonter. Les deux alphabétiques construites en acier et à cloisons cellulaires[1] flottent toujours, malgré les nombreuses blessures dont elles sont atteintes. Elles arrivent à la hauteur des derniers navires de l'escadre française et les énormes projectiles de la *Triomphante* et du *Duguay-Trouin* les achèvent. L'une d'elles coule d'une façon singulière. Après avoir reçu un dernier obus de 24, elle plonge immédiatement de l'arrière avec une telle violence, qu'elle se plante, pour ainsi dire, dans les vases de la rivière, la quille presque verticale. Elle oscille pendant quelques secondes, puis s'engloutit en tombant sur le côté de bâbord.

Le *Fou-Sing*, avec son pavillon français, dérive toujours en aval de la Pagode, entouré de tous nos

---

1. Construites chez sir W. Armstrong, en 1875.

canots. Une épaisse fumée s'échappe de ses panneaux. Sur son pont, sur sa passerelle, partout des morts ou des mourants. Les chaudières crevées par nos boulets ont couvert les Chinois de vapeur, et d'horribles brûlures ont ajouté encore aux plaies et aux mutilations faites par nos armes. L'incendie gagne toujours. Impuissant à le maîtriser, M. de Lapeyrère a le regret d'abandonner sa prise. Il donne l'ordre de l'évacuer en emmenant prisonniers les rares survivants de l'équipage, et peu après l'aviso coule.

Il n'est pas tout à fait 3 heures, et il n'y a plus de bâtiments chinois à flot. Il ne reste d'autres traces de ces vingt-deux navires ou jonques, que des carènes en flamme échouées sur la plage ou des mâtures qui pointent hors de l'eau.

A 4 heures, l'amiral signale de ne plus tirer que pour se défendre. Les batteries de terre, voyant notre feu se ralentir, reprennent confiance. Celle de la Pagode n'envoie que quelques obus. Elle craint la riposte de nos navires, qui ne sont qu'à 400 mètres d'elle. Mais tout autre est le tir des pièces qui dominent l'arsenal et qui se trouvent moins à portée de nos coups. Des trois canons Krupp un feu des plus nourris est dirigé sans discontinuité sur le *Volta*. Les obus pleuvent autour de lui. Il est manifeste que les Chinois font à l'amiral l'honneur de viser obstinément son navire. L'amiral se pique au jeu et

il veut réduire au silence cette batterie chinoise.
Toujours au pied du mât d'artimon, d'où il a mené
tout le combat, il surveille le pointage, encourage
les canonniers, les félicite de leurs coups heureux
et les anime de sa grande et juvénile ardeur. Il
faut plus d'une heure pour faire taire le feu de ces
trois canons. Il en coûte au *Volta* plusieurs tués et
de nombreux blessés, parmi lesquels le lieutenant
de vaisseau Ravel, aide de camp de l'amiral.

A 4 h. 55, ordre est donné de prendre un mouillage pour la nuit, en dehors de la portée des forts. Peu
après, les embarcations sont armées en guerre. Sous
le commandement de M. le lieutenant de vaisseau
Peyronnet, elles ont mission de poursuivre et de
détruire les canots-torpille chinois qui, dès le début
du combat, se sont réfugiés dans l'arroyo de la
Douane. Trois canots sont trouvés échoués et abandonnés par leurs équipages. Il n'y a donc qu'à crever
leurs chaudières et leurs coques à coups de hotchkiss
pour les mettre hors d'état de servir.

La nuit arrive et un nouveau danger nous menace. Les Chinois font dériver sur nous une série
de brûlots de toutes les tailles et de toutes les
dimensions. Dans l'obscurité, c'est un spectacle
émouvant et grandiose que celui de ces jonques en
feu, glissant lentement au fil de l'eau. Tous les navires passent leur temps à changer de mouillage
pour ne pas se trouver sur la route d'un de ces

énormes brasiers flottants. « La nuit du 23 au 24,
« dit l'amiral, fut un qui-vive continuel. La plupart
« des bâtiments durent appareiller trois et quatre
« fois. Vers 9 heures, à la fin du jusant, le *Tschen-*
« *Hang,* mis en feu par nos obus, était poussé vers
« notre mouillage par deux grandes jonques que
« montaient une trentaine de matelots ; quelques
« coups de canon du *d'Estaing,* mouillé en vedette,
« coulèrent les jonques et leurs équipages ; mais le
« transport continua à dériver au courant et menaça
« successivement plusieurs bâtiments. » D'autres
moins grands lui succédant, il fallut les couler à
coups d'obus pour s'en débarrasser.

Le soir du 23, l'amiral faisait parvenir aux navires l'ordre du jour suivant :

Il y a aujourd'hui deux mois, nos soldats étaient victimes
à Lang-Son d'une infâme trahison. Cet attentat est déjà
vengé par la bravoure de vos camarades de Kelung et par
la vôtre. Mais la France demande une réparation plus
éclatante encore. Avec de vaillants marins comme vous,
elle peut tout obtenir.

Signé : Courbet.

En même temps, il adressait au Gouvernement une
dépêche commençant par ces quatre mots : « Bonne
journée de début ! » Cette journée avait vu se con-
sommer pour les Chinois la perte de 22 navires ou
jonques, et la mort de 5 commandants, de 39 officiers
et de 2,000 soldats ou marins, tandis que nos pertes

étaient seulement de 6 tués, 27 blessés, sans une seule avarie grave à nos bâtiments. C'est là ce que le commandant en chef appelait simplement une *bonne* journée. La modestie sied bien aux héros !

Le lendemain 24, les compagnies de débarquement se préparent, dès le branle-bas, à aller à terre. Elles doivent protéger les torpilleurs qui vont faire sauter l'arsenal et tenter de le mettre en ruines. Mais, au dernier moment, l'amiral se ravise. C'est là un des traits les plus remarquables de sa grande et incontestable supériorité. Il sait peser les avantages et les sacrifices de toute opération, il ne tente que ce qu'il reconnaît indispensable et possible. Les marins qu'il peut débarquer ne sont pas plus de 600 : les Chinois ont des milliers de fantassins et peut-être, comme le bruit en a couru, ont-ils miné l'arsenal ? L'entreprise serait trop hasardeuse. Il y renonce et se contentera de bombarder les établissements chinois. Malheureusement les sondages les plus minutieux lui ont donné la fâcheuse certitude que ni le *Duguay-Trouin* avec ses canons de 19, ni la *Triomphante* avec ses canons de 24, ne pourront, en aucun moment de la marée, venir coopérer à ce bombardement. Le tirant d'eau du *Villars* et du *d'Estaing* ne permettra même pas à ces croiseurs d'aider à la destruction de l'arsenal, autrement qu'à mer haute. Seuls les petits navires seront en mesure de s'approcher suffisamment, et ils n'ont pour armement que du 14 ou du 10. Malgré cela, le 24, vers 11 heures, ceux-ci appareillent et remontent le fleuve. A 11 heures et demie, ils ouvrent le feu. « Nos obus « de 28 kilogrammes démolirent tout ce qui n'était « pas au-dessus de leurs forces ; le tir, dirigé sur les « ateliers et magasins ou sur un croiseur en achève- « ment, y a produit de grands dégâts, mais point « autant que je l'aurais désiré. Avec du 14‰, on ne « pouvait obtenir davantage... La fonderie, l'ajus- « tage, l'atelier de dessin ont des avaries considéra- « bles, la coque du croiseur est criblée de trous [1]. »

Pendant ce temps, les embarcations armées en guerre continuent la destruction des jonques et des sampans. Les unes, commandées par M. Peyronnet, vont dans l'arroyo de la Douane ; les autres, dirigées par M. de Lapeyrère, fouillent les coins de la rivière près de l'arsenal. Elles purgent le mouillage de tous les brûlots qui pourraient renouveler les dangers et les craintes de la dernière nuit. A 4 heures, les ca- nots sont de retour et le *Volta*, suivi des canon- nières, revient à son mouillage du matin.

La nuit est calme. La lumière électrique ne cesse d'éclairer le fleuve et ses bords. Pourtant, à 4 heures du matin, deux embarcations porte-torpilles ennemies reparaissent et menacent la *Vipère*, mouillée en tête de ligne. La première, aperçue de bonne heure, est

_____

1. **Rapport de l'amiral.**

fusillée par la canonnière. Elle change de route et gouverne sur le *Duguay-Trouin*. Mais le feu électrique l'éclaire et les hotchkiss la coulent en un clin d'œil. Quant à la deuxième, elle est également découverte et suivie par la gerbe de lumière électrique. Son équipage n'attend pas pour l'abandonner qu'elle ait subi le même sort que la première.

Le lundi 25, au matin, les compagnies du *Duguay-Trouin* et de la *Triomphante*, conduites par MM. Joulia et Dehorter, sous la direction de M. le commandant Sango, vont enlever la batterie de trois canons Krupp de la Pagode. Les navires tiraillent à coups d'obus et de hotchkiss sur les environs du monticule. Cela suffit pour assurer la sécurité aux deux compagnies qui reviennent à bord vers 10 heures avec les trois pièces, sans avoir été inquiétées par l'ennemi.

« Il n'y a plus rien à faire à Pagode, rien du moins « que nos moyens nous permettent de tenter [1]. » Il s'agit désormais de descendre la rivière et d'en sortir, malgré des forts élevés sur les deux rives, malgré des obstacles tels que barrages et lignes de torpilles. Le brillant combat du 23 n'a été qu'un prélude. Il n'a pas suffi de couler une flotte ennemie pour se dire victorieux. Il faut maintenant affronter, durant un parcours de 12 milles, soit pendant 20 kilomètres,

1. Rapport de l'amiral.

le feu des batteries de terre et détruire un à un des
ouvrages aussi sérieux que multipliés. La belle ardeur des équipages ne doit pas se ralentir encore :
elle va être soumise à de nouvelles épreuves.

A 11 heures, l'amiral appelle les capitaines en
conférence. Il leur annonce que l'escadre doit appareiller de suite, et que lui-même, quittant le *Volta,*
va mettre son pavillon sur le *Duguay-Trouin.* Ses
canons de gros calibre réservent à ce grand croiseur
un rôle actif dans la tâche qui reste à accomplir : le
commandant en chef veut être au premier poste.

ESCADRE CHINOISE ENGAGÉE A LA PAGODE.

Le premier nom de chaque bâtiment est orthographié à la française (*Carnet de l'officier de marine*), le deuxième reproduit l'orthographe anglaise.

NUMÉROS.	NOMS.	LONGUEUR.	LARGEUR.	DÉPLA-CEMENT.	FORCE nominale de la machine.	VITESSE.	ÉQUIPAGE.	ARMEMENT.	DATE de lancement.	AVARIES ÉPROUVÉES.
		Mètres.	Mètres.			Nœuds.				
I.	Yang-ou. . . . . (*Yang-woo*).	53,00	11,20	1608	1250	13,0	200	I canon de 19; 2 whitworth de 16 en chasse et en retraite, 6 en batterie.	1872	Explosé par le torpilleur 46, incendié ensuite par des obus.
II.	Fou-po . . . . . (*Foo-poo*).	61,00	10.00	1258	600	10,0	150	I 16%; IV de 40 livres.	1870	A remonté la rivière fuyant le combat et s'est échoué.
III.	Fou-Sing . . . . (*Fuh-Sing*).	51,70	8,30	558	400	8,0	70	I 16%; II de 12.	1870	Torpillé par le 45 et par le *White* du *Volta*, incendié, pris à l'abordage, puis coulé.
IV.	I-Sing . . . . . . (*Yu-Sing*).	37,02	5,40	260	?	?	30	Sortes d'espingoles.	1876	A remonté la rivière fuyant le combat et s'est échoué.
V.	Fou-Cheng . . . . (*Fuh-shing*).	Petites canonnières en acier, type alphabétique (système cellulaire).		250	380	8,0	26	I Vavasseur en acier de 25% et de 16 tonnes sur l'avant.	1875 chez sir William Armstrong	Coulée à coups d'obus.
VI.	Kien-cheng . . . . (*Chin-shing*).									Coulée à coups d'obus.
VII.	Yang-pao . . . . . (*Yang-Pao*).	61,00	10,00	1450	600	9,5	150	I 16%; II de 12%.	1873	Incendié à coups d'obus et coulé.
VIII.	Tchen-Hang . . . (*Tchun-Hing*).	61,00	10,00	1450	600	9,5	150	I 16%; II de 12%.	1874	Incendié à coups d'obus et coulé.
IX.	Tsi-ngan. . . . . (*Chi-an*).	61,00	10,00	1258	600	10,0	150	I 16%; IV de 40 livres.	1873	Incendié et coulé à coups d'obus.
X.	Tchen-ouei . . . . (*Chin-wei*).	49,00	8,00	578	480	10,0	100	II 16%; IV de 40 livres.	1872	Incendié et coulé à coups d'obus.
XI.	Fei-yune . . . . . (*Fei-yuen*).	61,00	10,00	1258	600	10,0	150	I 16%; IV de 40 livres.	1873	Incendié et coulé à coups d'obus.

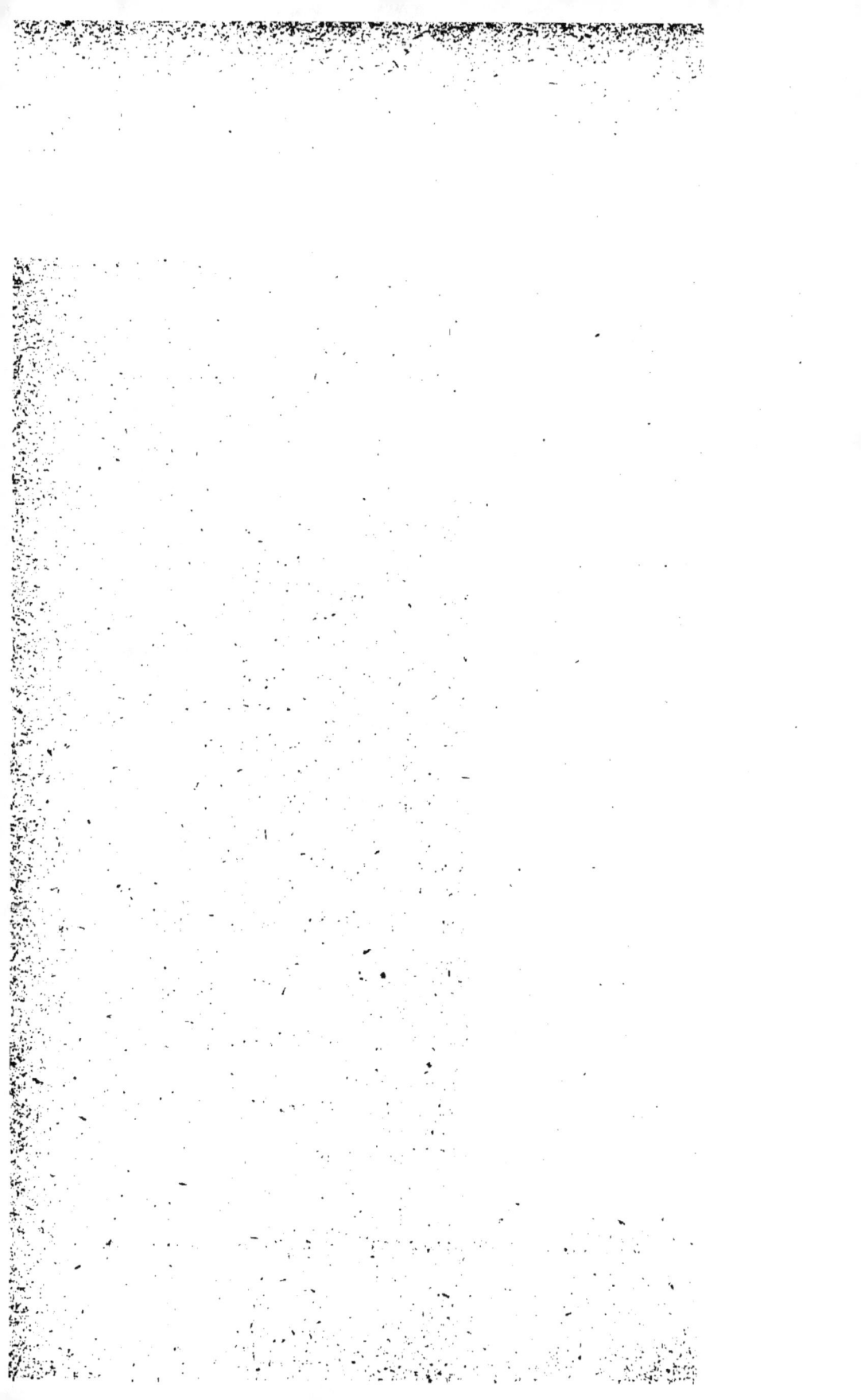

VIII

LA DESCENTE DE LA RIVIÈRE MIN

(25-29 août.)

Le 25 août, à midi, l'amiral quitta le *Volta,* après avoir félicité l'équipage de sa brillante conduite et l'avoir assuré que dans sa mémoire le nom du *Volta* serait à jamais associé au souvenir de la belle journée du 23. Il alla prendre congé de l'amiral anglais, ainsi que du commodore allemand arrivé la veille, puis il embarqua sur le *Duguay-Trouin* qui occupait dans la ligne de file le deuxième rang derrière la *Triomphante* ouvrant la marche. Après le *Duguay-Trouin* venait le *Villars,* puis le *d'Estaing,* le *Volta,* le *Lynx,* la *Vipère* et l'*Aspic.* La *Triomphante* et le *d'Estaing* remorquaient chacun un torpilleur. M. Douzans, dont le torpilleur était désemparé, avait remplacé sur le *45* M. Latour, grièvement blessé.

Le premier ouvrage que l'escadre devait rencontrer était une batterie casematée et blindée, située sur la rive gauche à la hauteur de l'île Couding, abritant un canon de 21% qui tirait en aval. A

2 heures, l'escadre mouilla. La *Triomphante* et le *Duguay-Trouin* se trouvaient à mille mètres dans le sud-est de l'île, en un point d'où ils pouvaient prendre à revers la batterie. De 5 heures à 5 heures 40 minutes, leurs canons de 24 et de 19 la culbutèrent et ses défenseurs l'abandonnèrent. Les canons de l'île Couding, qui auraient pu nous battre, se turent, quelques obus de 14 les ayant réduits au silence. Alors l'amiral envoya une escouade de torpilleurs, protégés par la compagnie du *Villars*, pour faire sauter la pièce au fulmi-coton. Le *Lynx* escorta les embarcations qui rejoignirent leur navire aussitôt l'opération terminée, sans que rien ne fût venu l'entraver. La nuit se passa au mouillage. La surveillance extérieure fut très sévère comme bien on pense. Ordre était de tirer sur toute jonque ou sampan qui s'approcherait. L'escadre ne fut pas inquiétée. Les collines qui la dominaient ne cachaient aucun fantassin; et c'était miracle qu'il en fût ainsi. Seul, le courant par sa violence et ses remous causa quelque inquiétude : une des chaînes de la *Triomphante* se cassa dans un brusque rappel.

Mais dès le matin un lugubre spectacle commence et doit durer pendant toute la descente de la rivière. Les noyés du combat du 23 remontent à la surface de l'eau. Le courant les entraîne; le contre-courant les rapporte. Ils passent, jour et nuit, par centaines tout le long des navires français; et la vue de ces cadavres mutilés, horribles, jette une tristesse pénible dont l'esprit a peine à s'affranchir.

Le 26, à 11 heures du matin, on appareille. Le *Duguay-Trouin* prend la tête suivi de la *Triomphante*. C'est à ces deux navires que revient la tâche de démolir les batteries ou casemates qui, de Mingan à Kimpaï, bordent le fleuve. Seuls, leurs projectiles de gros calibre sont capables de produire quelque effet sur les solides défenses accumulées de toutes parts. Les canons de 14% sont impuissants contre des ouvrages sérieux et ils forment l'unique armement des autres navires. Ceux-ci auront pour rôle de protéger les escouades de torpilleurs et les compagnies de débarquement quand elles iront à terre, ou de tirer sur l'infanterie chinoise qu'on peut craindre à tout moment de voir apparaître sur les hauteurs voisines.

Presque toutes les défenses, du moins les plus modernes et par suite les plus fortes, enfilent la rivière en aval. Elles ont été faites naturellement en vue de s'opposer à l'entrée d'une escadre dans la rivière. Puisque, tout au contraire, l'amiral descend cette rivière, il lui est possible de trouver des positions d'où il prendra les batteries à revers et d'où l'effet destructif sera complet, sans que ses navires aient à craindre les projectiles ennemis. Nous n'aurons ainsi à redouter que les batteries barbettes qui **battent la rivière en flanc, et les pièces qui dans les**

jours derniers ont été disposées pour tirer en amont
en prévision de notre prochaine sortie. Celles-ci sont
rares ; quant aux batteries barbettes, elles ne comptent que des canons chinois d'ancien modèle et peu
compromettants.

C'est en cherchant et en trouvant avec une rare sûreté de coup d'œil les points de revers des forts que
l'amiral est arrivé à franchir triomphalement les
passes de Mingan et de Kimpaï. Les brillantes ressources de son esprit fécond apparaissent désormais
sous une face nouvelle. Chef audacieux et intrépide
au combat naval du 23, il se montre maintenant tac-
ticien réfléchi et méthodique. Une extrême clair-
voyance servie par une merveilleuse entente des choses de la guerre maritime lui permet de frapper à coup
sûr et avec une précision mathématique. Dirigeant
lui-même les mouvements de ses deux grands navires, il leur indique et le poste qu'il faut occuper et
le point qu'il faut battre. Au moment qu'il juge convenable il fait stopper, mouiller, si cela est nécessaire, et ouvrir le feu sur l'ouvrage qui apparaît ou
sur l'embrasure qui se montre. Celle-ci détruite, ébou-
lée ou obstruée, il s'avance jusqu'à découvrir l'embrasure suivante, et ainsi il poursuit sa route, démolis-
sant chaque défense d'embrasure en embrasure. La
Triomphante alterne avec le *Duguay-Trouin*. Quand
l'un a criblé de ses obus tel point d'une batterie,
l'autre le dépasse et s'acharne à diriger ses coups plus

en avant. Cette tactique a l'inconvénient d'être longue, mais elle est sûre. L'ennemi qui, derrière ses
casemates, épie le moment où nous tomberons dans
son champ de tir pour nous lâcher sa bordée, est dé-
contenancé par les coups qui le frappent sans discontinuer et auxquels il ne peut répondre. Se rendant compte de son impuissance vis-à-vis de nous, pris
de stupeur devant l'écrasement de ses abris, il aban-
donne ses pièces bien avant que le démantèlement
de sa batterie soit consommé. Notre distance du
rivage ne variant qu'entre 200 et 600 mètres, les
effets de notre artillerie sont foudroyants, et quelques
boulets suffisent à mettre hors d'état des fortifications
maçonnées ou même blindées. Ce résultat atteint
avec les deux navires de tête, toute l'escadre appareille et poursuit sa marche : croiseurs, canonnières
peuvent désormais passer devant le front des batteries sans avoir rien à en redouter. Les canons de la
Triomphante et du *Duguay-Trouin* ont fait table rase
d'obstacles naguère si menaçants.

La passe de Mingan comprenait sur la rive droite,
à proximité du village du même nom, vingt et une
pièces de petits calibres réparties dans cinq batteries, et un peu au nord du village, onze pièces anciennes, plus, sept embrasures creusées dans le roc
pour abriter de petits canons. Sur la rive gauche,
en partant de l'île Kowlui et allant vers le sud, on
trouvait successivement : une batterie blindée de

trois canons Armstrong de 18%, un canon Armstrong
de 21% en barbette, quatre pièces chinoises de vieille
date, puis dans une petite crique du fleuve, une ligne
ininterrompue de retranchements qui enclavait quatre pièces lisses, trois canons Krupp, une batterie
couverte de trois canons de 18%, une grosse pièce
de 21% dans une casemate circulaire, une seconde
batterie couverte de trois canons de 18%, et çà et là
quelques vieilles pièces démodées.

C'est à midi que le *Duguay-Trouin* et la *Triomphante* ouvrent le feu sur les premières défenses de
Mingan ; c'est à trois heures que leur feu cesse, après
le bombardement successif des batteries. Tout n'est
pas fini pourtant. Il est probable que, sous les casemates épaisses qui les protègent, bien des pièces
sont intactes : il ne faut pas que l'ennemi puisse les
réarmer après notre passage. Il ne faut pas non plus
perdre une occasion de lui faire le plus de mal possible ; il est donc nécessaire d'aller à terre pour briser
ces canons. Dès trois heures, une escouade de torpilleurs, soutenue par une compagnie de débarquement
sous les ordres de M. le commandant Le Pontois, va
faire jouer le fulmi-coton. « L'opération était à peine
« terminée qu'une fusillade nourrie part des hauteurs
« voisines. Nos embarcations ripostent aussitôt ; le
« *Villars* et le *d'Estaing* les appuient avec quelques
« obus de 14 centimètres et quelques coups de hotch-
« kiss qui suffisent pour dissiper les tirailleurs enne-

« mis. En même temps, le *Volta* et les trois canon-
« nières, mouillés près des forts de l'île Couding,
« soutiennent une autre escouade de torpilleurs, et
« une autre compagnie de débarquement qui brûle
« les logements de ce fort. Elles ne sont pas plus
« inquiétées que celle de la veille[1]. » Le 27 au matin, les compagnies du *Villars* et du *d'Estaing* sont
débarquées sur la rive gauche où elles pourchassent
les quelques Chinois qui s'y trouvent, tandis que les
torpilleurs du *Duguay-Trouin* et de la *Triomphante*
démolissent tout l'important matériel de la rive
droite. A neuf heures et demie, fusiliers et torpilleurs
sont à leurs bords, et à une heure tous les navires
appareillent, avec le courant de flot pour se rapprocher de la passe de Kimpaï.

A peine y arrivent-ils vers trois heures, qu'une
batterie de vieux canons, située sur la rive gauche,
ouvre le feu. On riposte sans tarder et la *Triomphante* fait taire facilement les trois canons pointés
sur elle. L'amiral signale à son escadre un mouillage près du *Château-Renaud* et de la *Saône* qu'on
vient de rejoindre. Son intention n'est pas de forcer
la passe aujourd'hui, l'heure avancée ne lui permettant pas de finir l'opération avant la nuit. En
outre les renseignements les plus sérieux affir-
ment que la passe est obstruée. Il convient de

---

1. Rapport de l'amiral.

Carte générale de la rivière Min.

s'assurer de l'état des choses avant de rien entreprendre.

A quatre heures et demie, un canot à vapeur avec le lieutenant de vaisseau Campion, du *Duguay-Trouin*, va explorer les abords de la passe où se voient quelques bouées suspectes ; puis le *Duguay-Trouin* s'avance pour effectuer une reconnaissance complète que l'amiral veut diriger en personne. Le canot est reçu par les boulets de quelques pièces chinoises. Le *Duguay-Trouin* est atteint, mais sans grands dommages. Il riposte et le feu de l'ennemi cesse. Le barrage de jonques, projeté par les Chinois, n'a pas été mis en place, grâce à la vigilance du *Château-Renaud* et de la *Saône*, mais les jonques chargées de pierres sont alignées sur la rive prêtes à être coulées. Dans la crainte qu'elles ne soient utilisées par l'ennemi pendant la nuit prochaine, il importe de les détruire immédiatement. Le *Château-Renaud* est chargé de la chose. Ses embarcations et ses torpilleurs, conduits par le lieutenant de vaisseau Duboc, iront à terre pour brûler ou torpiller ces jonques. Elles seront protégées dans cette mission par les canonnières *Vipère* et *Aspic*, qui les escorteront et feront des feux de mousqueterie ou d'artillerie sur les camps retranchés des hauteurs où l'animation est grande et où les Chinois ont une attitude belliqueuse.

Tous ces mouvements s'exécutent avec ensemble, les jonques brûlent et se consument ; dans quelques

instants le danger du barrage n'existera plus. Mais
bientôt les camps retranchés se couvrent de drapeaux
et d'étendards plus nombreux que jamais. Des feux
de salve en partent, les balles pleuvent tout autour
des canonnières. En vain répondent-elles avec leurs
canons ou avec leurs hotchkiss. En vain les autres
navires qui voient ce qui se passe, lancent-ils, eux
aussi, leurs obus sur les camps. Le feu des Chinois
ne se ralentit pas. Il ne cesse que lorsque les canonnières abandonnent la place après le rembarquement
des torpilleurs dans leurs canots et l'achèvement de
leur opération. Nous avions eu là, en quelques instants, beaucoup de blessés ou de tués, parmi ceux-ci
le lieutenant de vaisseau Bouet-Willaumez, second
de la *Vipère,* frappé d'une balle qui le tua raide sur
le pont de son navire.

La passe étant ainsi libre du côté d'amont, il était
loisible au commandant en chef de s'y engager. Il
résolut de la franchir le lendemain 28. La nuit fut
employée aux préparatifs de l'attaque. La fusillade
dirigée sur les canonnières était de mauvais augure :
elle laissait supposer que l'infanterie chinoise nous
attendait au passage. La disposition naturelle du
terrain la favorisait à merveille, et son feu pouvait
nous causer de grandes pertes. En prévision, tous
les hamacs avaient été suspendus aux filières des
tentes et abritaient convenablement les ponts si découverts de nos navires. Ce n'est pas toutefois sans

une certaine appréhension que la journée du lendemain était attendue. L'ennemi avait concentré tous
ses efforts sur cette dernière passe, entonnoir étroit
qui n'a pas plus de quatre cents mètres de large, flan-
qué de hautes collines boisées et défendu par une
quantité d'ouvrages dont deux étaient particulièrement sérieux.

Sur la rive droite se dressaient une batterie demi-
circulaire avec cinq canons d'assez gros calibre, et
un peu au-dessous d'elle, le fort Kimpaï, superbe et
récente batterie blindée contenant deux pièces de
$18\%_m$ qui tiraient en dehors. Entre ces deux batteries, sur le bord même de la rivière, quatre canons
bouche étaient pointés sur la passe et, çà et là, derrière des sacs à sable, trois vieilles pièces chinoises.
Un vaste camp entouré de murs crénelés partait du
sommet de la colline et venait jusqu'au fort Kimpaï. En arrière de cette première colline, sur une
hauteur du deuxième plan, un second camp retranché servait d'abri à de nombreux fantassins.

Sur la rive gauche se trouvait le fort Blanc, qui se
composait d'une batterie couverte en maçonnerie,
armée de quatre pièces de $18\%_m$ et d'une pièce de
$21\%_m$ en barbette, battant la rivière en aval et par le
travers. A côté de lui étaient cinq pièces sur affûts
marins. Une muraille crénelée contournait ces deux
batteries et enclavait un monticule planté d'arbres
au milieu desquels étaient quatre canons tirant en

amont. Le long de cette même rive on apercevait au-dessus du fort Blanc, sur une petite élévation, le long d'un mur en terre rouge, trois pièces enfilant la rivière en aval, puis, en dehors, une batterie de trois vieilles pièces au bord de l'eau, et un peu plus loin deux canons de 10 ou de 12 sur une hauteur. Entre le fort Blanc et cette dernière batterie, deux camps retranchés avec des logements, des poudrières et quelques vieilles pièces couronnaient les hauteurs.

Le 28, dès quatre heures du matin, le *Duguay-Trouin* et la *Triomphante* appareillent et se rapprochent de la passe. Ils mouillent bientôt et au petit jour ouvrent le feu sur les pièces qui ont déjà tiré la veille. Celles-ci répondent avec une certaine vigueur, mais cela ne dure pas. La rivière est si étroite que les deux navires ne peuvent s'y tenir ensemble sans se gêner l'un et l'autre, et sans paralyser mutuellement la moitié de leurs moyens d'action. La *Triomphante* change de mouillage et se laisse culer pour démasquer ainsi les ouvrages intérieurs de la passe. Tandis que ce mouvement s'effectue, la mousqueterie fait des feux de salve sur la plaine de gauche où se montrent de nombreux Chinois. Les hotchkiss sont pointés dans la même direction et les petits calibres canonnent les baraques et les maisons des camps retranchés.

La *Triomphante* est maintenant mouillée un peu en dehors du *Duguay-Trouin*. Elle tire en même temps que lui sur le fort Kimpaï, à obus ordinaires, puis à obus de rupture. La partie supérieure de la casemate s'éboule et met à découvert un blindage d'un nouveau genre : des canons sont plantés verticalement, noyés dans le ciment et les pierres, formant avec eux un tout compact d'une surprenante solidité. Nos projectiles sont impuissants contre un pareil rempart de fonte, mais les dégâts qu'ils causent dans la maçonnerie elle-même nous suffisent. Ses débris obstruent complètement les embrasures et les volées disparaissent sous des monceaux de décombres. Suivant le principe adopté par l'amiral, la démolition se poursuit embrasure par embrasure. Pour les découvrir successivement les unes après les autres, il faut filer peu à peu et par intervalles quelques mètres de la chaîne de l'ancre.

En s'enfonçant de la sorte dans la passe, la *Triomphante* ne tarde pas à voir la première embrasure du fort Blanc. Elle s'attaque à elle, laissant au *Duguay-Trouin* le soin de terminer la destruction du fort Kimpaï. Cette première embrasure obstruée, elle s'attaque à la seconde, puis à la troisième, et ainsi de suite jusqu'au canon barbette de 21% dont elle fait sauter la volée en morceaux.

Pendant ce temps, le 14 tire soit sur les camps retranchés, soit sur un vieux bateau échoué qu'on suppose être un poste à torpilles, soit sur les batteries barbettes dont toutes les pièces sont démontées ou démolies l'une après l'autre. Un obus heureux venu de la *Triom-phante* dans l'un des camps produit l'explosion du magasin à cartouches. Cela complète le désarroi des soldats ennemis qui fuient dans toutes les directions.

A huit heures et demie, le fort Kimpaï et le fort Blanc sont, sinon détruits, du moins hors d'état de nous nuire pendant que les navires défileront devant eux. Néanmoins l'amiral tient à compléter cette œuvre en brisant les pièces au fulmi-coton. Les torpilleurs vont dans ce but au fort Kimpaï et opèrent sans être inquiétés. Mais leur descente à terre a mis en éveil l'infanterie chinoise. Elle reprend assurance et se montre de nouveau sur les hauteurs. Ce retour offensif empêche l'amiral de donner suite à son intention de détruire également les pièces du fort Blanc.

La rive gauche, où se trouvait ce fort, était, en effet, couverte de maisons, d'arbres et accidentée de monticules et de replis de terrain ; les camps y regorgeaient de monde. « De plus les points de débar-« quement y étaient garnis de torpilles électriques « dont nous distinguions les fils ; la *Triomphante* en « avait fait éclater trois à coup de hotchkiss. Nos « compagnies de débarquement auraient certaine-« ment éprouvé de ce côté des pertes considérables. « Le résultat à obtenir ne compensant pas les sacri-« fices probables, je me résigne à aller plus loin[1]. »

---

1. Rapport de l'amiral.

Le souci d'éviter de trop grands sacrifices était la constante préoccupation de l'amiral. Un de ses officiers, qui est en même temps un remarquable écrivain, a dans des termes émus montré à quel point ce vrai et grand chef était un homme de cœur. « Les « existences de matelots et de soldats, qui vraiment, « depuis deux années, semblaient ne plus assez coû- « ter à la France lointaine, il les jugeait très pré- « cieuses ; il se montrait très avare de ce sang fran- « çais. Ses batailles étaient combinées, travaillées « d'avance avec une si rare précision que le résultat, « souvent foudroyant, s'obtenait toujours en perdant « très peu des nôtres ; et ensuite après l'action qu'il « avait durement menée avec son absolutisme sans « réplique, il redevenait un autre homme très doux, « s'en allant faire la tournée des ambulances avec « un bon sourire triste , il voulait voir tous les bles- « sés, même les plus humbles, leur serrer la main, « — et eux mourraient plus contents, plus réconfor- « tés par sa visite[1]. »

A neuf heures, l'amiral juge que la matinée a été suffisamment remplie. Il fait dîner les équipages; il ne poursuivra sa route qu'après un repos bien gagné.

A onze heures et demie, le *Duguay-Trouin* et la *Triomphante* appareillent et viennent mouiller un

---

1. Julien **Viaud** (Pierre Loti), *Revue des Deux-Mondes.*

peu au delà de leurs positions du matin. Ils achèvent
de détruire tout ce qui n'est pas complètement en
ruines sur les deux rives, puis appareillent encore
pour s'attaquer aux batteries de l'entrée de la passe.
La batterie de trois vieilles pièces du bord de l'eau
est abandonnée. Après quelques coups de canon,
l'amiral envoie à terre les torpilleurs du *Duguay-
Trouin* avec le lieutenant de vaisseau Campion, une
section de la compagnie de débarquement avec le
lieutenant de vaisseau Joulia, et le commandant
Sango pour diriger l'opération. Celle-ci est troublée
par plusieurs boulets tirés d'une batterie voisine, et
au même instant par la venue d'une troupe nombreuse qui descend de la hauteur. Des coups de fusil
sont échangés. « Nous éprouvons quelques pertes.
« M. Sango est blessé, les deux officiers et huit hom-
« mes ne peuvent rallier, et trouvent un abri derrière
« la muraille du bateau à torpilles échoué à la rive.
« Nos obus déblaient promptement la place. L'*Aspic*
« et le *Lynx* sont envoyés dans l'est, de façon à en-
« filer la hauteur et le vallon par où les Chinois sont
« descendus. Sous cette protection, une embarcation
« armée en guerre dégage sans coup férir les retar-
« dataires de l'expédition [1]. »

Mais un obstacle autrement grave nous attendait.
D'après les renseignements des pilotes, une file de

---

1. Rapport de l'amiral.

radeaux avait été disposée en travers de la passe, et
ces radeaux soutenaient des torpilles électriques. Il
fallait à tout prix savoir à quoi s'en tenir et, le cas
échéant, se débarrasser d'un pareil danger. Durant
la nuit du 28 au 29, des embarcations conduites par
MM. Campion et Merlin draguèrent le chenal et constatèrent la présence de bouées qui supportaient simplement des chaînes disposées pour former un barrage : rien ne décelait la présence de torpilles.

Quelques coups de canon tirés dans la matinée du
29 suffirent à tenir en respect les soldats des camps
retranchés ou les artilleurs des dernières batteries.
L'éloignement de celles-ci ne permit pas d'y envoyer
du monde pour briser les pièces. Seule, la batterie où la veille les torpilleurs du *Duguay-Trouin*
avaient inutilement débarqué, fut l'objet d'une nouvelle tentative qui, cette fois, eut un plein succès.
Pendant qu'on détruisait les dernières défenses, la
Vipère était allée à Sharp-peak pour y enterrer les
morts des deux dernières journées.

A midi, les forts, les casemates, les batteries sont
dans un état de bouleversement, d'effondrement tel
que, pour l'instant, il n'y a plus rien à en craindre.
Kimpaï a subi le sort de Mingan. Il n'y reste qu'un
amas de décombres, qu'un amoncellement de ruines.
Maintenant la flotte française n'a plus d'obstacles
devant elle : en dehors de la passe un court chenal,
puis la pleine mer. De cette souricière dans laquelle

l'amiral est enfermé depuis quarante jours, il peut enfin sortir librement. Rien ne l'arrête plus.

C'est alors qu'il donne à toute son escadre l'ordre d'appareiller. Lentement, les uns derrière les autres, les navires s'avancent, glissant sur les eaux tandis qu'à leur poupe flotte vainqueur le pavillon tricolore. Jamais plus imposant spectacle que le défilé de ces bâtiments dans cette passe étroite ! Un soleil éclatant illumine la scène. Sur les deux rives gisent épars des canons en morceaux, des affûts brisés et autour d'eux des maçonneries démolies, des plaques de blindage descellées. Pas une âme au milieu de ces ruines. Rien que la dévastation et la destruction.

Le majestueux silence qui règne sur le fleuve est interrompu seulement, de loin en loin, par le bruit du canon. Quelques obus envoyés des vaisseaux cherchent à déloger des hauteurs les derniers défenseurs du Min [1].

La sortie de la rivière s'effectue facilement pour les navires de faible tirant d'eau qui peuvent gagner de suite le mouillage de Matsou. Quant aux gros navires, ils doivent attendre la marée du lendemain pour franchir la barre.

Pendant ce temps, le *La Galissonnière*, mouillé en

---

1. D'après des sources chinoises, il serait permis d'évaluer ainsi les pertes subies par la Chine dans les affaires de la rivière Min : arsenal, 15 millions ; flottille, 18 millions ; forts échelonnés le long du fleuve, 17 millions ; soit un total de 50 millions.

dessous de Sharp-peak, venait au-devant de l'escadre. Au moment de croiser le *Duguay-Trouin*, l'amiral Lespès fit monter l'équipage dans les haubans et trois cris de : *Vive l'Amiral !* saluèrent le vainqueur de la rivière Min. Puis le *La Galissonnière* mouilla près de la *Triomphante :* « Retenu à Kelung par un « coup de vent violent, il n'avait pu entrer à temps « dans la rivière. Le 25, il vint prendre le mouillage « de Woga d'où il espérait battre les ouvrages de « Kimpaï; mais réduits, grâce à l'étroitesse du che-« nal et à la violence du courant, à n'employer que « le canon de tourelle tribord, pendant que plusieurs « des batteries de la passe le menaçaient, il jugea « nécessaire, après quelques coups de canon, de « prendre une position moins défavorable. Le *La* « *Galissonnière* changeait de mouillage quand un « obus l'atteignit à tribord devant, tua un homme « et en blessa plusieurs autres [1]. »

Le 30, le *Duguay-Trouin*, la *Triomphante* et le *La Galissonnière* arrivaient à Matsou dans la fin de l'après-midi. L'amiral communiquait alors l'ordre du jour suivant :

Officiers, sous-officiers et marins,

Vous venez d'accomplir un fait d'armes dont la marine a le droit d'être fière. Bâtiments de guerre chinois, jonques de guerre, canots porte-torpilles, brûlots, tout ce qui sem-

---

[1]. Rapport de l'amiral.

blait nous menacer au mouillage de la Pagode a disparu;
vous avez bombardé l'arsenal; vous avez détruit toutes les
batteries de la rivière Min. Votre bravoure et votre énergie
n'ont rencontré nulle part d'obstacles insurmontables. La
France entière admire vos exploits, sa reconnaissance et sa
confiance vous sont acquises. Comptez avec elle sur de
nouveaux succès.　　　　　　　　　　　COURBET.

Ces éloges que l'amiral adressait à ses équipages
étaient mérités : rien ne peut donner une idée de
l'entrain qu'ils ont montré et de l'activité qu'ils ont
déployée pendant les dernières journées. « Ce qui
« frappe, ainsi qu'on l'a fait remarquer[1], c'est l'énor-
« mité du travail accompli par les 1,800 marins de
« notre escadre, la somme de périlleuses fatigues
« supportées par cette poignée d'hommes dans un
« aussi court espace de temps.... La lutte soutenue
« réunissait tous les genres d'opérations que peut
« entreprendre une réunion de bâtiments de guerre :
« combat naval à coups de canon, de torpilles et de
« fusil, abordage d'un navire par des embarcations,
« défense contre des brûlots et des canots-torpilleurs,
« bombardement d'un arsenal, lutte contre des bat-
« teries et des troupes d'infanterie, débarquements,
« engagements à terre, destruction de barrages et
« dragage d'une passe, rien n'y manque. » Ces opérations diverses donnaient lieu naturellement à d'in-

---

1. M. le capitaine de frégate Chabaud-Arnault. (*Revue maritime*, mars
1885.) Article très intéressant auquel il a été fait plusieurs emprunts au
cours de ce récit.

cessants mouvements. La *Triomphante*, pour ne citer qu'elle, a fait pendant ces 7 journées, 26 appareillages ou changements de mouillages ; et pendant cette semaine entière tous les navires ont été constamment en branle-bas de combat, les chaudières sous pression [1]. Le jour, il fallait à tout moment, par une chaleur extrême, armer des canots, envoyer à terre torpilleurs ou fusiliers, hisser des canots, virer au cabestan. La nuit, cela se renouvelait parfois : quatre ou cinq heures de sommeil étaient un repos extraordinaire. Les hommes prenaient leurs repas quand et comme ils pouvaient. Malgré les rigueurs d'un pareil régime, jamais l'ardeur n'avait paru se ralentir. On était véritablement *emballé*. Le mot n'est peut-être pas rigoureusement académique : il dit mieux que tout autre l'état d'esprit où l'on se trouvait.

Mais il est juste de faire remonter au valeureux chef de l'escadre le grand honneur et le principal mérite de ces journées désormais célèbres. M. Jules Ferry lui adressa ce télégramme : « Le pays qui sa-« luait en vous le vainqueur de Sontay vous doit un « nouveau fait d'armes. Le Gouvernement de la Ré-« publique est heureux d'adresser à vos admirables « équipages et à leur glorieux chef l'expression de « la reconnaissance nationale. »

------

1. La *Triomphante* a tiré 710 coups de canon du 23 au 29 août. Savoir : 104 coups avec les canons de 24 du réduit ; 111 avec les 24 des tourelles ; 23 avec la pièce de 19 de teugue et 472 avec les 14.

C'est bien, en effet, un sentiment de reconnaissance que le pays devait à celui qui venait de donner
au drapeau de la France un peu de gloire nouvelle.
C'est aussi un sentiment d'admiration qu'il éprouvait pour l'amiral qui, enfermé dans une rivière au
fond d'un chenal étroit, entouré de navires et de
forts ennemis, avait su, en quelques jours, anéantir la
flotte, franchir les obstacles, détruire les batteries et
ramener en mer libre son escadre intacte et victorieuse !

Cette admiration, les étrangers eux-mêmes la té-
moignèrent. L'amiral anglais Dowell n'hésita pas à
la proclamer bien haut, après le succès final, lui
qui, entré le 15 août dans le Min et ayant pu se
rendre compte des défenses chinoises, estimait que
l'amiral Courbet, placé dans la plus critique des si-
tuations, courait à un désastre. Les officiers américains de la frégate *Enterprise* ne furent pas moins
prodigues de louanges[1]. Tous s'inclinaient devant
la haute valeur de ce chef qui avait exactement reconnu, « d'un œil infaillible, jusqu'où il pouvait
« tenter la fortune et pousser l'audace[2] ».

Du pont du *Duguay-Trouin*, comme naguère du
pont du *Volta*, il avait suivi toutes les péripéties
des quatre dernières journées, transmettant les ordres les plus clairs, les plus nets, les plus précis,

---

1. *The French at Fow-Chow*. Brochure publiée à Shanghaï. 1884.
2. *De la Guerre navale*. Brochure anonyme. Berger-Levrault et Cie. 1885.

questionnant chacun sur les résultats obtenus, poursuivant sa tâche avec autant de méthode et de science que d'énergie et d'intrépidité. Précieuse conséquence de son grand savoir et de sa surprenante lucidité d'esprit, avec lui, jamais de contre-ordre, jamais de tâtonnements. S'il entreprenait quelque opération, c'est qu'elle pouvait réussir : et comme il la conduisait lui-même, elle réussissait en effet. Combat, bombardement ou fusillade, il dirigeait tout. Quelle que fût l'heure ou l'occasion, on voyait à l'arrière du navire portant son pavillon sa silhouette se dessiner, et auprès d'elle le timonier télégraphiant à bras ses instructions et ses ordres. Sans doute il était secondé par des capitaines manœuvrant d'une façon hors ligne des navires comme la *Triomphante,* dans une rivière rapide, étroite et dangereuse ; sans doute il trouvait autour de lui l'enthousiasme le plus soutenu. Mais ses habiles et prévoyantes dispositions avaient fait tout le succès : grâce à elles, la victoire n'était pas trop chèrement achetée [1].

Qui peut dire, d'ailleurs, si cet enthousiasme de la jeunesse qui l'entourait n'était pas le reflet de la généreuse ardeur qui l'animait lui-même. L'élévation d'une grande âme est communicative; les sentiments qui s'agitent en elle rayonnent au dehors et suscitent les plus nobles traits de courage et de bravoure.

---

1. Les pertes totales, y compris celles du 23 août, ont été de 10 tués dont 1 officier, 48 blessés dont 6 officiers.

C'est là l'unique secret de l'ascendant et du prestige de ces chefs qui peuvent tout exiger étant sûrs de tout obtenir. Plus que personne, l'amiral Courbet était de ceux-là et, à ce titre, il mériterait d'être loué même pour la brillante conduite de ses officiers et de ses matelots. Il était l'incarnation du devoir et du dévouement, et ces mâles vertus, il les inspirait à ceux qui avaient l'honneur de servir sous lui.

Son éclatante victoire était faite pour flatter son amour-propre : il ne songea qu'au regain d'honneur dont la France lui était redevable. Dans ce grand cœur, le patriotisme le plus élevé dominait tout sentiment personnel. Pourtant au cours de ces mémorables journées, un regret l'avait saisi. Le commandant du *Duguay-Trouin*, M. de Pagnac, avait un fils, aspirant, embarqué sur son navire. Et l'amiral parlant un jour des émotions récentes de la rivière Min, avoua qu'il avait envié plus d'une fois le sort de ce père : « Si j'avais eu, comme lui, un fils, « combattant à mes côtés, rien n'aurait manqué à « ma joie. »

On aurait pu lui répondre que depuis Fou-chéou rien ne manquait à sa gloire.

IX

APRÈS FOU-CHÉOU. OCCUPATION DE KELUNG

———

Le 29 août, le jour même où l'amiral Courbet franchissait la passe de Kimpaï, les deux divisions de la Chine et du Tonkin, placées sous ses ordres, étaient réunies, par un décret, sous le nom d'*Escadre de l'Extrême-Orient.* Le lendemain, 30 août, tous les navires sortis de la rivière Min se rencontraient à Matsou, où ils retrouvaient la *Nive* et le *Drac.* Le *Volta* fut aussitôt envoyé à quelques milles du mouillage de l'île pour protéger les bouées qui indiquaient le chenal d'entrée dans la rivière et pour se mettre en communication avec l'*Aspic,* mouillé près de Sharp-peak, à portée du bateau-télégraphe. La compagnie danoise *North-Eastern Telegraph* avait, en effet, abandonné son établissement sur l'île, terre chinoise, où elle pouvait craindre une agression de nos ennemis qui n'ignoraient pas l'importance, pour nous, d'une ligne télégraphique. Elle avait fait aboutir ses fils à une jonque sur laquelle flottait son pavillon de nation et d'où, par conséquent, elle était assurée de pouvoir faire passer ses dépêches.

La mesure qu'avait prise l'amiral d'avoir un navire dans le voisinage du télégraphe fut de courte durée. Elle cessa dès qu'il eut quelque raison de supposer improbable une tentative des Chinois sur la jonque; toutefois les petits navires de l'escadre continuèrent d'aller à tour de rôle et chaque jour remettre et prendre les télégrammes. Comme il fallait, dans le parcours de Matsou à Sharp-peak, passer en vue des batteries du fort Blanc, le navire porteur des dépêches était assuré d'essuyer le feu de ces batteries, remises en état depuis notre sortie. Heureusement, la distance était grande et le tir défectueux.

Le 31 août, la *Saône* partait pour Saïgon où elle allait chercher, entre autre matériel, des munitions pour remplacer celles qui avait été consommées par les différents navires pendant les combats de la rivière Min. Le même jour, le *La Galissonnière* allait à Hong-Kong[1] pour y réparer les avaries que lui avaient faites les projectiles de Kelung et de Kim-

---

1. Les ouvriers chinois employés aux ateliers privés de Hong-Kong firent quelques difficultés pour réparer les navires français, mais les Anglais leur persuadèrent aisément que le cuirassé et le torpilleur étaient trop endommagés pour pouvoir servir encore et ils consentirent à y travailler. Le 3 septembre, une proclamation publiée par le gouverneur, sur les ordres reçus de Londres, prescrivait la mise en vigueur du *Foreign Enlistment act*, en ce qui concerne l'enrôlement, c'est-à-dire l'interdiction aux bâtiments français d'enrôler ou d'embaucher sur le territoire anglais des matelots pour leurs équipages. Mais les deux navires purent librement faire exécuter chez les industriels anglais les travaux qui leur étaient nécessaires. Depuis lors, nos bâtiments n'ont éprouvé aucune difficulté à se ravitailler dans ce port, jusqu'au 22 janvier 1885, jour où le gouvernement britannique, cédant à des réclamations de la Chine, rappela à la stricte exécution des règles de neutralité.

paï ; il remorquait le torpilleur *46* dont la chaudière avait été crevée par un obus du *Yang-ou* et dont le commandement venait d'être donné à M. le lieutenant de vaisseau Campion.

Le 1er septembre, l'amiral Courbet amena son pavillon du *Duguay-Trouin* et l'arbora sur la *Triomphante,* qui devait le conduire à Kelung. Depuis l'affaire du 5 août, l'amiral avait maintenu sans cesse des navires sur cette rade. Le *La Galissonnière* y était resté jusqu'au 22 du même mois, le *Bayard* l'avait relevé ; et c'était maintenant à la *Triomphante* à aller prendre sa place. Bien que nous n'eussions pu nous maintenir à terre, déserter tout à fait ce port aurait été un signe d'hésitation ou d'impuissance qu'il fallait éviter, puisque le Gouvernement persistait à voir dans l'occupation du nord de Formose le gage nécessaire. « La destruction par « l'amiral Courbet de la flotte chinoise et de l'arsenal « de Fou-Chéou pourrait déjà passer pour une satis- « faction suffisante. Mais nous voulons quelque chose « de plus que le châtiment. Nous avons demandé une « indemnité, c'est pour l'obtenir que nous avons prié « la Chambre de nous autoriser à nous saisir d'un « gage, non pas dans la pensée d'amener une capitu- « lation immédiate, mais dans la conviction que nous « ne pouvions manquer d'aboutir avec de la patience, « avec l'aide du temps. » Cette déclaration du premier ministre à la commission des crédits du Ton-

kin[1] est catégorique ; elle indique d'une façon très
nette le but que poursuivait le Gouvernement et
dont la réalisation ne devait jamais s'accomplir,
malgré la patience, malgré l'aide du temps !

La *Triomphante*, en arrivant devant Kelung le
2 septembre, y trouva le *Bayard* et le *Lutin*. Ces deux
navires ignoraient encore le résultat des affaires de
Fou-chéou, et malgré une confiance bien justifiée
dans la vaillance et le bonheur du commandant en
chef, ils étaient pourtant anxieux. Leurs appréhen-
sions se dissipèrent quand ils reconnurent au loin la
Triomphante portant à son mât de misaine le pavillon
désormais illustré de l'amiral. Le *Bayard* fit monter
l'équipage dans les haubans, des hourras d'enthousiasme retentirent, tandis que la musique groupée
sur la dunette jouait la *Marseillaise*. Avant de quitter
la *Triomphante,* l'amiral en réunit l'équipage et, dans
une de ces allocutions dont il avait le secret, il fit
passer dans l'âme de ces braves gens un peu de la
flamme ardente qui dévorait la sienne. Puis il regagna son *Bayard* d'où il ne tarda pas à repartir pour
faire, en baleinière, le tour de la baie afin de se
rendre compte par lui-même, comme il n'y manquait
jamais, des lieux, des défenses, des ouvrages, et de
tout ce qui pouvait l'intéresser. La ville était calme.
Les fortifications si habilement démolies le 5 août

---

1. **Séance du 24 octobre.**

par l'amiral Lespès n'avaient pas été relevées, et
pour perpétuer le souvenir de la canonnade qui
les avait mises hors d'état, la voix publique avait
déjà dénommé les trois forts, fort *La Galissonnière*,
fort *Villars*, fort *Lutin*. Leurs abords immédiats,
ainsi que ceux de la plage, étaient presque déserts
et totalement abandonnés par les troupes dont la
présence ne se décelait que sur les hauteurs, par
une ligne continue de retranchements en terre fraîchement remuée. Les Chinois travaillaient sans relâche à ces travaux de terre dans lesquels ils sont
passés maîtres; ils en faisaient de tous les côtés et avec
une surprenante rapidité. Pour empêcher l'exécution
de ces parapets, le *Bayard* avait dû envoyer un
certain nombre d'obus de 14, ce qui lui avait valu
des ripostes à coups de canons de montagne. Cet
échange de projectiles, inoffensif de part et d'autre,
avait été le seul incident des jours précédents.

L'amiral fit dresser immédiatement par les ingénieurs hydrographes une carte de la rade, puis
après avoir inspecté, avec le *Lutin*, la côte voisine
des charbonnages, il retourna à Matsou sur le
Bayard. Il y trouva, le 4, les navires qu'il y avait
laissés, et, en plus, le *Parseval* qui venait d'arriver
de Shanghaï, où pendant tout le mois d'août M. Patenôtre l'avait retenu. « De toute façon, avait écrit
« le ministre de France, il me semble nécessaire de
« conserver ici un bâtiment, ne fût-ce que pour ras-

« surer nos nationaux qui pourraient craindre, en
« cas d'alerte, de se trouver sans aucune protection. »
Le *Parseval* était, en conséquence, resté devant la
Concession française. Mais, une fois le feu ouvert à
Fou-Chéou, il devenait certainement imprudent de
laisser seul ce petit aviso dans une rivière où il
pouvait être attaqué ou torpillé avec une extrême
facilité par nos ennemis, en représailles de nos hostilités. M. Patenôtre se décida donc à le laisser
partir, d'autant mieux que le Taotaï l'avait averti
qu'il ne répondait plus de la sécurité des Concessions si la présence de l'aviso devant Shanghaï se
prolongeait davantage. Les esprits étaient très mon-
tés parmi la population chinoise : les journaux fulmi-
naient contre le *Parseval,* offrant de fortes primes
à l'individu assez hardi pour torpiller ce bâtiment; et
le commandant du fort de Woo-Sung annonçait qu'il
le coulerait au passage s'il tentait de sortir.

Quand le départ du *Parseval* fut décidé, le commandant fit demander un pilote. Moyennant 5,000
taëls (soit 35,000 fr.), un des pilotes assermentés consentit à conduire le navire français jusqu'à la haute
mer. Mais la réflexion aidant, le pilote refusa vers
8 heures du soir les propositions acceptées pendant la
journée. Apprenant ce refus, le Taotaï offrit d'envoyer
une canonnière chargée de précéder le *Parseval* et
de lui montrer le chemin. Cette offre fut accueillie;
mais au moment de se mettre en route, le capitaine

de la canonnière ne consentit jamais à passer le premier. Le commandant Thounens, encore une fois
privé de guide, prit en conséquence le parti de descendre seul la rivière malgré l'obscurité d'une nuit
exceptionnellement noire. Masquant ses feux de route
et marchant à toute vapeur, il franchit heureusement
les barres et défila devant le fort de Woo-Sung sans
être inquiété, à la grande consternation des Célestiaux qui considéraient déjà notre aviso comme une
capture prochaine et facile. Un échouage sans importance fut le seul incident de cette sortie qui, par sa
hardiesse et son audace, impressionna vivement les
officiers des marines étrangères. De Shanghaï, le
Parseval gagna Matsou, où il trouva l'escadre en train
d'effectuer son ravitaillement général.

Un navire anglais, le *Sir Garnet Wolseley*, était
venu de Shanghaï avec 1,500 tonneaux de charbon
qu'il distribua aux différents navires, non sans longueur de temps, la mer n'ayant pas toujours permis
d'accoster le vapeur bord à bord, et l'embarquement du charbon ayant dû se faire par les embarcations. Le *Garnet Wolseley* avait aussi apporté quelques provisions pour les tables : on se jeta sur elles
avec avidité pour se dédommager des mauvais petits taureaux et des œufs de canards de Matsou.
Mais les navires étaient si nombreux que la part de
chacun fut fort restreinte.

Après des journées aussi bien employées que

Carte du Nord de Formose

Kilomètres
0 5 10   20

Pointe Syauki

Baie
de
Tamsui

Canal de Formose

Ile Kelung

Ile Palm

Le Nord de Formose.

celles de la fin d'août, l'inaction était pénible à supporter, et, ainsi qu'on le disait alors, les entr'actes
semblaient de trop longue durée. Cette inaction
était, en effet, très imprévue. Chacun s'était imaginé
volontiers, après les combats de la rivière Min, que
l'ère des opérations militaires venait de s'inaugurer
et qu'un prochain coup allait être de nouveau porté
à la Chine. On attendait tous les jours un ordre de
départ. Mais où irait-on? que ferait-on? c'est ce que
personne ne savait. On ignorait encore de quelle
façon le Gouvernement chinois répondait à l'attaque
de Fou-Chéou. Le bruit courait qu'il avait déclaré
la guerre, mais si cette nouvelle eût été vraie, l'amiral en eût fait part officiellement aux navires. Il
était donc probable que les représailles exercées
par nous n'avaient pas modifié la situation. On avait
appris seulement que les soldats chinois venaient de
piller et d'incendier le quartier des étrangers à Pagoda[1], que leurs violences s'étaient exercées sur les
demeures des pilotes de la rivière Min engagés à
notre service, mais que dans les autres villes aucun
Européen, voire même aucun Français, n'avait été
inquiété par les indigènes. On disait aussi que les

---

1. « A Fou-Chéou, la population menace le consul anglais pendant qu'il
« stationne devant des affiches, pour lire des proclamations émanant des
« autorités chinoises, désireuses de se procurer à haut prix les têtes de
« leurs ennemis. Dans le palais du vice-roi, fuite et disparition des mal-
« heureux qui se croient compromis. Rapide changement de costume, aban-
« don de la queue, sortie en palanquin et sous bonne escorte.» (*The French
at Fow-Chow*, brochure américaine.)

flottes chinoises étaient en route pour venir nous
attaquer, mais nous étions trop habitués aux fanfaronnades des Célestiaux pour nous alarmer de cette
rumeur.

Le seul indice des velléités belliqueuses de la
Chine avait été fourni par la malheureuse affaire
de la canonnière anglaise *Zéphyr*. Le 7 septembre,
ce bâtiment entrait dans la rivière Min, ses couleurs
flottant à son arrière, lorsque deux canons du fort
Blanc firent feu sur lui. Un projectile l'atteignit et
blessa deux hommes, dont l'officier en second, le lieutenant Hubbard, qui succomba bientôt à ses blessures. Il fut prouvé facilement que cette canonnière
avait été prise pour un navire français et la Chine
s'excusa de ce fâcheux événement près du Gouvernement britannique. Un artilleur chinois trop zélé
et trop ignorant des nuances des pavillons étrangers
en était seul responsable.

La réserve extrême de l'amiral Courbet con-
tribuait à laisser l'escadre dans l'ignorance de ses
destinées futures. Évidemment, dans les circonstances rappelées ici, l'amiral ne pouvait prévoir
ce qu'on lui imposerait de Paris, mais d'une façon
générale, le silence sur ses résolutions était un principe arrêté. Ne prenant conseil que de lui-même, il
ne se livrait à aucune inutile confidence. S'il était
un peu plus communicatif avec les officiers de son
entourage immédiat, ceux-ci restaient d'une dis-

crétion absolue, et jamais aucun projet formé par
lui ne transpirait. On vivait donc sans savoir ce que
l'avenir réservait. Le champ était ouvert aux sup-
positions et aux hypothèses. L'absence complète de
courriers, de correspondances, de journaux, de communications quelconques permettait de faire toutes
les combinaisons possibles. Les uns prétendaient
qu'aussitôt le ravitaillement achevé, l'escadre entière se retirerait au Tonkin. Pour ceux-ci, les affaires de la rivière Min devaient garder le caractère
d'une vengeance directe du guet-apens de Bac-lé,
et cette vengeance assouvie, il n'y avait qu'à se retirer et à attendre l'effet de nos représailles sur l'esprit de la cour de Pékin. Les autres tenaient pour
le bombardement d'Amoy. Beaucoup parlaient de
renouveler les destructions de Fou-Chéou, du côté
de Nangkin où la flotte de Shanghaï s'était retirée.
D'autres enfin songeaient à Port-Arthur. Ces derniers
étaient, sans le savoir, de l'avis de l'amiral, qui restait
persuadé que pour avoir raison de la Chine il fallait
frapper le plus près possible de la capitale. L'expédition sur Port-Arthur lui tenait au cœur, comme le
prouvent les lettres publiées récemment[1]; il s'était
fait remettre, dans le courant de septembre, par le
commandant de la *Triomphante,* qui avait visité Port-

---

1. « L'occupation de Kelung et le blocus de Formose immobiliseront nos
« forces.... Après Fou-Chéou, il fallait aller à Port-Arthur : c'est là qu'est
« le nœud de la question, à moins que nous ne soyons forcés d'aller à Pé-
« kin. » (4 décembre 1884.)

Arthur quelques mois auparavant, toute une série de renseignements, de plans et de photographies du nouvel arsenal du Petchi-li.

Les faiseurs de projets annonçaient aussi la prochaine occupation de Kelung : ils prétendaient que la présence ininterrompue de deux ou trois de nos navires sur ce point était la preuve certaine des visées du Gouvernement sur le nord de Formose. L'arrivée par le *Tarn*, la *Nive* et le *Drac* de 1,600 hommes d'infanterie et d'artillerie de marine, avec M. le lieutenant-colonel Berteaux-Levillain, donna créance aux bruits d'une occupation quelconque et confirma que le cabinet persistait dans sa résolution de tenir un gage.

Est-il besoin de dire que la solution à laquelle le Gouvernement paraissait s'arrêter ne souriait que médiocrement aux officiers de l'escadre ? D'abord l'efficacité d'une occupation ne touchant pas le Céleste-Empire était problématique. Les Chinois sont d'une race patiente et très capables de négocier pendant vingt ans la restitution d'un gage, ou d'exercer pendant deux siècles des revendications sur un territoire qu'ils n'auraient pas cédé. Témoin Macao. En second lieu, la prise de possession d'un point, quel qu'il fût, sauf Port-Arthur, ne devait donner lieu, de la part des navires, qu'à un bombardement plus ou moins long, et non pas à une de ces actions vraiment maritimes pour laquelle chacun des officiers se sentait prêt. Les deux escadres du Peï-ho et de Shanghaï n'étaient-elles pas le but indiqué aux coups de ces équipages tout frémissants encore de leur jeune gloire de Fou-Chéou ? Il y avait là d'autres lauriers à conquérir et tous, du plus grand au plus petit, en rêvaient une ample moisson. L'état de représailles devait empêcher la réalisation d'un si beau rêve.

Tout le mois de septembre se passa à Matsou. Dans les premiers jours, l'escadre connut quelques-unes des récompenses accordées à la suite des combats de la rivière Min. Tout d'abord le commandant en chef recevait la médaille militaire, précieuse et rare distinction qu'il avait vaillamment gagnée. MM. Peyronnet, Picard et Jacquemier étaient nommés capitaines de frégate, l'enseigne Olivieri devenait lieutenant de vaisseau, et les aspirants Samson, Laugier, de Quincey, Layrle, Borgella et de Pagnac obtenaient le grade d'enseigne. En même temps, le ministre informait que les officiers suivants étaient mis au tableau d'avancement pour le grade supérieur : Boulineau, commandant du *Château-Renaud* ; Gigon , commandant du *Volta* ; Bonnaire et de Jonquières, capitaines du *Lynx* et de l'*Aspic* ; Douzans, commandant le torpilleur *46* ; Ravel, aide de camp de l'amiral ; les enseignes Deman, d'Agoult, Marius et Mottez. Enfin le lieutenant de vaisseau de Lapeyrère remplaçait M. Picard dans le commandement de la *Vipère*. Les 20 et 21 septembre, un coup de vent en forme de typhon obligea l'escadre à allumer ses feux pour être parée à tout événement. Le 23, vint mouiller sur rade la corvette cuirassée *l'Atalante* dont le commandant, M. Trêve, comparait ses marins à 300 lions prêts à bondir! *L'Atalante* arrivait de la baie d'Halong où elle avait été remplacée par le *Villars* dans sa mission de surveillance du golfe du Tonkin. Le long et monotone séjour qu'elle avait fait sur cette rade inhospitalière justifiait la vivacité de l'image par laquelle M. Trêve dépeignait la fougueuse impatience de ses hommes.

Le 29, à quatre heures du soir, le *Tarn*, le *Drac*, la *Nive*, le *Lutin* et le *Bayard* appareillèrent pour Kelung au signal de l'amiral. Le lendemain, à la même heure, le *La Galissonnière*, le *d'Estaing* et la *Triomphante* partirent pour Tamsui. *L'Atalante* resta à Matsou, ainsi que le *Lynx* et le *Volta*, afin d'assurer les communications avec la station télégraphique de Sharp-peak.

C'est le 30 septembre, à neuf heures du matin, que l'amiral Courbet mouilla devant Kelung; il y trouva la *Saône*, le *Château-Renaud* et le *Duguay-Trouin*. Il employa la journée de son arrivée à faire sur le *Lutin* une reconnaissance générale avec le colonel d'infanterie, et dès le soir, il donna les instructions pour la descente à terre qu'il avait fixée **au lendemain 1er octobre.**

Les Chinois occupaient très fortement les crêtes sud et les hauteurs du sud-ouest qui dominent la route de Tamsui. Dans l'ouest, s'élevait une haute colline, le mont Clément, facilement accessible, et dont le pied venait jusqu'à la mer. Elle commandait tous les sommets voisins et pouvait être considérée véritablement comme la clef de la situation. Aussi, est-ce au pied du mont Clément que les troupes devaient débarquer. Leur premier objectif était de s'établir à son sommet, afin d'y monter et d'y établir une batterie. L'amiral se proposait de faire canonner de là, par les artilleurs, tous les ouvrages chinois, tandis que les troupes contourneraient la rade en suivant la ligne des crêtes pour en déloger l'ennemi, et que les canons des navires tireraient de leur côté pour appuyer le mouvement de l'infanterie.

Les troupes se composaient : d'un détachement de gendarmerie, de la batterie de canons-revolvers commandée par M. le lieutenant de vaisseau Barry, de la 23e batterie d'artillerie de marine, d'une section d'artillerie de terre, d'un détachement du génie, de 3 bataillons d'infanterie de marine placés sous le commandement de MM. les chefs de bataillon Ber, Lange, Lacroix, enfin de coolies venus de Saïgon et d'Haï-phong. M. le colonel Berteaux-Levillain prenait le titre de commandant du corps expéditionnaire de Formose.

Le 1er octobre, à six heures du matin, le bataillon Ber quitta la *Nive* et se dirigea vers la terre. Quelques minutes après, le *Bayard* tira le premier coup de canon dans les broussailles du mont Clément. Toute l'escadre ouvrit aussitôt le feu dans la même direction ainsi que sur les crêtes où l'ennemi se montrait, et d'où il ripostait avec ses canons de campagne et avec sa mousqueterie. Le débarquement s'opéra facilement vers six heures et demie au point désigné, sans que les embarcations fussent inquiétées. Les différents convois accostèrent la plage dans l'ordre indiqué par l'amiral. Les troupes gravirent la colline tout en tiraillant sur les crêtes des deuxièmes chaînes et dans le fond d'une gorge par où s'enfuyaient les Chinois. A neuf heures, le mont Clément fut occupé. De cette position inexpugnable, le bataillon ouvrit un feu bien nourri sur un camp retranché que l'ennemi ne tarda pas à évacuer précipitamment. Une compagnie, envoyée en reconnaissance contre un fortin assez rapproché, tomba dans une embuscade et dut se retirer ayant perdu 2 tués et 5 ou 6 blessés.

A midi, le bataillon Ber étant très fatigué par l'excessive chaleur, fut relevé par les deux autres bataillons. Celui du commandant Lange prit position dans un fortin à côté du camp retranché, évacué le matin, et celui du commandant Lacroix sur le mont Clément. Ils y passèrent la nuit.

Le 2 octobre, au matin, les deux bataillons se
mirent en marche simultanément et occupèrent sans
la moindre résistance toutes les positions du côté
ouest, celles qui dominaient la route de Tamsui. Ils
ne rencontrèrent pas de soldats sur leur passage, et
trouvèrent au contraire une population paisible. A
sept heures, l'amiral s'était rendu à terre et à midi
le pavillon français flottait sur les forts.

Les crêtes de l'ouest étant toutes occupées et la
résistance, au moins pour le moment, y paraissant
brisée, l'amiral désigna pour occuper les hauteurs
du sud les compagnies et l'artillerie de débarquement des navires. Le 4, au matin, elles quittèrent
leurs bords sous le commandement de M. le lieutenant de vaisseau Gourdon [1], abordèrent auprès
du bâtiment de la douane et constatèrent que tout
était abandonné par les troupes chinoises, même la
ville où se montraient seulement quelques indigènes
inoffensifs. Les marins s'installèrent dans les positions qui leur avaient été assignées comme but et y
furent bientôt relevés par le bataillon Ber. Dans la
journée, on hissa sur différentes hauteurs 2 canons
de 80, 2 de 12 et des canons de 4. Nos pertes
totales, dans ces trois journées, avaient été de 5 tués
et 12 blessés.

---

1. La conduite de ce débarquement valut à M. Gourdon le grade de capitaine de frégate.

En résumé, ces opérations avaient eu pour résultat de nous rendre maîtres de la ville ainsi que des premières hauteurs bordant la rade, et de refouler les Chinois sur les hauteurs immédiatement en arrière. A ne considérer que la minime résistance opposée par l'ennemi, il n'était pas téméraire de songer à nous étendre davantage. Mais le faible effectif du petit corps débarqué suffisait à peine à garder les positions conquises, et toute marche en avant eût été inutile, puisque nous n'aurions pu, faute de monde, occuper le terrain gagné. Nous étions donc, en quelque sorte, bloqués par les troupes chinoises. Pour élargir le cercle d'investissement formé autour de nous, il était de toute nécessité de renforcer le corps d'occupation. Encore pouvait-on craindre, même après l'arrivée des renforts, de nouvelles difficultés, car les Chinois, sans perdre un instant, élevaient sur les secondes crêtes de sérieuses défenses. Quant aux charbonnages, but principal de notre présence au nord de Formose, ils étaient encore bien éloignés, et séparés de nous par trois séries de hauteurs se dominant l'une l'autre.

Si nous n'étions pas arrivés aux mines, nous avions du moins trouvé un énorme tas de charbon sur la plage même. Les navires allaient pouvoir y puiser à loisir. Toutefois, ce combustible qui provenait des mines voisines, n'était pas de qualité supérieure. Il brûlait très vite avec une longue flamme, si bien que le premier jour où la *Vipère* s'en servit, elle vit bientôt sa cheminée rougir et des flammèches incendier ses mâts et sa voilure. M. de Lapeyrère dut faire éteindre les feux et continuer sa route à la voile : il était convaincu que le charbon avait été enduit de pétrole. La malignité de nos ennemis aurait pu, bien certainement, leur souffler ce moyen de rendre leur charbon inutilisable, mais sa mauvaise qualité était seule cause de cette combustion désordonnée. Dès lors, on n'employa plus la houille de Kelung sans la mélanger à une autre plus lente. Elle servait simplement à entretenir les feux au mouillage et était d'un emploi commode quand on voulait activer les foyers pour revenir rapidement en pression. Dans ces conditions, l'amiral se préoccupa de suite d'assurer le ravitaillement en combustible de son escadre au moyen de vapeurs envoyés à Kelung par un fournisseur de Hong-Kong. Des jonques ou les canots faisaient le va-et-vient entre les navires et les vapeurs, mais il était toujours très long d'obtenir le plein des soutes sur cette rade sans cesse traversée par la houle.

Il s'agissait aussi de tirer parti des lieux en vue de l'établissement que nous comptions faire. C'est ainsi que le bâtiment des douanes fut transformé en ambulance, et qu'une grande maison, appartenant à la Compagnie Lapraik, devint une sorte de magasin général. Auprès d'elle, la maison du mandarin servit de résidence à un certain nombre d'officiers. La presque totalité de nos troupes était cantonnée dans les fortins disséminés le long de nos lignes. Malheureusement une pluie violente se mit à tomber presque chaque jour peu de temps après la mise à terre du corps expéditionnaire ; elle contribua grandement à accroître les difficultés matérielles de notre occupation en même temps qu'elle rendit le climat tout à fait insalubre.

X

AFFAIRES DE TAMSUI.

(2 et 8 octobre.)

———

Pendant que ces événements se passaient à Ke-lung, l'amiral Lespès était arrivé le 1er octobre à Tamsui avec le *La Galissonnière*, la *Triomphante* et le *d'Estaing*.

L'occupation de Kelung et de ses mines étant décidément notre objectif, la nécessité d'une action sur Tamsui s'imposait d'une façon manifeste. Ces deux villes sont reliées par une route et sont si proches que, pour en tenir une, il faut absolument tenir l'autre. Pourtant cette obligation, qui résulte de la simple situation géographique des deux ports, semble avoir été longtemps méconnue.

La présence continuelle devant Kelung d'un ou de plusieurs navires français empêchait sans aucun doute, depuis la fin de juillet, les vapeurs, chinois ou autres, d'y débarquer les troupes, armes et muni-tions que le Céleste-Empire envoyait dans le nord de Formose. Mais le port de Tamsui, distant de

Kelung d'une trentaine de milles seulement, n'ayant jamais été occupé ni bloqué par nous, le libre déchargement de tous les navires pouvait s'y effectuer. Les Chinois y dirigeaient naturellement tous leurs envois de personnel et de matériel. Agir comme nous le faisions, en ne fermant qu'un de ces deux points, ressemblait à la manœuvre d'un agent de police qui, pour capturer un malfaiteur réfugié dans une maison, se tiendrait constamment devant la porte, sans prendre garde à la fenêtre de derrière qu'il a laissée toute grande ouverte.

Au surplus, notre stationnement ininterrompu sur la rade de Kelung ayant indiqué clairement que nous n'avions jamais perdu toute idée de nous établir au nord de Formose, nos ennemis, ainsi avertis par nous-mêmes, n'avaient pas négligé de faire de Kelung et de Tamsui deux centres importants de défense.

Ce n'est que dans les derniers jours de septembre que l'amiral Courbet reçut l'autorisation d'envoyer devant Tamsui un de ses navires. Le *Lutin* y avait fait le 3 septembre une courte reconnaissance en s'y présentant le pavillon de pilote à son mât de misaine. Aucun pilote n'était venu à son appel, mais il avait eu le temps de voir que la rivière était fermée par un barrage de jonques coulées et chargées de pierres et que même un aviso anglais, le *Cockshafer*, se trouvait, par ce fait, bloqué dans le port sans pouvoir en sortir. Le *Lutin* ayant voulu communiquer, par le Code international, avec cet aviso, le capitaine anglais avait signalé qu'il ne pourrait répondre à aucune question afin de ne pas violer la neutralité.

Le 26 septembre, la *Vipère* arriva devant Tamsui, elle trouva le barrage toujours en place et le *Cockshafer* toujours emprisonné dans la rivière qui n'était accessible qu'aux jonques par un chenal étroit et peu profond. Le même jour, un vapeur anglais parti de Shanghaï avec 150 soldats chinois vint au mouillage et la *Vipère* ne réussit à lui faire rebrousser chemin que sous la menace de le couler. Empêcher le débarquement était malheureusement tout ce que cet état de représailles, qui n'était pas la guerre, permettait au très résolu commandant de la *Vipère*. Saisir les soldats et les faire prisonniers, capturer les armes, tout cela lui était interdit. Il n'avait que le seul droit de repousser le navire au large. Encore était-il loisible au capitaine anglais d'aller débarquer ses soldats et ses armes sur n'importe quel point autre que Tamsui ou Kelung.

Il était 9 heures et demie du matin, le 1er octobre, quand les bâtiments conduits par l'amiral Lespès laissèrent tomber leur ancre à côté de la *Vipère*. Ils se trouvaient sur une ligne de file parallèle à la côte, dans l'ordre suivant : *La Galissonnière*, *Triomphante*, *d'Estaing*, puis *Vipère*. Le temps était su-

Entrée de la Rivière de Tamsui.

perbe, la mer absolument calme et un radieux
soleil éclairait l'entrée de cette petite rivière de
Tamsui, que dominent de hautes montagnes. Derrière une colline basse dont le pied est baigné par
le fleuve, apparaissaient les trois mâts et le pavillon
blanc du *Cockshafer* au milieu des mâtures de
jonques et des deux mâts plus élevés d'un bâtiment
de guerre chinois.

Devant nos navires un camp retranché et deux
forts ; l'un inachevé et armé en partie, le fort Rouge,
situé sur une éminence d'une quarantaine de mètres et battant presque tout l'horizon du côté de la
mer ; le second, sur la plage, le fort Blanc, dont les
quatre embrasures étaient percées de manière à battre
l'entrée même de la rivière. La rumeur disait que
les canons du fort Rouge, au nombre de dix-neuf,
étaient des 17%m Krupp, et un pilote anglais assurait
qu'ils provenaient du navire allemand que deux mois
auparavant le *Villars* avait expulsé de Kelung. Sur
ces dix-neuf pièces, trois seulement étaient, à l'heure
actuelle, en batterie, les Chinois n'ayant pas eu le
temps d'en monter davantage. Quant aux canons du
fort Blanc, ils devaient être d'un calibre un peu inférieur.

Le pilote dont il est ici question était l'unique
pilote de Tamsui. Il avait offert son concours à
l'amiral Courbet en l'informant, dans les premiers
jours de septembre, qu'il quittait Formose et qu'on

le trouverait au consulat de France à Hong-Kong. Il avait été immédiatement engagé à raison de 50,000 francs pour un an. Les renseignements qu'il donna furent si précis que l'on acquit la conviction qu'il était lui-même l'auteur des travaux d'obstruction de la rivière, et que, notamment, les torpilles placées en avant du barrage avaient été mouillées sous sa direction. Après avoir travaillé pour le compte des Chinois il était venu nous vendre ses services, estimant avantageux de manger ainsi à deux râteliers. Ces torpilles, d'après son dire, étaient au nombre de dix, chargées de dynamite et électro-automatiques. Leur poste d'inflammation et d'observation était placé, selon lui, derrière le fort Blanc.

A 10 heures, l'amiral Lespès signala au *Cockshafer* : « Je commencerai le feu demain à 10 heures. » La plus grande animation ne cessa de régner tout le jour dans le fort Rouge, où l'ennemi travaillait activement à la mise en état de sa batterie. Des fantassins en assez grand nombre circulaient et manœuvraient dans les environs des forts, mais leur éloignement les rendait inoffensifs, puisque le fort Rouge était à 3,300 mètres et le fort Blanc à 2,600. L'artillerie seule était donc à redouter. A 3 heures, l'amiral signala de nouveau au *Cockshafer* : « Vous êtes dans mon champ de tir. » A quoi le bâtiment anglais répondit : « Remerciments. » La soirée fut calme. Dans les conversations échangées à bord, les paris étaient ouverts sur les incidents du lendemain. Les uns disaient que tout se passerait bien, qu'il suffirait d'attendre l'heure annoncée pour ouvrir le feu, et qu'en peu d'instants, grâce à nos excellents pointeurs, les pièces ennemies seraient démontées et les fortifications bouleversées. D'autres assuraient qu'on appareillerait le lendemain au petit jour, ou même dans la nuit, pour s'éloigner de la portée des forts et n'y revenir qu'à 10 heures. Ceux-ci n'étaient pas d'avis qu'on dût rester au mouillage après l'avertissement fait au *Cockshafer*, avertissement qui ne pouvait pas manquer d'être connu des Chinois, très capables de tirer les premiers sur nous.

Le lendemain matin, à 6 h. 35 m., le fort Rouge ouvrit le feu sur la division française restée au mouillage et occupée, en ce moment, suivant les prescriptions du tableau de service, à faire le lavage du bord. Le branle-bas de combat fut signalé en toute hâte et les quatre navires français ne tardèrent pas à riposter. Mais les Chinois avaient su profiter, pour le début de leur attaque, d'un moment où il nous était impossible d'avoir un bon tir. Tandis qu'un soleil éclatant apparaissait au-dessus des montagnes qui surpombent la ville et les forts, un brouillard épais enveloppait complètement ceux-ci et les cachait à notre vue déjà gênée par la vive lumière qui nous frappait en plein dans les yeux. En outre, ainsi qu'il arrive au matin des belles journées, une

énorme réfraction relevait toute la côte, les buts
étaient tous déplacés en hauteur et nos coups portaient trop loin. Ce fut pendant une demi-heure une
inutile consommation de projectiles. Les obus chinois venaient tous éclater un peu en avant de la
ligne des navires français ; les éclats seuls arrivaient
à bord. Le *d'Estaing* en reçut quelques-uns ainsi
que la *Triomphante.* Vers 7 heures, le soleil s'étant
élevé, la brume se dissipa, la réfraction cessa et
notre tir devint meilleur. En peu de temps, le fort
Blanc fut mis hors d'état par les obus de 24 du *La
Galissonnière.* La batterie Rouge donna plus de mal.
Elle fut servie pendant près d'une heure par ses
défenseurs avec un courage remarquable, malgré la
pluie de projectiles qui tombait autour d'eux. A
9 h. 55 m., toute riposte des Chinois ayant cessé,
le tir fut réduit à un coup toutes les 10 minutes.
Cela dura jusqu'à 4 heures du soir quand fut hissé
le signal de cesser le feu.

A la nuit, la *Vipère* reçut l'ordre de changer de
mouillage et de venir prendre la tête de la ligne ;
les ingénieurs hydrographes Renaud et Rollet de
l'Isle, et les officiers torpilleurs Merlin, Vuillaume et
Rouxel furent chargés d'aller avec elle reconnaître
la passe. Les sondes établirent que, sur la barre, la
Vipère trouverait à mer haute assez de fond pour
passer, sauf pendant deux ou trois jours des mortes-
eaux ; mais on constata la présence de bouées sus-

pectes munies de fils qui empêchèrent la reconnaissance de pousser plus en avant. A 11 heures du
soir, la *Vipère* revint au mouillage en dedans de
la division. La nuit se passa sans alerte. Le lendemain, dans la matinée, quelques travailleurs s'é-
tant montrés au fort Rouge, on les chassa à coups
d'obus de 14. Pendant ce temps, la canonnière fut
chargée d'aller faire une inspection minutieuse des
bouées reconnues la nuit précédente et d'opérer, si
possible, le dragage des fils des torpilles. Dans ce
but, deux canots du *La Galissonnière* lui furent
adjoints.

A 4 h. 20 m., tandis que les deux canots se halaient
doucement, à une centaine de mètres de la *Vipère*,
tout en draguant des fils électriques, la sourde dé-
tonation d'une torpille se fit entendre et une magnifique gerbe s'élança en l'air à deux encablures
environ sur l'avant des embarcations. Le premier
moment de surprise passé, les canots virent qu'ils
se trouvaient, eux et la torpille, en direction avec
le point voisin du fort Blanc où le pilote avait désigné l'emplacement du poste d'inflammation. Trom-
pés sur la distance, les Chinois avaient fait partir
leur torpille un peu trop tôt et avant que les canots
français fussent dans le cercle dangereux de l'engin
sous-marin. Mais l'explosion prouvait d'une façon
péremptoire que les torpilles étaient à inflammation
électrique, que leur poste se trouvait situé où on

l'avait dit et que leur manœuvre était familière à
nos ennemis.

Le *d'Estaing* alla dans la nuit à Kelung rendre
compte à l'amiral Courbet des incidents de la journée et lui soumettre le plan que l'amiral Lespès
avait arrêté. D'après les instructions du commandant
en chef, le but à atteindre à Tamsui était d'assurer
aux navires bloqueurs de ce port la libre entrée et
la parfaite sécurité à l'intérieur de la rivière. La
destruction des fortifications, effectuée le 2, réalisait
donc la première partie de ce programme : la seconde
consistait à déblayer la passe de ses torpilles et de
son barrage.

Puisqu'on se trouvait en présence de torpilles
mises en feu par l'électricité, l'amiral Lespès avait
jugé que le meilleur moyen de s'en débarrasser était
d'opérer un débarquement dans le but de s'emparer
du poste d'inflammation et d'y mettre nos torpilleurs
qui se chargeraient de faire sauter, l'une après l'autre,
toutes les torpilles de la ligne. Une fois ce danger
disparu, un chenal serait alors facilement pratiqué
au milieu du barrage par le moyen d'une ou deux
torpilles de 500 kilogrammes de poudre noire qui se
trouvaient sur la *Triomphante*.

L'amiral Lespès désirait que l'opération de la
prise du poste des torpilles fût confiée à l'un des
bataillons d'infanterie de marine de Kelung, tant il
avait peu de confiance dans la solidité à terre des

compagnies de débarquement. Mais les troupes d'infanterie qui occupaient Kelung depuis la veille,
étaient à peine suffisantes, comme nombre, pour se
maintenir dans les positions conquises. Il était impossible d'en distraire une partie, si petite qu'elle
fût, pour les opérations de Tamsui et l'amiral Courbet envoya en leur lieu et place les compagnies du
Duguay-Trouin et du *Château-Renaud*, avec ces deux
bâtiments et la compagnie du *Bayard* sur le transport le *Tarn*. Ces trois navires mouillèrent devant
Tamsui le 5 au soir. Les renforts qu'ils amenaient aux
compagnies des trois bâtiments déjà au mouillage,
portaient à 600 le nombre des hommes pouvant être
débarqués, savoir : 120 du *La Galissonnière*, 120 de
la *Triomphante*, 100 du *Bayard*, 130 du *d'Estaing*
et du *Château-Renaud*, et enfin 130 du *Duguay-
Trouin* et du *Tarn*. Le commandement de ces
600 marins était donné à M. le capitaine de frégate
Martin, second du *La Galissonnière*, qui avait si
brillamment protégé la retraite lors de la première
affaire de Kelung.

Le débarquement fut fixé au lendemain 6. Le
point choisi pour l'accostage des canots était une
petite crique à côté de la rive nord de la rivière. De
cette crique, le commandant Martin devait, suivant
les ordres de l'amiral Lespès, gravir la pente qui
mène au fort Rouge et descendre ensuite du fort
Rouge au fort Blanc. Cet itinéraire faisait éviter les

taillis épais situés en contre-bas des deux forts où
l'ennemi pouvait attendre nos matelots dans de dan-
gereuses et perfides embuscades. Mais la mer devint
très houleuse dès le 5 au soir ; une jonque chargée
de thé chavira sur la barre ; les bâtiments les plus
rapprochés de l'entrée durent même changer de
mouillage et le débarquement fut jugé impossible
pour le lendemain. Le 7, la mer encore grosse ne se
prêtait pas mieux que la veille à l'accostage de la
plage, pourtant les navires purent revenir à leur
ancien mouillage sur une ligne parallèle à la côte
dans l'ordre suivant, en allant du sud au nord :
*Vipère, La Galissonnière, Duguay-Trouin, Triom-
phante, Tarn, d'Estaing* et *Château-Renaud.*

Enfin, le 8, le temps était redevenu tout à fait
beau. La mer très calme permettait aux canots d'arriver jusqu'au rivage ; l'opération pouvait s'effectuer. M. Martin, pris ce jour-là d'une violente crise
de rhumatismes, était contraint de céder la direction de l'affaire à M. Boulineau, le commandant du
Château-Renaud, qui choisissait pour adjudant-ma-
jor le lieutenant de vaisseau Duval, de la *Triomphante.*

A 6 heures, aussitôt après le branle-bas du matin,
sur chacun des navires, les compagnies de débarquement s'équipent ; elles sont pleines d'entrain et de
confiance ; elles embarquent à 8 h. 45 m. dans les
canots en même temps que les torpilleurs munis de

leurs piles et des accessoires propres à l'explosion
des torpilles. A 9 h. 2 m., ordre aux embarcations
de déborder pour aller à terre. A 9 h. 4 m., ordre
aux navires de commencer le feu. Chacun d'eux
couvre d'obus la côte jusqu'aux forts et au camp
retranché. A 9 h. 35 m., les canots arrivent à la
plage; les compagnies sautent à terre et se forment
aussitôt. A 9 h. 55 m., elles se mettent en mouvement. Du pont des navires, on les suit avec anxiété;
on les voit se déployer : en tête, *La Galissonnière*
et *Triomphante*, derrière l'une le groupe *d'Estaing*,
Château-Renaud, derrière l'autre le groupe *Tarn*,
Duguay-Trouin, puis sur le flanc de gauche, le
Bayard. La petite troupe a bon aspect. Elle s'avance
avec une crâne assurance. Elle court plutôt qu'elle
ne marche. Bientôt elle disparaît derrière une longue
dune basse et sablonneuse. Elle semble alors abandonner l'itinéraire si sagement indiqué par l'amiral.
Son ardeur l'entraîne directement sur le fort Blanc,
sans passer par le fort Rouge. Elle s'engage dans les
taillis épais qu'elle devait pourtant éviter, et déjà
l'on voit tout près du fort Blanc, au milieu des mas-
sifs de verdure les chapeaux à coiffe blanche des
matelots.

Dès lors le tir des navires se ralentit peu à peu,
pour cesser tout à fait quand les compagnies oc-
cupent les terrains où les obus tombaient quelques
instants auparavant. Seule, la *Vipère* qui s'est avan-

cée très près de l'entrée de la rivière, peut tirer encore quelques coups. A 10 h. 10 m., le bruit de la mousqueterie se fait entendre et une petite fumée bleuâtre monte au-dessus des arbres et des taillis très verts. Le combat est engagé ; il dure depuis un quart d'heure quand soudain des soldats chinois aux uniformes rouge et bleu descendent en grand nombre du camp retranché situé en arrière du fort Rouge et semblent vouloir tourner les nôtres. Les navires, qui font bonne veille, leur envoient une bordée d'obus, mais n'empêchent pas leur mouvement de réussir. Leur camp est incendié par nos projectiles. C'est en vain ! La fusillade redouble, le crépitement des balles se change en un roulement continu et la petite fumée bleuâtre qui monte toujours lentement vers le ciel indique que notre marche en avant est arrêtée..... Déjà on voit arriver à la plage, où sont les ambulances, des blessés que leurs camarades apportent. Le nombre en augmente rapidement ; à 11 heures et demie, ce ne sont plus seulement les blessés qui paraissent sur les petites dunes basses, voisines de la mer, revenant vers les canots. Ce sont des escouades entières de marins. La retraite est manifeste. A 11 h. 45 m. un timonier, monté sur la pile de pierre du feu de port, signale à bras : « Obligés de nous replier. Plus de munitions. Pertes sérieuses. »

Bientôt toutes les compagnies réapparaissent suc-

cessivement : le *La Galissonnière* et la *Triomphante*
sont en arrière, se repliant en bon ordre, tiraillant
toujours, ne cédant le terrain que pied à pied,
faisant des feux de salve jusqu'au dernier moment.
Mais à la plage la mer est devenue grosse, les canots
ne peuvent plus accoster. Pour arriver à eux il faut
se mettre dans l'eau jusqu'au cou. Les valides embarquent sans trop de difficultés, mais il n'en est pas
de même pour les blessés qu'il faut porter à bout
de bras! La poursuite de l'ennemi est toujours à
craindre; si elle advient au milieu du rembarquement, quand tous les hommes seront groupés autour
des canots, elle changera cette retraite en horrible
désastre. Alors le jeune et hardi capitaine de la *Vipère* passe à poupe de l'amiral et lui demande d'aller
se mettre dans la crique même où sont les canots. Il
peut, avec son petit navire, se rapprocher de la terre,
et si les troupes chinoises arrivent, les tenir en respect
avec ses obus de 14 ou de 10. Heureuse inspiration
qui nous évite bien des pertes! A midi 30 m., les
premières embarcations s'ébranlent et se dirigent
vers leurs navires; à 1 h. 10 m. elles ont toutes quitté
la plage. Derrière elles, la *Vipère* ferme la marche,
tiraillant de loin en loin. A 1 h. 30 m., les compagnies sont rendues le long de leurs bords. Là, nouvelles difficultés! La mer a beaucoup grossi et pour
faire monter les blessés par les échelles de coupée,
on arrache à tous des cris de souffrance.

Deux heures plus tard, au signal de l'amiral :
Quelles sont vos pertes ? les navires répondent : *La
Galissonnière*, 9 tués, 9 blessés; *Triomphante*, 4 tués,
17 blessés; *Duguay-Trouin*, 4 blessés; *Château-
Renaud*, 7 blessés; *Tarn*, 2 tués, 4 blessés; *Bayard*,
3 blessés; *d'Estaing*, 2 tués, 5 blessés : au total,
17 tués et 49 blessés.

Le lendemain, le *Tarn* évacua sur la *Nive* à Kelung tous les blessés, et le *d'Estaing* alla au large
ensevelir les morts, du moins ceux que nous avions
ramassés. La retraite avait été si prompte que parmi
les 17 tués signalés la veille, beaucoup devaient
figurer comme disparus. Disparus! c'est-à-dire abandonnés morts ou blessés entre les mains d'un cruel
ennemi qui les décapitait séance tenante, comme cet
infortuné Fontaine, le commandant de la compagnie
du *La Galissonnière*. Atteint au pied par une balle,
il tomba, et quoique légèrement blessé, il ne put se
relever. Trois de ses hommes le prirent alors et l'em-
portèrent en arrière. Mais des Chinois cachés derrière une broussaille les attendaient au passage :
avec des crocs emmanchés sur de longues perches,
ils harponnèrent les marins par leurs vêtements, se
jetèrent sur eux et leur tranchèrent la tête. Un seul
se sauva! La *Triomphante* qui se trouvait en première ligne avec le *La Galissonnière*, avait vu, elle
aussi, tomber son capitaine, frappé par une balle en
pleine poitrine. Mais la triste fin de Fontaine devait

être épargnée à Dehorter. Conduit à bord aussitôt après avoir été blessé, le cher et vaillant officier y trouva les soins les plus affectueux, et c'est là que la mort vint le ravir, quelques jours avant d'arriver à Saïgon où son corps repose en paix. Deux aspirants, Rolland et Diacre, avaient été blessés ainsi que l'enseigne Deman, du *Château-Renaud*. Les Chinois, au dire des fonctionnaires des douanes, auraient eu 80 tués et 200 blessés.

Cet échec fut ressenti par toute l'escadre d'autant plus douloureusement qu'on s'était plu à redire que cette opération serait une simple promenade militaire où pas un coup de fusil ne devait être tiré. De cruelles pertes ajoutaient encore à la triste impression de cette néfaste journée. Les conversations ne pouvaient se détacher d'un si poignant sujet. Les chiffres les plus contradictoires étaient donnés sur l'effectif des troupes chinoises qui avaient pris part à l'engagement. Les uns parlaient de 1,000 hommes, les autres de 3,000. Combien étaient-ils ? On ne l'a jamais su. Au reste, le nombre importait peu ; le résultat était là dans sa cruelle brutalité. Pour en atténuer la rigueur, on a pu dire que le débarquement en question n'avait été qu'une simple reconnaissance. Reconnaissance ou non, c'était un échec.

S'il est permis d'en rechercher les causes, n'en trouverait-on pas une, au moins, dans l'insuffisance des compagnies de débarquement pour une opéra-

tion sérieuse à terre ? Il manque à ces troupes inex-
périmentées la solidité et la discipline du feu. Et
malheureusement l'absence de ces qualités ne saurait
être compensée ni par la haute valeur des officiers,
ni par l'ardeur des aspirants, ni par le dévouement
des sous-officiers. Rien ne s'improvise ici-bas. Il ne
suffit pas d'armer de kropatscheks ces braves gens
qui font à bord le métier de soutiers, de matelots de
pont ou de gabiers supplémentaires pour en faire
des fantassins. Les fusiliers, élèves du bataillon de
Lorient, ont seuls quelque consistance, mais ils ne
forment pas la moitié des effectifs des compagnies.
Dans ce malheureux débarquement de Tamsui chaque homme avait 120 cartouches. Comment admettre
que cet énorme approvisionnement ait été consommé
en un peu moins d'une heure, sans un gaspillage
insensé, résultat d'une insuffisante éducation militaire ?

La guerre de 1870 a créé la légende du marin-
fantassin. Cette légende ne pourrait se maintenir
que si les compagnies de débarquement étaient fréquemment exercées à *terre* avec une préoccupation
constante, avec un soin absolu. Si toutefois on juge
excessive une pareille importance donnée à un exercice dont l'application peut être rare, il faut alors
laisser au matelot armé du fusil, son unique destination pendant le combat, qui est de tirailler des hunes
et du pont sur les ponts et passerelles de l'ennemi.

Mais qu'on ne le débarque jamais que pour des opérations de courte haleine, faites sous la protection des canons des navires et dans certains pays à peine civilisés, où n'existe aucun simulacre d'armée organisée. Les Chinois qui manœuvrent à l'européenne, au son d'un clairon, qui se déploient, se rallient et s'embusquent pour faire feu sont déjà trop forts pour lui.

Il y a longtemps que La Fontaine l'a écrit :

> Ne forçons point notre talent....

L'amiral Lespès avait peu de confiance dans les compagnies de débarquement. « Jamais de matelots à terre! » s'était-il écrié le soir du 2 octobre. La nécessité l'obligea d'en envoyer, et une inexorable fatalité voulut que son opinion, si nettement exprimée, reçût sous ses yeux la plus navrante confirmation.

Cet insuccès qui retarda ou entrava l'occupation du nord de Formose eut, en outre, sur les négociations une influence également fâcheuse. Le 11 octobre, M. Jules Ferry avait fait savoir à Li-Hung-Chang, qui le lui avait demandé, dans quelles conditions nous accepterions la médiation d'un tiers, celle des États-Unis, sans doute. Nous exigions le retrait des troupes chinoises du Tonkin, la ratification du traité de Tien-Sin et le maintien de l'occupation de Kelung et de Tamsui. Le Tsung-Li-Yamen allait céder à nos demandes, lorsqu'il apprit que notre débarquement à Tamsui avait échoué ; il voulut alors rayer de nos conditions l'occupation du nord de Formose. L'entente n'était plus possible. Toute idée de médiation fut abandonnée.

La tentative faite le 8 octobre sur Tamsui ne fut jamais recommencée. Les Chinois s'y étaient du reste solidement fortifiés et y avaient envoyé beaucoup de monde. Les navires bloquèrent simplement le port en se maintenant devant l'embouchure de la rivière. Il en fut ainsi jusqu'à la signature de la paix.

XI

LE BLOCUS DE FORMOSE

Le 30 octobre, à bord du *Bayard*, l'amiral Courbet signait la déclaration suivante :

A partir du 23 octobre 1884, tous les ports et rades de l'île Formose compris entre le cap Sud ou Nan Sha et la baie Soo-Au en passant par l'ouest et le nord, seront tenus en état de blocus effectif par les forces navales placées sous notre commandement. Les bâtiments amis auront un délai de trois jours pour achever leur chargement et quitter les lieux bloqués. Il sera procédé contre tout bâtiment qui tenterait de violer ledit blocus conformément aux lois internationales et aux traités en vigueur.

Cette déclaration ouvrait officiellement le blocus de Formose. Elle inaugurait une opération maritime regardée par tous les marins comme féconde en difficultés et en dangers. Entreprise dans les plus mauvaises conditions, au moment même où commençait cette fameuse mousson de nord-est qui, pendant six mois, souffle dans ces parages, toujours avec violence et souvent en tempête, elle sera un des meilleurs titres d'honneur de l'escadre de l'Extrême-Orient.

Tous les ports lui étaient fermés, sauf Kelung; encore celui-ci ayant son goulet tourné vers le nord-est et recevant directement la mer et le vent, n'était-il pas un refuge et présentait-il des inconvénients plus graves assurément que la pleine mer. Pour que nos bâtiments aient pu traverser cette période de six mois sans qu'un sinistre se soit produit, sans qu'un de ces trop fréquents accidents de mer en ait mis un seul en péril, il a fallu que les navires fussent doués des meilleures qualités nautiques et que les capitaines et les équipages fissent preuve d'une incontestable supériorité de métier.

Le blocus ainsi annoncé était un *blocus pacifique*, puisqu'aucune déclaration de guerre n'avait été faite. Il ne s'étendait qu'aux ports et aux portions de côte spécifiés; il en interdisait seulement les approches, sans autoriser les visites en pleine mer. « Ce genre « de blocus, disaient les instructions de l'amiral à « ses capitaines, consiste à empêcher les bâtiments « neutres chargés de contrebande de guerre [1] ou de « troupes d'entrer dans ces ports ou de débarquer « leur chargement sur quelque point de la côte blo- « quée. Tout bâtiment neutre qui s'y présenterait « porteur de contrebande de guerre ou de troupes

---

1. Sous ce nom il fallait entendre : les armes à feu, les armes blanches, flèches et armes de trait, la poudre de guerre et autres matières explosibles, le salpêtre, le soufre et les objets de toutes sortes employés à la guerre. (*Communication officielle de l'Empire allemand.*)

« serait invité à s'éloigner ; si cependant il portait
« des troupes, le bloqueur les capturerait auparavant.
« Dans le cas où le bâtiment résisterait à l'invitation
« de s'éloigner ou à celle de livrer ses troupes pas-
« sagères, le bloqueur serait autorisé à le saisir. En
« aucun cas, le bloqueur n'est autorisé à saisir la con-
« trebande de guerre si le bâtiment ne se met pas
« dans l'une des circonstances où il peut être saisi
« lui-même. » La limite des eaux bloquées, qui s'ar-
rêtait dans le principe aux abords immédiats de la
côte, fut fixée un peu plus tard (22 novembre) à
5 milles de terre. En dedans de cette limite, les bloqueurs « avaient le droit de visiter les navires neu-
« tres, de les repousser même par la force, ils pou-
« vaient les saisir après une première notification
« spéciale, mais en dehors de cette limite, ils n'avaient
« aucun des droits que conférerait l'état de guerre[1]. »

Les neutres avaient admis, sans protestation, le
blocus ainsi déclaré et ainsi réglé. « On nous a de-
« mandé, disait M. Jules Ferry le 6 novembre à la
« commission des crédits du Tonkin, si le blocus de
« Formose équivalait à une déclaration de guerre
« obligeant l'Angleterre à une déclaration de neutra-
« lité. J'ai répondu que c'était un blocus pacifique,
« que ce genre de blocus avait été reconnu par tous
« les pays, qu'il en avait été fait usage, notamment

---

1. Instructions de l'amiral, 22 novembre.

« sur les côtes de la Grèce en 1827[1] par l'Angleterre,
« la France et la Russie, que ce blocus avait duré
« plusieurs années et que la flotte turque avait été
« détruite à Navarin sans que la guerre eût été dé-
« clarée. Nous n'exercerons pas le droit de visite et
« de capture en haute mer, mais nous avons le droit
« de fermer hermétiquement l'accès des ports blo-
« qués en coulant bas tout navire qui tenterait de
« passer malgré notre défense.... L'état actuel, ajou-
« tait-il, présente des avantages certains, il nous
« permet de reprendre des négociations quand nous
« voudrons[2].... Il nous permet, vis-à-vis des Chinois,
« toutes les mesures de guerre. Nous pourrions saisir
« les navires de commerce chinois, nous substituer
« sur les points occupés aux autorités chinoises. »

En définitive, le blocus *pacifique* de Formose ne

---

1. Bien des blocus ont été tenus sans déclaration officielle de guerre :
De 1827 à 1830, la France bloque les côtes d'Alger.
En 1831, la flotte française envoyée sur les côtes de Portugal bloque plu-
sieurs ports, capture un grand nombre de navires, franchit de vive force
l'entrée du Tage et menace d'enlever Lisbonne.
En 1833, la France et l'Angleterre bloquent les Pays-Bas.
En 1838, la France bloque les ports du Mexique et prend Saint-Jean-
d'Ulloa.
En 1838, la France bloque les ports de la République Argentine.
En 1840, l'Angleterre bloque les ports du royaume de Naples, s'empare
de la flotte du roi de Naples et de nombreux navires marchands.
En 1850, l'Angleterre bloque la côte de Grèce.
En 1860, l'Espagne bloque les ports du Mexique.
En 1860, le Piémont bloque Gaëte, où le roi de Naples est assiégé.
En 1862, l'Angleterre bloque Rio-Janeiro.
2. Notre agent diplomatique à Pékin avait quitté sa légation le 23 août,
mais M. Patenôtre restait à Sanghaï et M. Ristelhueber, consul à Tien-Sin,
y était conservé comme résident. La Chine avait demandé à l'Angleterre
ses bons offices pour les communications qu'elle pouvait avoir à nous
adresser.

se différenciait de tout autre blocus de *belligérants*
que par un seul point — capital, il est vrai : la concession que nous faisions aux neutres de ne pas exercer
en haute mer la visite de leurs navires. Cette concession n'était pas purement gratuite. Elle nous valait
en retour le bénéfice très appréciable et très réel de
ne pas voir l'Angleterre proclamer la neutralité de
Hong-Kong. Le 26 novembre, en effet, le Gouvernement britannique reconnaissait notre procédé et indiquait avec précision son attitude en l'état de notre
conflit avec la Chine. « Le Gouvernement de Sa
« Majesté considérait qu'il existait entre la France
« et la Chine un état de guerre *de facto* et *de jure*.
« Toutefois, il voulait tenir compte de ce fait que
« le Gouvernement français, en vue d'atténuer les
« conséquences de la guerre en ce qui concerne les
« vaisseaux neutres, déclarait qu'il ne se proposait
« pas d'exercer le droit de visite ou de capture sur
« les vaisseaux neutres en pleine mer, droit qui lui
« appartient, afin de prévenir le transport de la con-
« trebande de guerre à destination de la Chine. Dans
« cet état de choses, le Gouvernement anglais ne
« voulant pas aggraver la situation, déclarait de son
« côté que tant que les hostilités seraient limitées à
« certaines localités et qu'on n'entraverait pas les
« vaisseaux neutres en pleine mer, il s'abstiendrait
« d'émettre une proclamation de neutralité dans les
« formes ordinaires, et d'exercer strictement les

« droits de neutralité vis-à-vis des navires belligé-
« rants dans les ports britanniques, et qu'il se bor-
« nerait à la mise en vigueur du *Foreign Enlistment*
« *Act* [1]. »

Mais le ministère se leurrait d'un faux espoir
quand il prévoyait la saisie des navires de commerce
chinois autres que les jonques, car la seule compagnie chinoise de navigation à vapeur, la *China
Merchant*, avait été vendue dans les premiers jours
du mois d'août à la Compagnie américaine *Russell*,
pour la somme de 5 millions un quart de taëls, soit
une quarantaine de millions de francs. C'était probablement une vente fictive; mais il n'en demeurait pas moins acquis que tous les navires de la
China Merchant naviguaient depuis lors sous pavillon américain [2]. Dans ces conditions, le rôle unique dévolu aux bloqueurs de Formose devait donc
être d'empêcher les navires neutres de débarquer

---

1. Livre jaune. Note du 26 novembre de lord Granville.

2. Extrait d'une correspondance de Chine datée du mois d'août 1885 :

« Un autre épisode intéressant est la rétrocession aux anciens proprié-
« taires des navires de la compagnie de vapeurs chinois (*China Merchants
« Steam Navigation Co.*), à partir du 1er août. Vous vous rappelez que, pendant
« la guerre, ces navires furent vendus *pro forma* à une maison américaine
« de notre ville, afin que les Français ne pussent pas s'en emparer. Les
« Chinois reprochèrent alors beaucoup cette transaction à Li-Hung-Chang;
« ils allaient jusqu'à insinuer qu'il en avait tiré de gros bénéfices.

« La vérité est que, par une manœuvre habile, il a sauvé, pour son pays,
« toute cette flotte marchande au moment des hostilités. Il est vrai qu'on a
« su plus tard que la transaction n'avait pas de valeur réelle, les lois amé-
« ricaines ne permettant à aucun navire de porter le drapeau américain
« dans les circonstances pareilles; par conséquent, les États-Unis n'auraient
« pas protégé ces navires en cas d'attaque. »

dans cette île, comme ils le faisaient depuis plusieurs mois, en toute sécurité, troupes, armes et munitions.

Dès le lendemain de la malheureuse affaire de Tamsui, le commandant en chef avait envoyé le *d'Estaing* devant Taï-wan où les forts l'avaient salué au passage de quelques obus assez bien envoyés malgré la distance de plusieurs milles. Le blocus existait donc de fait à Taï-wan, à Tamsui et à Kelung lors de la déclaration officielle du 20 octobre ; à Tamsui se trouvaient le *La Galissonnière*, le *Duguay-Trouin*, le *Château-Renaud* ; à Kelung étaient le *Bayard*, le *Lutin*, l'*Aspic* et la *Nive*. L'*Atalante* restait toujours à Matsou pour assurer les communications télégraphiques avec la station de Sharp-peak, tandis que le *Volta* et le *Lynx* allaient et venaient entre Matsou et Kelung pour le service des dépêches de l'amiral. Quant à la *Triomphante*, elle avait été envoyée le 14 octobre à Saïgon pour y changer un canon de 24 qui avait éclaté le 8 en tirant sur les forts de Tamsui.

Vers la même époque, l'escadre de l'Extrême-Orient avait été renforcée par trois croiseurs : *Rigault-de-Genouilly*, commandé par M. Richard ; *Nielly*, commandé par M. le capitaine de vaisseau des Essarts ; *Champlain*, commandé par M. le capitaine de frégate Martial. En outre, le *Villars* était revenu du Tonkin où le *Parseval* l'avait relevé. L'amiral avait pu ainsi, grâce à l'arrivée de ces navires, diviser le blocus en deux zones, la zone nord et la zone sud. Chacune d'elles était dirigée par l'officier le plus élevé en grade ou le plus ancien qui s'y trouvait.

Dès lors commença, pour durer de longs mois, un perpétuel va-et-vient des navires, sur tous les points, pour les missions les plus diverses. Le détail de leurs incessants mouvements ne pourrait être donné qu'en transcrivant le journal de bord des bâtiments qui ont participé à cette croisière. Encore ce journal ne contiendrait-il que la simple mention des événements et devrait-on, en outre, se représenter par la pensée les difficultés sans nombre qu'il fallait vaincre chaque jour, même au mouillage : la pluie, la brume, la mer énorme, les coups de vent continuels.

A Kelung, les navires étaient en perdition un jour sur deux, et les officiers anglais de Hong-Kong qui connaissaient les dangers de ces parages, engageaient des paris sur la perte des navires français. On n'entendait parler que de chaînes cassées et d'ancres perdues. Il fallait que l'hélice fût constamment prête à tourner et, ce qui est plus difficile, qu'elle pût partir à la seconde : sinon, une catastrophe était imminente. A ce métier, les machines et les chaudières surtout fatiguaient énormément : au mouillage, suivant la force de la brise et de la houle, les navires conservaient sous pression la totalité ou une partie des chaudières. On balançait et purgeait la machine toutes les dix minutes. Les mécaniciens se surmenaient. La moitié du personnel demeurait toujours aux postes de manœuvre, l'autre moitié restait prête à lui donner la main au premier signal.

Le 14 octobre, quand la mousson s'établit, elle débuta par un coup de vent soudain et violent : à Kelung, le *Bayard* brisa trois chaînes[1] ; à Tamsui, la *Triomphante* chassa et manqua de tomber sur le *Duguay-Trouin*. Le lendemain, tous les navires furent obligés de dérader. Un jour, pendant un appareillage, un cabestan se souleva dans un coup de tangage, tua un homme et en blessa plusieurs autres. Une autre fois, un bâtiment arrivant à Kelung mouilla son ancre, la chaîne cassa ; une seconde ancre, sa chaîne cassa encore. Il lui restait bien ses deux ancres de veille, mais elles n'étaient pas jalées. Il sortit donc aussitôt pour aller au large mettre en état ses deux dernières ancres. A peine fut-il dehors, que la mer enleva ses embarcations disposées déjà pour la rade.

Les difficultés se décuplaient pendant les traver-

---

1. Le détail des tribulations du *Bayard* pendant cette journée est curieux à connaître. Le voici : A 1 heure de l'après-midi, il mouille, en plomb de sonde, sa deuxième ancre de bossoir, celle de tribord. A 5 heures et demie, en voulant filer de la chaîne à bâbord, le palan d'étrangloir casse, la chaîne file par le bout. On appareille et on mouille l'ancre de bossoir de tribord en filant trois maillons. A 7 heures, la chaîne de cette ancre se casse. On mouille l'ancre de veille de bâbord, puis l'ancre de veille de tribord. A 8 heures, il faut relever celle-ci pour s'écarter d'un rocher. Le lendemain, en changeant de mouillage, un coup de tangage casse la chaîne de veille de tribord. Il ne reste plus que la chaîne de veille de bâbord. Elle résiste ! Mais le cabestan a été brisé dans toutes les secousses qu'il a eu à subir. Pour donner une idée de la mer énorme qui s'engouffrait dans la baie, il suffira de dire qu'une des baleinières du cuirassé avait été enlevée sur ses porte-manteaux par la mer dans un coup de roulis.

sées qui, en raison de l'urgence des missions, se faisaient coûte que coûte, à grande vitesse, à travers les plus grosses mers de la mousson. Si un navire allait de Tamsui à Taï-wan, ce voyage, si simple en apparence, pouvait se transformer en une odyssée dans le genre de celle-ci : dès le départ, coup de vent violent qui obligeait à mettre à la cape ; le lendemain, la côte de Chine était reconnue et le croiseur se trouvait contraint d'y chercher un abri. Le vent diminuant, il faisait route sur Formose. Il l'atteignait à grand'peine et y mouillait. Second coup de vent. Il était obligé de dérader : en appareillant, il cassait une chaîne. Il s'en allait alors aux Pescadores pour attendre la fin de la bourrasque. Une seconde chaîne se cassait à ce nouveau mouillage. On avait raison d'appeler la côte de Formose le tombeau des ancres. Chaque grand transport laissait une des siennes à l'escadre, et de plus on était obligé d'en expédier directement de France à presque tous les navires.

A ces rigueurs de la croisière, s'en ajoutaient d'autres : les vivres frais manquaient et les conserves constituaient la base de la nourriture. Ce régime ne pouvait convenir, on le comprend facilement, à des équipages déjà fatigués par les premiers mois de la campagne et qui trouvaient là un climat humide, rendu plus malsain encore par le voisinage d'une île où la dysenterie était endémique, où la fièvre faisait de cruels ravages.

Cette existence mouvementée et féconde en péri-péties dura pendant toute la mousson du nord-est, c'est-à-dire pendant près de six mois, ne laissant que de bien rares et bien courts moments de répit. On en était arrivé à considérer comme des élus du ciel, les favorisés qui allaient de temps en temps à Hong-Kong pour ravitailler leur navire en vivres ou en charbon. Ils avaient la bonne fortune de passer quel-ques heures sur une rade tranquille et l'avantage inappréciable de se retremper dans un milieu euro-péen et civilisé. Aussi de quelles commissions on les accablait! Provisions de table, vêtements, chaussures, papier, allumettes, on manquait de tout et on avait besoin de tout. La seule satisfaction donnée à l'es-cadre pendant cette dure croisière était l'arrivée très régulière des courriers d'Europe. Oh! ces courriers de France! avec quelle impatience on les attendait. Eux seuls pouvaient changer le cours des idées en parlant de la patrie absente ou du foyer abandonné et faisaient oublier pour quelques heures les misères et les privations de chaque jour. A la demande de l'amiral, les paquebots ordinaires des Messageries maritimes, qui vont de Hong-Kong au Japon, tou-chaient à Kelung et, ainsi, les correspondances par-venaient facilement aux bloqueurs de Formose. Les Messageries avaient cessé depuis le mois de septem-bre de desservir Shanghaï où leurs navires de la grande ligne n'auraient plus été en sécurité. Ceux-ci s'arrêtaient à Hong-Kong : la compagnie affrétait alors des steamers anglais et, par eux, faisait suivre sur Shanghaï passagers, correspondances et marchandises.

Si l'on veut bien, en pensant à ce long stationnement sur la côte de Formose, ne perdre de vue ni les difficultés d'une navigation périlleuse, ni les rigueurs d'une saison inclémente, ni les privations d'une campagne de guerre, on se persuadera aisément que dans les intervalles qui séparaient les brillants faits d'armes de Fou-Chéou, de Sheï-poo, des Pescadores, il y avait pour l'escadre de l'Extrême-Orient une vie singulièrement rude et ingrate. Elle a parfois été à l'honneur, elle a été longtemps à la peine.

Le blocus fut inauguré par une jolie capture. Le 30 octobre, le *La Galissonnière*, en route vers le sud, rencontra une canonnière chinoise qui lui signala par le Code commercial « Bâtiment de la douane ». On le visita ; c'était effectivement le *Feï-ho*, bâtiment portant pavillon chinois, commandé par un Anglais et relevant du commissariat des douanes impériales qui l'employait[1] au service des phares. Le capitaine assurant qu'il allait ravitailler le phare de la pointe sud, l'amiral Lespès lui permit de continuer sa route, puisqu'après tout ce phare nous était fort utile à nous-mêmes. Mais il obligea le commandant à donner sa parole d'honneur de ne communiquer avec aucun

---

1. Avec deux autres canonnières nommées *Ling-Feng* et *Kwa-Seng*.

autre point et de ne mettre à terre ni contrebande de guerre, ni soldats. Le capitaine enhardi demanda, mais se vit refuser, un laissez-passer lui permettant d'échapper à la visite de nos croiseurs. Cette mesure de défiance était utile, car le 1er novembre, vers cinq heures du soir, le *La Galissonnière* l'aperçut se dirigeant, non vers le phare, mais bien sur Taï-wan. Il lui signala de venir se faire reconnaître et lui tira même un coup de canon à boulet, sans réussir toutefois à lui faire changer de route. L'amiral fit alors garder soigneusement l'entrée de Taï-wan par le *Lutin*, le *Villars* et le *d'Estaing*, et quand le lendemain, de grand matin, le *Feï-ho* quitta le port, il fut arrêté net. L'amiral Lespès informa le capitaine qu'il capturait son navire pour avoir forcé le blocus. Un lieutenant de vaisseau du *La Galissonnière*, M. Vuillaume, fut désigné pour le commander ; il alla en prendre possession avec quelques hommes et le conduisit à Kelung, à la disposition du commandant en chef qui s'empressa de le garder et de l'utiliser pour les besoins de son escadre [1].

Le mois de novembre se passa sans événement notable. Le 13, la *Triomphante* reçut l'ordre d'aller en croisière entre Tamsui et Taï-wan. Un point avait été signalé comme pouvant servir de débarquement à

---

1. L'équipage fut laissé à bord du *Feï-ho*. Le capitaine et les quatre officiers furent détenus à bord des différents navires.

des troupes chinoises parties de Shanghaï avec du matériel d'artillerie, sur le steamer anglais *Waver-ley*. Un violent coup de vent qui éclata du 13 au 18 permit au navire anglais d'échapper à la poursuite de la *Triomphante* et de s'acheminer tranquillement, non pas sur Formose, mais le long de la côte jusqu'à Pakhoï, où, selon les journaux de Hong-Kong, il débarqua facilement le matériel et les troupes dont il était porteur. Le 15, le *Rigault-de-Genouilly* perdit treize hommes par suite de l'explosion d'une chaudière.

A Kelung, un engagement avait eu lieu, à terre, les 13 et 14 novembre, sans grand résultat apparent, malgré la mise en fuite des Chinois. Nous nous étions un peu avancés et les deux camps ennemis n'étaient plus qu'à 500 mètres l'un de l'autre. Depuis lors, la fusillade s'échangeait entre eux journellement.

Le voisinage de l'ennemi n'était pas cependant la plus grave des préoccupations du commandant en chef. L'état sanitaire devenait détestable. Il restait à peine mille hommes valides sur les seize cents qui avaient été débarqués le 1ᵉʳ octobre. L'hôpital installé dans les bâtiments de la douane contenait, vers la fin de novembre, près de 350 malades. Les autres étaient morts ou rapatriés. « En deux mois, écrivait l'amiral, nous comptons un vingtième de morts, autant de renvoyés en convalescence, et en plus, bien des malades ou des exempts de service. Bref, il nous

reste les deux tiers à peine de l'effectif primitif capable de porter les armes. » De quoi mourait-on ? De
bien des choses, mais surtout d'un mal que, par un
euphémisme discret, les médecins voulaient bien
appeler « accès algide » et que les hommes nom-
maient *la maladie*, comme si le mot, choléra, eût été
trop effrayant à prononcer ou à entendre.

Toutefois, la sollicitude de l'amiral était si constante et si vive que le découragement ne s'emparait
de personne. Chaque jour, malgré la pluie, malgré
le vent, malgré la mer, malgré ses écrasantes occupations, il quittait le *Bayard* pour aller faire sa tournée aux ambulances ; avec un mot il redonnait confiance à ces pauvres gens, victimes de la fièvre ou
de la dysenterie, et il se faisait un devoir de suivre
jusqu'au cimetière le convoi de chaque officier mort
à la peine. Il envoyait, de temps en temps, à terre la
musique de son navire pour distraire un peu les malades et les convalescents. Aussi, malgré tout, le
moral des troupes, comme celui des marins, se maintenait excellent. Les attentions que le chef prodiguait
à tous en étaient seules la cause. On l'a dit excellem-
ment et il faut le répéter encore : « Ces milliers
« d'hommes qui se battaient ici avaient remis chacun
« sa propre existence entre les mains de ce chef,
« trouvant tout naturel qu'il en disposât, quand il
« en avait besoin. Il était exigeant comme personne ;
« cependant contre lui on ne murmurait jamais, ni

« ses soldats, ni ses matelots, ni même toute cette
« troupe étrange de « zéphyrs », d'Arabes, d'Anna-
« mites qu'il commandait aussi [1]. » Bien plus, la foi
dans le succès final demeurait inébranlable.

A Tamsui, la situation n'avait pas changé. Les
Chinois accumulaient défenses sur défenses autour
de la ville et à l'entrée de la rivière, mais pas un
coup de canon n'était tiré de part et d'autre. Nos bâtiments se bornaient à garder le blocus, voire même
à faire des amabilités à ce pauvre aviso anglais, le
Cockshafer, qui n'avait pas bougé de son mouillage
et qui ne pouvait en bouger.

A la fin de ce mois de novembre, l'escadre avait
été renforcée par un nouveau croiseur, l'*Éclaireur*,
distrait de la station du Pacifique et commandé par
M. le capitaine de frégate Léopold Fournier. Quelques jours avant, M. Le Pontois, second du *Villars*,
avait succédé dans le commandement du *Château-
Renaud* à M. Boulineau, nommé capitaine de vaisseau ; celui-ci avait remplacé sur le *Duguay-Trouin*
M. de Pagnac, promu contre-amiral. Au même moment était arrivée la liste des décorations décernées
à la suite des combats de la rivière Min. MM. Baux
et Vivielle étaient faits commandeurs. Les capitaines
de frégate Martin, Sango et Monin devenaient officiers. Enfin, étaient nommés chevaliers les lieute-

---

1. Julien Viaud. *Revue des Deux-Mondes,* 15 août 1885.

nants de vaisseau Douzans, Latour, Chevalier, Pichon, Merlin, Duboc, Thoret, Joulia, Boyer, Loir et l'enseigne Robaglia.

Le mois de décembre débuta par un coup de vent des plus violents qui dura quarante-huit heures. Les navires en croisière eurent tous à en souffrir plus ou moins, et, à la suite de cette bourrasque, des torrents d'eau tombèrent sans discontinuer. Le 11, une sortie eut lieu à Kelung ; on délogea les Chinois d'une de leurs positions. Mais, faute de monde, tout se borna à cette seule démonstration.

Il circulait alors dans l'escadre une nouvelle, sinon alarmante, du moins grave. D'après le dire des journaux anglais imprimés à Shanghaï ou à Hong-Kong, les fameux croiseurs rapides ennemis venaient de quitter leurs retraites de Nangkin et du Petchi-li pour une destination inconnue[1]. Les navires français reçurent en conséquence l'ordre de prendre toutes les dispositions de combat en vue d'une attaque soudaine, et l'amiral se décida à supprimer momentanément le blocus de la zone sud. « La possibilité d'une attaque « prochaine dirigée contre nous par des croiseurs chi- « nois m'oblige à concentrer le plus possible nos forces « navales sur les deux points principaux, Tamsui et « Kelung…. Il n'y a donc plus en ce moment aucun

---

1. On sut plus tard que ces navires étaient allés faire une apparition en Corée à cause du différend pendant entre le Japon et la cour de Seoul.

« croiseur à la zone sud du blocus[1]. » Pour la même raison, la station de Matsou était supprimée. L'*Atalante* qui l'avait constamment tenue, venait à Kelung pour se rendre ensuite à Tamsui (27 décembre). Peu à peu, les navires disséminés de côté et d'autre se ralliaient à proximité de l'amiral. Il était sage et prudent, assurément, de grouper les navires en vue d'une offensive ennemie. Mais celle-ci se produirait-elle ? On pouvait en douter. En faisant annoncer leur départ à grand fracas, les marins chinois, coutumiers de fanfaronnade et de jactance, ne voulaient-ils pas simplement se donner, aux yeux de leurs compatriotes, des allures de conquérants ? Il était facile de prévoir déjà qu'ils se garderaient bien de venir nous inquiéter à Formose.

Ce mouvement de la flotte chinoise obligeait pourtant l'amiral à ordonner une véritable expédition chaque fois qu'il voulait envoyer un télégramme à la station de Sharp-peak. Deux grands croiseurs escortaient la canonnière chargée d'aller communiquer avec le poste télégraphique. Aussi l'amiral, devant de semblables difficultés, décida qu'à l'avenir toutes ses dépêches se transmettraient par Hong-Kong.

Le 1er janvier commençait le quatrième mois de l'occupation de Kelung et du blocus tenu sur la côte de Formose. Pendant ce long espace de temps un

---

1. Dépêche de l'amiral au commandant de la *Triomphante* (16 décembre).

changement quelconque s'était-il manifesté dans les
dispositions de la Chine ? Non ; la prise du *gage*
semblait la laisser indifférente. L'amiral Courbet
avait pressenti ce résultat : « Je ne vois pas encore
clairement l'utilité de l'occupation de Kelung pour
la conclusion du différend », avait-il écrit dès le mois
d'octobre. Les mois suivants n'avaient pas dû modifier son opinion. Le corps de débarquement, malgré
ses efforts, se trouvait dans une situation peu avanta-
geuse et même peu rassurante pour l'avenir. Il n'occupait toujours que la première ligne des hauteurs
environnant la rade, et ne disposait pas de forces
suffisantes pour étendre ses positions. Celles-ci, complètement dominées par les positions ennemies, n'auraient pas été tenables si les Chinois avaient réussi à
garnir leurs ouvrages de batteries de canons. Heureusement, leur fusillade seule était à redouter et elle
ne causait dans nos lignes que des pertes minimes.

Tandis que nos troupes étaient exposées ainsi au
feu des ennemis établis derrière elles sur les crêtes
immédiatement voisines, elles n'avaient en même
temps devant elles, du côté de la mer, aucune sécurité. La ville et les villages que nous n'avions pu
occuper faute de monde, et qui restaient livrés à une
population chinoise très hostile, les séparaient, en effet,
de la rade et de la flotte. Nos soldats se trouvaient
donc dans l'impossibilité de sortir de leurs cantonnements où ils demeuraient, **pour ainsi dire, bloqués.**

Le commandant en chef s'était, en conséquence, décidé à *donner de l'air* dans la ville en en faisant
brûler ou démolir une partie. La destruction de ma-
sures qui servaient de repaires à toute une agglomé-
ration de bandits, et qui auraient pu, le cas échéant,
abriter des troupes ennemies, ramena un peu de
tranquillité dans nos lignes. Mais, comme on le sait,
l'existence précaire du corps d'occupation provenait
surtout de son insuffisance numérique. La venue de
renforts sérieux pouvait seule améliorer sa situation.
Aussi attendait-on avec impatience les deux mille
hommes qui avaient quitté la France en décembre
sur plusieurs paquebots que le *Villars,* le *Duguay-
Trouin* et le *Nielly* étaient allés attendre à Singapour
et qu'ils devaient escorter jusqu'à Formose.

Malgré ces désavantages évidents, l'amiral avait
pris toutes les dispositions pour faire de la baie de
Kelung un centre général de ravitaillement. Le transport *le Tonkin* amenait un certain nombre de médecins
et de commissaires de la marine pour organiser les
divers services d'ambulances, de vivres et d'approvisionnements. Un enseigne de vaisseau du *Château-
Renaud,* M. Guédon, avait été chargé de la direction
du port : deux chaloupes à vapeur, le *Georges* et le
Kowlown, achetées à Hong-Kong dès le mois de septembre, étaient mises à sa disposition, ainsi que deux
canots à vapeur et une série de jonques capturées
transformées en chalands. Un dépôt de charbon était

établi sur l'île Palm, à l'entrée de la rade ; il avait été alimenté par des steamers venus de Hong-Kong et contenait une réserve minima de deux mille tonneaux. Un appontement y donnait accès. Dans son voisinage, se trouvaient une douzaine de baraques servant de hangars et un parc aux ancres avec bigues. Devant Kelung on avait installé deux appontements pour les embarcations. Deux appareils distillatoires y fournissaient de l'eau potable et des fours produisaient le pain nécessaire.

Un entrepreneur anglais était arrivé avec un énorme matériel de construction, dans le but d'édifier pour le personnel de véritables maisons en pierres et briques où l'on trouverait un peu plus de bien-être — et probablement de santé — que dans les affreux taudis chinois dont il avait fallu se contenter tout d'abord. Un négociant français, chef d'une maison de commission à Hong-Kong, était venu, également, s'établir à Kelung avec une cargaison de comestibles et de denrées de toutes sortes. Mais ses prix excessifs le privaient d'une clientèle qui aurait pu être nombreuse, et qui se refusait, naturellement, à payer 50 centimes une boîte d'allumettes. Toutes les subsistances devaient venir de l'extérieur. Il n'y avait rien à trouver dans la ville. Les quelques rares habitants qui y étaient restés ne possédaient rien ou presque rien. En quelques jours leurs ressources avaient été épuisées. S'ils n'avaient consulté que leurs

instincts ou leurs propres désirs, peut-être auraient-
ils été satisfaits de venir en aide à nos besoins. Mais
la peur des mandarins et des chefs militaires les
avait vite éloignés de nous et, depuis longtemps, ils
n'offraient aucun vivre. Bien plus, excités contre
les Français, ils n'avaient pas tardé à devenir les
auxiliaires des atrocités qui se commettaient sans
cesse et pour lesquelles leur bassesse et leur perfidie
natives trouvaient matière à se déployer. Un jour,
entre autres, l'ordonnance d'un chef de bataillon
achetait un poulet. Le Chinois lui fit signe qu'il
en avait d'autres et l'entraîna vers sa basse-cour.
L'ordonnance ne reparut plus. Sa tête fut portée au
général, qui versa entre les mains de l'assassin la
prime promise [1].

Cette mise à prix des têtes françaises donna lieu
à des horreurs sans nom. Les Chinois allaient, pendant la nuit, violer les tombes fraîches pour déterrer
les morts et leur couper la tête. Il fallut organiser, sous
la tente, un poste chargé de garder notre cimetière.
Cette profanation de la mort exaspérait, à un haut
degré, les soldats et quelques-uns méditèrent une
vengeance bien légitime. Ils firent un enterrement
simulé. Dans le cercueil, des artilleurs mirent deux
obus dont les fusées, par une disposition quelconque, devaient prendre feu au moment de l'ouverture

---

1. Cette prime était de 50 taëls (soit 350 fr.) pour chaque tête de soldat
français.

du couvercle. Les coupeurs de têtes furent aperçus, dans la nuit suivante, rôdant près de la tombe. Le poste les laissa accomplir leur lugubre besogne. Malheureusement les obus n'éclatèrent pas. Mais les sinistres travailleurs de nuit n'en furent pas moins fusillés sur place.

Nos farouches et cruels ennemis toujours alléchés par la prime payée à chaque assassinat de Français, mettaient tout en œuvre pour faire tomber les nôtres dans des guets-apens. Les prostituées étaient, elles aussi, chargées d'attirer de pauvres soldats sans défiance dans quelque maison borgne, où ils étaient massacrés. Certain jour, trois d'entre elles furent trouvées errantes dans la ville, provoquant et appelant les troupiers. Elles furent empoignées : une visite médicale les reconnut abominablement malades et empoisonnées jusqu'à la moelle. On les fusilla sans pitié. C'était, au reste, le sort infailliblement réservé à tous les Célestiaux égarés dans notre voisinage et simplement suspects. Il ne fallut rien moins que cette justice sommaire — et fréquemment renouvelée — pour empêcher les meurtres qui, dans les premiers temps de l'occupation, étaient commis au milieu même de nos avant-postes.

Dans de semblables conditions, la relâche de Kelung — la seule possible pour les croiseurs qui tenaient le blocus de Formose — n'offrait à ces navires aucune compensation aux rigueurs de leur dure

navigation. On tanguait et roulait au mouillage autant ou plus qu'en pleine mer; il y ventait sans cesse
avec violence; on n'y trouvait aucun vivre frais et il
était impossible, ou du moins fort dangereux, d'aller
faire une promenade à terre pour rompre la monotonie du bord, puisqu'une balle chinoise était le
moindre danger auquel on s'exposait.

La levée du blocus de la zone sud et la concentration de tous les navires dans la zone nord, décidées
au bruit de la sortie des croiseurs chinois, avaient
eu pour conséquence de laisser arriver à Formose
de nouveaux et nombreux contingents qui venaient
grossir l'effectif des troupes ennemies. Aussi, bien que
l'escadre chinoise ne fût pas encore rentrée dans ses
ports d'abri, l'amiral se décida néanmoins dès les premiers jours de janvier à renvoyer du côté de Taï-wan
la *Triomphante,* le *d'Estaing* et le *Champlain.* Du 5
au 20 janvier ces trois navires exécutèrent successivement ou simultanément une série d'allées et venues
entre Taï-wan, Takao et les Pescadores; cette reprise
de croisière eut comme résultat, une trentaine de
jonques capturées et détruites au fulmi-coton, 200
prisonniers répartis sur les trois bâtiments et des
cargaisons de plus ou moins grande valeur.

Les prisonniers que les bloqueurs faisaient sur
les jonques capturées étaient, depuis le début de
l'occupation, envoyés à Kelung où on les employait
soit à des travaux de terrassement et de construction,

soit au transport du matériel et des vivres, des quais
de débarquement aux magasins à terre. Véritables
bêtes de somme, ils suppléaient à l'insuffisance
des bras et à l'absence des mulets arrivés plus tard.
Dans un pays accidenté, accessible seulement par
des sentiers boueux et détrempés par une pluie
continuelle, ils étaient d'un grand secours et rendaient de réels services. Leur présence avait le seul
inconvénient de nécessiter, pour leur garde, l'im-
mobilisation de détachements distraits ainsi du service de la défense. Avec le temps, leur nombre allait
s'accroissant de jour en jour ; c'était un flot qui mon-
tait sans cesse, menaçant même notre propre sécurité.
Aussi, vers la fin de janvier, l'amiral résolut de se
défaire de ces hôtes embarrassants. « Les prisonniers
« que vous ferez ne seront plus envoyés à Kelung.
« Vous voudrez bien les mettre désormais sur le bâ-
« timent qui ira à Hong-Kong. Celui-ci devra les
« déposer soit dans les jonques aux approches de ce
« port, soit sur l'une des nombreuses îles habitées qui
« se trouvent aux environs. » (Instructions au commandant de la *Triomphante*, 24 janvier.) Cette mesure
agréait fort aux navires en croisière encombrés, eux
aussi, de ces Fils du Ciel, personnages sales et peu
sympathiques, que devait sans cesse surveiller une
légion de fusiliers armés jusqu'aux dents.

La capture des jonques aurait pu être la source
d'un sérieux profit pour le Gouvernement français.

Leur nombre est incalculable. Sur toute la côte de
Chine elles sont indispensables au transit, vu le peu
de moyens de communication terrestre, et la population côtière, qui vit d'elles et rien que d'elles, doit
se chiffrer par une centaine de millions d'âmes. En
pourchassant les jonques, en organisant pour les saisir
des promenades de croiseurs le long du littoral, on
aurait certainement mis la main sur des richesses
considérables, et on aurait agi puissamment sur les
décisions de la cour de Pékin. En limitant même la
chasse des jonques au seul canal de Formose, il est
permis de penser que cette chasse eût encore rap-
porté de très gros bénéfices, si nous avions pu tenir
nos prises, sous bonne garde, dans un port voisin, au
lieu de les détruire ou de les couler. Le vaste et
tranquille port de Makung, aux îles Pescadores, eût
admirablement rempli cet office. Les trente jonques saisies pendant cette dernière croisière de
quinze jours dans la zone sud auraient, de la sorte,
valu au Gouvernement une somme de près de deux
millions. Mais, faute d'un port d'abri, la capture
des jonques était de peu de profit. Tout le chargement ne pouvant être emmagasiné à bord des
navires, la sélection s'opérait sur celles des marchandises qui étaient utilisables, le riz et le thé par
exemple, ou sur celles qui, comme l'opium, avaient
une grande valeur intrinsèque. Inutile de dire qu'on
s'emparait au profit du Trésor de tous les sacs de

piastres. Mais il est difficile de se faire une idée de
la quantité de chiffons, d'objets bizarres, de bouddhas,
de bois sculptés qui arrivaient à bord, apportés par
les hommes envoyés en corvée sur les jonques. Les
pantoufles chinoises, les vêtements brodés se comptaient par centaines, au grand désespoir des commissaires qui, en bonne administration, auraient
voulu cataloguer, classer, numéroter chaque objet
avec un soin scrupuleux.

Le 24 janvier, l'amiral écrivit au commandant
Baux : « Mon intention est que, tant que la guerre
« ne sera pas déclarée officiellement, les bâtiments
« de la zone sud aillent à tour de rôle compléter à
« Hong-Kong vivres, rechanges et combustibles. »
En vertu de ces instructions la *Triomphante* arriva
le 26 à Hong-Kong. Elle était à peine mouillée qu'un
officier du vaisseau anglais *Victor-Emmanuel* vint
lui signifier la déclaration de neutralité du port.
Une dépêche du cabinet de Londres avait été reçue
le 22 janvier, enjoignant d'appliquer immédiatement
aux navires français les prohibitions imposées à des
belligérants. Jusqu'alors, depuis le 3 septembre 1884,
le Gouvernement anglais s'était contenté de mettre
en vigueur le *Foreign Enlistment Act,* en ce qui
concernait l'équipement des navires. Dorénavant, il
allait être interdit aux bâtiments français de se réparer et de faire leur charbon à Hong-Kong. Pareille
interdiction était faite à Singapour. Voici, du reste,

l'*Act* que les gouverneurs de ces deux colonies avaient publié : « Attendu qu'aux termes de la sec-« tion X du *Foreign Enlistment Act* il est interdit aux « navires belligérants d'embarquer à Hong-Kong des « articles propres à aider aux opérations navales, « ceux-ci ne prendront que le charbon nécessaire « pour gagner le port le plus proche, et qui ne soit « le théâtre d'aucune hostilité ; cela, une fois en trois « mois pour chaque navire. Les réparations et le ra-« vitaillement strictement nécessaires pour gagner « ledit port s'effectueront sous la surveillance des « autorités locales[1]. »

Après bien des pourparlers on donna à la *Triom-phante* 200 tonneaux de charbon, quantité jugée nécessaire pour aller à Saïgon. On lui fournit les vivres dont elle avait besoin, même de l'argent, qui est pourtant réputé comme le nerf de la guerre.

Dès le 24, M. Jules Ferry écrivait à notre ambassadeur à Londres : « Nos croiseurs ne devant

---

1. Les commerçants anglais de Hong-Kong furent les premiers à souffrir de la mise en vigueur des prohibitions nouvelles. Pour assurer le ravitaillement en charbon de notre escadre, M. Le Deutu, commissaire adjoint du *La Galissonnière,* fut détaché en permanence à Hong-Kong pour la passation des marchés et l'envoi régulier d'approvisionnements. Sa mission dura jusque vers la fin du mois d'avril; elle fut très habilement remplie. Les fournisseurs anglais furent écartés le plus possible ; le charbon arrivait généralement à l'escadre sous pavillon allemand. Aussi les feuilles locales récriminèrent vivement et contre le Gouvernement de la colonie et contre celui de la métropole. Ces plaintes eurent leur effet et l'*Enlistment Act* tomba peu à peu en désuétude. Les Anglais s'évertuèrent même, dans la suite, à réparer par l'excellence de leurs procédés les embarras que les mesures de prohibition nous avaient suscités. Il nous était pourtant difficile d'oublier que ces mesures étaient fort exclusives et partiales, puisqu'elles ne pouvaient en aucune façon atteindre les Chinois.

« plus trouver dans les ports étrangers les facilités
« qu'ils y ont rencontrées jusqu'à présent, il n'y a
« plus de raison qu'ils s'abstiennent de soumettre
« les navires neutres à une exacte surveillance. Nous
« sommes décidés à avancer l'heure que nous au-
« rions choisie pour revendiquer le plein et entier
« exercice des droits reconnus aux belligérants par
« la loi internationale. »

Cette mesure, que le souci de ménager les neutres
avait retardée, était depuis longtemps réclamée. Il
était de notoriété publique que, malgré le blocus,
malgré nos fatigues, malgré nos peines, malgré notre
surveillance active et incessante, des renforts arrivaient toujours aux troupes de Formose. On estimait
à 30,000 l'effectif des soldats chinois à la fin de janvier. Ils n'étaient que 5,000 au mois de septembre.
Tous ces renforts avaient été amenés par des navires
neutres. Pour que le blocus fût hermétique, les navires
échelonnés le long de la côte auraient dû toujours être,
deux à deux, en vue l'un de l'autre. Mais pour arriver à ce résultat, il aurait fallu quadrupler le nombre des croiseurs placés sous les ordres de l'amiral.
Tels qu'ils étaient, ils ne pouvaient pas se rapprocher
davantage et les espaces qui les séparaient laissaient
sur la côte bien des points libres et facilement acces-
sibles. Du reste, notre présence était indiquée aux
forceurs de blocus par les insulaires eux-mêmes.
Suivant que nos croiseurs étaient un, deux ou trois,

ils allumaient sur le rivage un, deux ou trois feux visibles de la haute mer. Et si les croiseurs longeaient la côte, les feux se déplaçaient dans le même sens, indiquant ainsi que tel point était gardé et que tel autre ne l'était pas.

Le peu de largeur du canal de Formose, qui séparait la côte chinoise de l'île bloquée par nous, permettait aux vapeurs neutres d'opérer aisément leurs voyages de contrebande. Les Pescadores, situées au milieu de ce canal, facilitaient encore leurs opérations. Il eût été indispensable de les comprendre dans le blocus, ou mieux encore de les occuper de vive force. Les steamers anglais *Namoa*, *Ping-on*, *Douglas*, etc., y déposaient hommes, armes et munitions quand ils étaient avertis du voisinage de nos croiseurs. De là, des jonques transportaient en des points perdus de la côte de Formose, ce que les vapeurs venaient d'apporter. Le capitaine du navire *Activ* a raconté qu'il avait déposé à Makung 500,000 piastres qui étaient parvenues ensuite à Tamsui au général Liu-Ming-Chuang. Le *Ping-on* avait à plusieurs reprises conduit des troupes dans ces îles, et ce même *Activ* y avait débarqué les canons Armstrong destinés à armer les forts de Makung.

Vers la fin de janvier, tous les renforts étaient arrivés et le colonel Duchesne, venu du Tonkin depuis peu, avait pris le commandement du *Corps ex-*

péditionnaire de Formose, dont le colonel Berteaux-Levilain commandait le régiment de marche. Une sortie générale devenait possible. Son objectif était, comme toujours, d'élargir l'étendue de nos lignes dans la direction des fameux charbonnages. Une première série d'opérations, menées avec beaucoup d'entrain et terminées le 26 janvier, avait réussi. Le 1er février, on devait prendre les Chinois à revers et tourner leurs positions. Malheureusement la pluie se mit contre nous, elle favorisa l'ennemi et nous força d'interrompre notre attaque. C'était jouer de malheur : notre marche en avant, suspendue naguère par l'insuffisance des effectifs, était gênée maintenant par l'intempérie de la saison, par une pluie torrentielle qui tombait sans discontinuer.

Quoi qu'il en fût, un pas énorme avait été fait. Le succès de cette sortie, sans avoir été absolument complet, nous donnait du moins l'aisance des coudes. Nous avions rejeté les Chinois loin des hauteurs du deuxième plan et toute la vallée du canal des mines se trouvait enfin dégagée. Dès lors, tout changea d'aspect. L'éloignement de l'ennemi fit cesser une alerte qui durait depuis plusieurs mois ; la confiance revint avec la sécurité. En outre, le corps d'occupation se trouvant augmenté des 2,000 hommes récemment arrivés, le service devint pour chacun moins rigoureux. Il fut possible d'occuper complètement la ville ; les habitations encore debout furent nettoyées de fond en comble et aménagées avec soin. Les zéphyrs et les légionnaires qui y demeuraient mettaient une véritable coquetterie à orner leurs casernements. Tout y était fraîchement peint à la chaux et sur la devanture s'étalait le râtelier d'armes. Pour une raison de salubrité, on avait supprimé les rues étroites et sales; elles étaient remplacées par de vrais boulevards embellis de squares improvisés. Les quais ne manquaient plus d'animation. La musique y jouait le dimanche dans l'après-midi. C'était pour les officiers et pour les hommes une occasion de se voir et de se réunir. En même temps les habitants rassurés et n'étant plus intimidés par la crainte des mandarins, revenaient en grand nombre et nous offraient leurs services. Un marché était installé devant la maison Lapraik, un autre à l'île Palm : cuisiniers et maîtres d'hôtel venaient y faire leurs provisions. Les sampans circulaient sur rade sans défiance, ils apportaient des vivres, du poisson, des volailles, etc.... L'île Palm devenait un véritable parc avec avenues et bosquets où les chasseurs se donnaient rendez-vous et tuaient, ainsi que dans la vallée des mines, beaucoup de faisans et de gibier.

L'assainissement des locaux destinés aux troupes avait produit de suite les meilleurs effets. Le nombre des malades diminuait singulièrement. L'alimentation était aussi devenue bien meilleure. Le **paquebot venant du Japon apportait tous les quinze**

jours cent bœufs vivants et un chargement de pommes
de terre, choux, légumes et salades qui étaient répartis entre les équipages et les troupes. Peu à peu,
grâce à ces mesures d'hygiène et de prévoyance, la
situation du corps expéditionnaire était devenue très
satisfaisante. Le moral, très relevé à la suite des derniers succès, n'avait pas été étranger non plus à
l'amélioration de l'état sanitaire. Plus de fièvre, plus
d'*algide;* on ne mourait plus ! Ceux que le mal atteignait avaient des chances de guérison. A l'ambulance, toutes les gâteries imaginables étaient accordées : on y trouvait en abondance les douceurs
généreusement envoyées par l'*Union des Femmes de
France*, et même les sucreries prises à bord des jonques par les croiseurs; puis, une fois convalescent, on
avait la bonne chance d'aller sur un paquebot des
Messageries faire une tournée au Japon, dans ce
pays des rêves que chacun désirait tant connaître !
C'était à souhaiter de tomber malade.

Quant au blocus, il était toujours tenu avec la
même rigueur par les navires de l'escadre, sans que
l'ardeur se fût jamais ralentie. Cet entrain qu'aucune épreuve ne lassait, était soutenu par un très
haut sentiment du devoir et aussi par le grand
exemple que donnait à tous la vaillance de l'amiral.
Son activité toujours en éveil, sa ténacité, sa volonté
excitaient tous les courages. Peu enthousiaste de
l'occupation de Formose, il n'y dépensait pas moins

toute son énergie et toutes ses qualités ; il remplissait sans la moindre défaillance cette mission qu'on lui commandait et qu'il déconseillait pourtant. C'est que ce remarquable chef était, avant tout, un homme de devoir. On a jeté inconsidérément sa mémoire dans la mêlée des partis et on a fait de lui un homme de passion, alors qu'il était seulement et uniquement un *chef,* dans toute l'acception du mot, esclave de sa conscience de militaire et de marin. En répandant dans le public des confidences, — destinées, d'ailleurs, à rester intimes, — on a oublié que la vie du bord, faite des privations de l'exil et des rigueurs de l'isolement, donne à certaines appréciations des marins une nuance d'âpreté qu'on ne retrouve pas autre part et qui disparaît, du reste, après l'absence, avec les causes mêmes qui l'ont déterminée. On a, sans le vouloir, porté atteinte à la grande figure de l'amiral qui aurait dû planer au-dessus des luttes mesquines du vulgaire, comme la plus éclatante personnification du devoir et du patriotisme.

C'est parce que l'escadre se sentait commandée par un tel chef, qu'elle a su pendant les longs mois du blocus de Formose, lutter avec une inaltérable confiance et un stoïque courage. Dans cette tâche ingrate elle a fait preuve de plus de qualités, peut-être, que dans toute autre occasion. Pourtant qui s'en doutait ? En France, c'est à peine si l'on parlait d'elle. On l'avait presque oubliée. Ses souffrances, ses pri-

vations, ses dangers de chaque jour passaient ina-
perçus : tant il est vrai que les sympathies de l'opinion publique ne vont jamais qu'aux succès brillants
et flatteurs. « A part les familles de marins, qui
« donc, dans notre pays, empêchait-elle de dormir
« ou de s'amuser, cette pauvre glorieuse escadre de
« Formose ?..... »

XII

AFFAIRE DE SHEÏ-POO

(14-15 février.)

———

Pendant le séjour de la *Triomphante* à Hong-Kong du 26 au 31 janvier, le commandant Baux avait prévenu l'amiral que cinq croiseurs chinois venaient de quitter Shanghaï pour aller à Fou-chéou. La nouvelle en circulait depuis quelques jours et la presse d'Europe avait même enregistré ce bruit.

Les cinq bâtiments ennemis partis en guerre étaient une frégate en bois, un aviso, et les trois croiseurs *Nang-Tsau*, *Nang-Soué* et *Tin-Tschou* que la *Triomphante* avait tenus si longtemps à Shanghaï à portée de ses canons, au mois de juillet précédent. L'armement de la frégate *Yu-Yen* se composait de 12 canons de 12%, Krupp, 8 canons de 15, 1 canon de 21%. L'aviso *Tchen-King* portait 1 canon de 16 et 6 canons de 12%. La frégate avait 3,400 tonneaux de déplacement et l'aviso 1,200. Un personnel européen, embarqué sur chaque navire, comprenait un premier maître canonnier et six chefs de pièce,

tous Allemands. Les capitaines des trois croiseurs
étaient Allemands. Des Chinois commandaient la
frégate et l'aviso.

D'autres informations, semblables à celles qui,
en décembre, avaient déjà préoccupé le commandant
en chef, rapportaient que cette escadre avait l'intention de se présenter devant Formose pour nous
offrir le combat. Le plus simple était évidemment
de lui épargner la moitié de la route et d'aller au-
devant d'elle : c'est à quoi se décida l'amiral.

Il prit ses dispositions en un instant. Le 3 février,
il envoya le *Villars* à Taï-Wan pour donner l'ordre
à la *Triomphante* et au *Nielly* de venir le rejoindre
à Matsou où il devait se rendre avec le *Bayard*,
l'*Éclaireur*, l'*Aspic* et la *Saône*. Il laissa le blocus
de Formose aux soins de l'amiral Lespès : *La Galissonnière*, *Volta*, *Atalante*, *d'Estaing* à la zone nord,
Villars et *Champlain* à la zone sud, celle-ci dirigée
en sous-ordre par le commandant du *Villars*.

Le 6 février, les navires *Bayard*, *Éclaireur*,
Triomphante, *Nielly*, *Saône*, *Aspic* se trouvent au
rendez-vous. Dans l'après-midi arrive le *Duguay-
Trouin* par une brume intense qui le fait toucher,
sans grosses avaries toutefois, à la pointe des White-
Doggs.

Le soir même, le blocus de la rivière Min est réglé par l'ordre suivant :

« Le *Nielly*, l'*Éclaireur* et la *Saône* iront mouiller

demain matin à proximité de chacune des trois passes
d'entrée de la rivière Min : l'*Éclaireur* près du chenal
sud, le *Nielly* près de la bouée noire, et la *Saône* à
l'entrée du chenal de Woga. En cas de mauvais temps,
ne permettant pas aux navires de se maintenir aux
postes qui viennent d'être indiqués, l'*Éclaireur* irait
s'abriter aux White-Doggs, le *Nielly* viendrait à
Matsou, la *Saône* également. Dans le cas où quelque
navire de guerre chinois tenterait de sortir par l'une
des trois passes, le bâtiment qui se trouvera mouillé
devant cette passe en avertira l'amiral au moyen des
signaux suivants : de jour, 2 coups de canon tirés à
10 secondes d'intervalle ; de nuit, 1 fusée suivie de
2 coups de canon. A ce signal, les bâtiments mouillés à
Matsou appareilleront immédiatement et se dirigeront
sur le point d'où seront partis les coups de canon. »

Vers 10 heures du soir, un pilote américain qui
vient de sortir un bâtiment de commerce de la rivière Min, circule autour de l'escadre. On arrête
son embarcation et on le conduit à bord du *Bayard*.
Quels sont les renseignements qu'il donne ? Indique-
t-il où sont les croiseurs chinois ? Mystère. Toujours
est-il que le lendemain 7, à 10 heures, l'ordre est
donné aux navires de se tenir prêts à marcher, et
les capitaines sont appelés chez l'amiral.

Il n'est plus question du blocus du Min. A midi, on
appareille faisant route pour le Nord, à moyenne
vitesse, afin de ménager le charbon dont quelques

bâtiments pourraient manquer, si l'expédition devait durer longtemps. Tandis qu'on s'éloigne de Matsou, l'*Éclaireur* se rapproche de la côte et la fouille soigneusement. Vers 5 heures, peu après que l'escadre a mouillé au Sud du bassin Sam-Sah, à une quinzaine de lieues de la rivière Min, ce croiseur rallie, signalant qu'il n'a rien aperçu.

Le lendemain 8, à 6 heures, on part pour remonter au Nord. C'est au tour du *Nielly* d'aller en reconnaissance dans les baies et dans les criques pour essayer d'y dénicher l'ennemi. A 4 heures, l'amiral fait mouiller ses navires à l'entrée de la rivière Nam-Quam où ils passent la nuit, sans que le croiseur ait rien découvert. Le 9, le départ a lieu à 6 heures; l'*Éclaireur* visite la côte et la rivière Wenchau-fu. Rien, toujours rien. La nuit, on poursuit la route en réglant la vitesse à neuf nœuds. Le 10 au jour, on approche de l'entrée des Chusan, mais la *Saône* et l'*Aspic* manquent à l'appel. A 9 heures, l'ordre est donné, de prendre les dernières dispositions de combat, et de mettre la vitesse à dix nœuds. A 3 heures, la *Saône* et l'*Aspic* rallient le pavillon amiral à un rendez-vous fixé la veille, en cas de séparation fortuite. Mais pas le moindre croiseur chinois! On est désappointé et tout le monde se demande avec inquiétude si on ne sera pas obligé de renoncer à cette chasse contre un ennemi invisible et de retourner à Formose, à ce triste blocus, attendant patiemment que

les navires chinois viennent nous livrer bataille. Un
instant, on a cru que l'amiral allait courir vers la
passe Kintang et se montrer à l'entrée de la rivière
de Ning-po. Mais soudain, il est revenu sur ses pas,
renonçant à explorer plus profondément les chenaux
des Chusan. Quelle résolution va-t-il prendre? L'approvisionnement de charbon diminue; le *Duguay-
Trouin* n'a plus que 83 tonneaux. L'amiral se décide à se séparer de lui. A 5 heures du soir, il le
renvoie à Kelung, tandis qu'avec ses autres navires
il poursuit sa route vers le Yang-Tse.

Le 11, à 10 heures du matin, il mouille à Gutzlaff [1]. Le froid est vif, la brise fraîche, le thermomètre marque 4 degrés; la traversée a été dure.
L'*Éclaireur* va communiquer avec la station télégraphique et l'amiral parvient à obtenir par Shanghaï des renseignements assez précis sur les derniers
mouvements de l'escadre chinoise. Elle doit être
dans la baie San-Moon. Aussi, le lendemain à midi,
appareille-t-on de nouveau, cette fois retournant vers
le Sud, et défaisant le chemin qu'on a fait la veille.
Toutes les dispositions de combat sont prises; on
s'engage de nouveau dans l'archipel des Chusan.
Vers le soir, l'amiral règle la vitesse à six nœuds et
prévient en outre d'avoir toutes les chaudières en

---

1. Ce jour-là, où l'amiral arrivait à l'embouchure du Yang-Tse, la panique
fut si grande à Shanghaï que le Tao-aï donna immédiatement des ordres pour
le barrage de la rivière de Woo-Sung.

pression le lendemain à 6 h. 30 du matin. Les courants violents que l'on rencontre dans les nombreux et étroits canaux que les îles forment entre elles, la nécessité de modifier la route à chaque instant, rendent la navigation particulièrement délicate ; et il faut une hardiesse inouïe pour engager de nuit une escadre dans ces parages difficiles. D'autant mieux que les navires, qui se suivent cependant de près, doivent marcher sans feux de route afin de surprendre l'ennemi. Au jour, l'amiral a la satisfaction de voir que son heureuse audace est couronnée d'un plein succès : les bâtiments se retrouvent tous ensemble, à petite distance les uns des autres par le travers de l'île Montagu. Le ciel est gris et pluvieux.

A 5 h. 30, l'*Éclaireur* qui court en avant télégraphie : cinq navires à vapeur dans le Sud ! L'amiral signale aussitôt : « Branle-bas de combat pour se préparer à attaquer une force navale. » C'est alors dans toute l'escadre un moment d'indicible émotion. Chacun est à son poste plein d'allégresse et d'espérance. Le cœur bat à tout rompre dans les poitrines. Le signal d'attaque qui flotte dans les airs au grand mât du *Bayard* fait passer un frisson d'enthousiasme. Il dédommage, à lui seul, de tous les ennuis du blocus de Formose, de toutes les fatigues, de toutes les peines endurées jusqu'alors; et le succès qui, dans le lointain, miroite aux yeux de tous, excite la plus noble et la plus patriotique ardeur.

A 7 heures, on voit distinctement les cinq croiseurs à une dizaine de milles; mais ils prennent chasse.

L'amiral hisse le petit pavois, et aussitôt à chaque mât de chacun des navires monte le pavillon tricolore : « Ordre de courir sur l'ennemi le plus vite possible ! » Le *Bayard* prend la tête, suivi de près par le *Nielly* et l'*Éclaireur*. La *Triomphante*, malgré ses 13 nœuds, au tirage forcé, ne parvient pas à tenir son rang en serre-file de l'amiral. Derrière elle, la *Saône* et l'*Aspic* se surpassent et se couvrent de toile. C'est une course vertigineuse pendant laquelle les machines font des prodiges. Sur le pont, les jumelles sont braquées du côté de l'escadre ennemie, on regarde, on est haletant; l'émotion s'accroît de minute en minute, alternativement joyeuse ou décevante. Nos navires gagnent d'abord du terrain, puis bientôt ils perdent l'avantage. Les Chinois dont les feux n'avaient pas tout à l'heure leur complète puissance ont maintenant toute leur vitesse. Tout espoir n'est pas perdu encore ! Si nous parvenons à les acculer dans la baie San-Moon, ils ne nous échapperont pas. A ce moment, il est visible que deux d'entre eux, un grand et un petit, sont en arrière, le grand paraît être une frégate, l'autre une canonnière. Soudain les trois croiseurs les plus rapides changent de route, ils filent vers le Sud, tandis que les deux traînards continuent à s'enfoncer dans la baie.

L'amiral donne l'ordre à la *Triomphante*, à la

Saône et à l'*Aspic* de surveiller ces deux bâtiments et se jette avec le *Bayard*, le *Nielly* et l'*Éclaireur* à la poursuite des trois croiseurs. Mais ceux-ci gagnent de vitesse; ils courent toujours vers le Sud; leurs coques disparaissent et bientôt on n'aperçoit plus que leurs fumées..... Puis la brume arrive, intense, impénétrable. On ne distingue plus rien, on ne voit plus rien. — Dans ces conditions, la poursuite est impossible. Il faut à tout prix s'arrêter, aller au mouillage, et, faisant contre fortune bon cœur, se contenter pour le moment des deux navires qui n'ont pu se dérober. Mais où se sont-ils réfugiés? Dans ce dédale d'îles et d'îlots il leur a été facile de trouver un abri, et peut-être se sont-ils échappés, eux aussi, à la faveur du brouillard?

A 1 heure, le *Bayard*, l'*Éclaireur* et le *Nielly* ayant rejoint la *Triomphante*, vont fermer les passes du N.-E. qui conduisent à la rade de Sheï-poo pour empêcher, s'il en est temps encore, la frégate et l'aviso de s'échapper par là. La *Saône* va s'établir devant les chenaux du Sud. Toutes les issues sont ainsi gardées, tous les bras de mer que forment entre eux les îlots sont occupés par nous et la capture des deux bateaux chinois est désormais certaine.

Il était difficile de prendre de meilleures dispositions que ne l'avait fait l'amiral. Informé par le télégramme de Gutzlaff du point probable où se trouvaient les croiseurs si impatiemment recherchés, il avait manœuvré pour tomber sur eux au point du jour et les atteindre au mouillage. Malheureusement, il ne disposait pas d'un grand croiseur rapide qui aurait pu être lancé sur la flotte chinoise et porter l'offensive en donnant aux autres navires français, moins bons marcheurs, le temps de venir le rejoindre. Le *Tourville* eût été capable d'assumer cette tâche. Pourquoi n'était-il pas là ? Pourquoi avait-on jugé inutile de le maintenir en Chine ?

On a dit, depuis, dans la déconvenue d'un succès escompté d'avance, qu'en arrivant une demi-heure plus tôt, la tournure des événements aurait été modifiée. Eh bien ! non : une demi-heure plus tôt, l'obscurité était profonde et nous passions près des Chinois sans les voir !.... Si, au moment de notre approche, ils ont pu prendre l'avance sur nous, c'est qu'ils nous avaient aperçus bien avant que leur présence nous fût révélée, et cela pour une raison très simple : nous venions du large, c'est-à-dire de l'Est ; nos fumées ou nos silhouettes se détachaient donc sur un horizon éclairé derrière nous par l'aube naissante, tandis qu'eux-mêmes étaient confondus pour nos regards dans la buée épaisse et dans la teinte sombre des terres devant lesquelles ils se trouvaient.

C'est à cette circonstance, absolument indépendante de la volonté du chef de notre escadre et de toute **volonté humaine, qu'ils ont dû de nous décou-**

vrir les premiers ; et c'est parce que nous n'avions pas de croiseur rapide qu'ils ont pu trouver leur salut dans la fuite. Oh ! le croiseur à grande vitesse ! Quand donc sera-t-on convaincu de sa raison d'être, de son indispensable nécessité ? L'avenir nous réserve de durs mécomptes si nous ne voulons pas nous pénétrer, en vue de nos constructions navales, de cette maxime qui parodie un mot célèbre : de la vitesse, de la vitesse et encore de la vitesse ! La guerre moderne sera autant, sinon plus, une guerre de course qu'une guerre d'escadre. Les paquebots filant couramment 15 nœuds sont nombreux. Avons-nous beaucoup de croiseurs en état de lutter avec eux ?

Si l'on déplore, pendant que les navires ennemis s'enfuient, l'absence d'un croiseur rapide, on regrette aussi cette occupation de Formose qui, immobilisant autour de l'île, pour le blocus, un trop grand nombre de navires, n'a pas permis à l'amiral de former deux divisions distinctes, chargées de fouiller la côte en sens contraire, de façon à prendre l'ennemi entre deux feux.

Quoi qu'il en soit, il importe maintenant de venir à bout de la frégate et de la canonnière. La nuit du 13 se passe dans un continuel qui-vive. Le 14 au matin, l'*Aspic* et les embarcations à vapeur partent en reconnaissance et apprennent que les deux navires ennemis sont mouillés entre l'île Tungnun et la ville de Sheï-poo. C'est là qu'on ira les chercher.

Le lieutenant de vaisseau Ravel, aide de camp de l'amiral, excellent hydrographe, sonde les passages et étudie la route que l'on suivra le lendemain.

Mais avant de lancer ses bâtiments, l'amiral Courbet décide de tenter une attaque de canots-torpilleurs. Il en charge le capitaine de frégate Gourdon, second du *Bayard* et le lieutenant de vaisseau Duboc, officier torpilleur de ce bâtiment. Précédés par M. Ravel, ils débordent du *Bayard* à 11 heures et demie du soir, par une nuit noire, c'est-à-dire par le plus beau temps que l'on puisse rêver pour une telle opération.

Le meilleur récit de cet exploit, désormais populaire, n'est-il pas celui de l'un des officiers qui l'ont accompli? M. Gourdon l'a raconté ainsi à l'un de ses anciens chefs, M. l'amiral Cloué :

Canots à vapeur : 8^m,85 de long, carapace en tôle, mal ajustée. Nous avons remplacé les tôles de côté par de la toile, parce que les canots piquaient du nez. 1,200 litres d'eau, c'est-à-dire 5 heures à toute vitesse. Hampe Desdouits, torpille n° 1, modèle 78, à 13 kilogr. de fulmi-coton. Charbon spécial donnant peu de fumée. Appareil silencieux faisant beaucoup de bruit. Heureusement le bruit était absorbé par la carapace.

Les canots sont installés en porte-torpilles pendant le jour, dans les moments de répit que laissent les corvées (voyages à bord de l'*Aspic*, aller et retour).

A 8 heures du soir, ils sont parés l'un et l'autre. Les épreuves de conductibilité et d'isolement sont satisfaisantes.

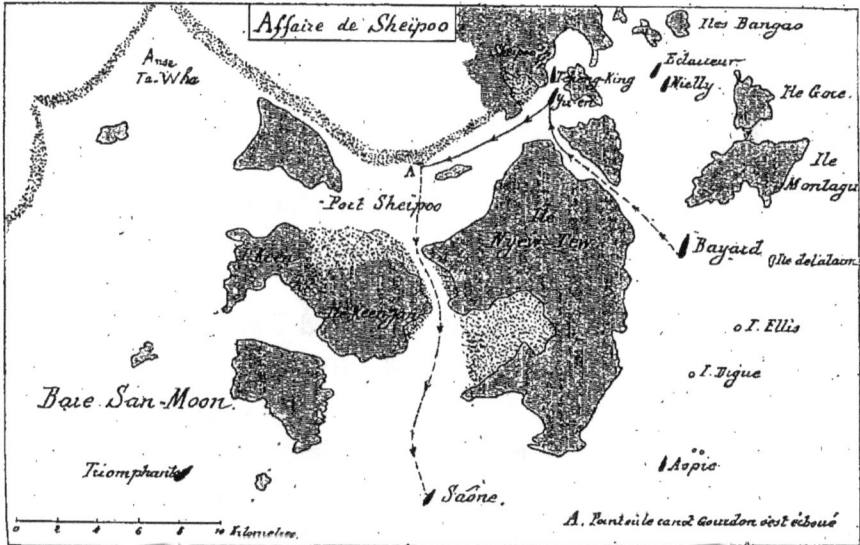

Affaire de Sheï-poo.

A 11 heures, on les arme. Vedette et baleinière d'abord, avec M. Ravel, lieutenant de vaisseau, qui a vu les bâtiments chinois dans la journée, et le pilote Muller de Shanghaï. Ce sont nos guides pour nous conduire sur le lieu du combat.

A 11 heures 30, le canot à vapeur n° 2, le mien, pousse du *Bayard*. Les fanaux éteints, les feux masqués (pour les tubes de niveau et les manomètres). Canots peints en noir.

A minuit, le canot à vapeur n° 1, commandé par M. le lieutenant de vaisseau Duboc, pousse du *Bayard* (canot peint en noir).

Nouvelle lune; nuit obscure.

Les canots peints en noir se voient. La vedette peinte en gris et la baleinière sont invisibles.

Aussi, grande difficulté pour naviguer en peloton.

Nous nous perdons et nous nous retrouvons plusieurs fois.

Fort courant nous dépalant dans le Sud-Est. Fort remous de courants occasionnant des embardées continuelles. Il faut être sur la vedette pour la voir; mais il ne faut pas fausser la hampe; il ne faut pas s'aborder.

Un grand crochet nous fait doubler les îlots et les rochers de la pointe nord-est de Ngen-Tew.

A la sortie de la passe : halte ! nous refaisons les épreuves de conductibilité et d'isolement. Nous poussons la hampe, nous rentrons la hampe. Tout va bien.

En route pour les bâtiments chinois. La vedette en tête.

Ravel m'annonce que la frégate n'est plus mouillée au sud-ouest de Tungnun. Elle a disparu.

Mon canot marche le mieux, je vais à la découverte. Il est 3 heures 15 du matin environ.

A 3 heures 30, j'aperçois une grande masse noire dans la direction de Sheï-poo, cinq ou six feux sur le rivage. Je préviens la vedette d'avertir le canot 1 que je vois la frégate et que je vais de l'avant.

Je mets les trois mâts l'un par l'autre et j'avance lentement, car j'ai un fort courant sur le nez.

Des feux me suivent à terre. Est-ce un signal ? Sont-ce des pétards pour la fête du Tet [1] ? Sont-ce des coups de fusil ? Je ne saurais le dire ; je vois les lueurs, mais je n'entends rien. Mon bric-à-brac de canot à vapeur fait un bruit de ferraille qui couvre les bruits extérieurs.

A 200 mètres de la frégate, 3 heures 45 du matin, je fais pousser la hampe et mettre les fils à la pile.

Puis à toute vitesse !

La frégate s'illumine : tribord et bâbord. Des nappes de feu horizontales, peut-être des nordenfeldts ?

J'avance rapidement.

En arrière !

Un grand choc ; la torpille a éclaté. Le canot s'est soulevé et est venu heurter violemment le cul-de-poule de la frégate. Je suis pris dessous.

En arrière plus vite !

Un quartier-maître monte sur la teugue pour déborder. Il renfonce d'un formidable coup de poing un Chinois qui met la tête au sabord.

Le canot ne cule pas.

La vapeur s'échappe du tiroir. C'est que le robinet graisseur a été cassé. Je fais boucher le trou avec une baïonnette. La machine part en arrière.

Mais le canot ne cule pas.

C'est que la hampe est prise.

Déboulonnez la hampe !

La hampe, déboulonnée, tombe à la mer.

_____

1. Jour de l'an chinois.

Le canot part en arrière.

L'illumination de la frégate continue.

J'aperçois dans les feux de bâbord le canot n° 1 qui s'avance. Je stoppe pour venir à son secours, s'il a besoin de moi et je m'apprête à lui lancer ma chatte pour lui donner un bout de remorque.

En ce moment, on me signale un blessé. Je vais pour examiner la blessure : le fusilier Arnaud meurt au moment où je fais enlever sa chemise de laine. Il a été tué par une balle venue de terre.

La corvette et la terre répondent coup pour coup à la frégate. Elles se tirent les unes sur les autres.

Cependant le canot n° 1 s'avance toujours dans la gerbe de feu. Je le vois toujours à bâbord, parce que je suis dépalé dans l'Est. Bientôt il passe à tribord, fait explorer ses torpilles et vient en grand sur tribord.

Nous nous réunissons. « Quoi de nouveau ? — Un homme tué, et vous ? — Pas un blessé. »

Où est le feu rouge ?

La vedette devait nous hisser un feu rouge en signe de ralliement.

On ne voit rien.

Éloignons-nous. Nous partons à toute vitesse et bientôt nous sommes hors de vue des navires chinois.

A un moment, on voit deux grandes gerbes de feu sur le *Yu-Yen* et le *Tcheng-King,* puis plus rien.

Nuit profonde.

Pas de feu rouge.

Nous stoppons pour tâcher de nous reconnaître.

Il nous semble apercevoir la passe. Je donne la remorque à Duboc qui marche moins bien que moi et je m'engage dans un cul-de-sac vaseux où je m'échoue (en A). Voir la carte à la **page 256.**

Stoppe !

Trop tard, la remorque s'est prise dans l'hélice. Mon canot est désemparé.

Faites en arrière ! Je suis échoué ! Passez-moi votre chatte.

En quelques secondes, je suis déséchoué. Nous prenons la remorque à couple, mais impossible de dégager l'hélice.

Il est cinq heures du matin.

Au jour, nous apercevons comme une passe dans l'Est, à peu près la même apparence que la passe de l'île Sin.

Nous nous y engageons.

Elle doit nous conduire à la mer, puisque sa direction générale est le Sud ou le Sud-Est.

A 10 heures, nous sommes hors de la passe et nous apercevons la *Saône*.

Nous nous dirigeons sur elle, l'un remorquant l'autre.

Cependant, qu'était devenu Ravel avec ses deux embarcations ? Après avoir laissé les canots à vapeur partir en avant pour l'attaque, il se maintint dans les mêmes eaux. Lorsque le feu des Chinois eut cessé, il montra le fanal rouge qui devait servir de ralliement. Puis il chercha ou attendit vainement ses compagnons jusqu'à 6 heures du matin.

« Chose étrange [1], quand le jour se fit, il constata que la frégate *Yu-Yen*, frappée, comme on l'a vu, par nos deux torpilles, était parfaitement droite et semblait flotter, tandis que le croiseur *Tcheng-King*,

---

1. Ce qui suit a été publié dans le journal *les Tablettes des Deux-Charentes*.

épargné par nos canots, était couché sur le flanc et
rempli d'eau !

« Croyant ses compagnons ensevelis sous l'épave
du *Tcheng-King*, M. Ravel revint à bord du
Bayard, la mort dans l'âme. L'amiral Courbet
écouta, en pleurant, son rapport verbal. Le vaillant
chef de notre escadre conservait pourtant une lueur
d'espoir. Dévoré d'une généreuse impatience, il partit lui-même en canot à vapeur, pénétra dans la rade
de Sheï-poo, et observa à son tour les bâtiments chinois. Le *Tcheng-King* était bien dans la situation
indiquée par M. Ravel; mais si la frégate *Yu-Yen*
restait toujours droite, ses bas-mâts étaient noyés
jusqu'à la moitié de leur hauteur au-dessus du pont.
Ce bâtiment, lui aussi, était donc coulé et perdu
comme son compagnon. S'il avait flotté durant quelques heures, après l'attaque de nos canots, il ne
l'avait dû probablement qu'aux efforts de son équipage et à la puissance de ses pompes d'épuisement;
mais les deux blessures faites par nos torpilles étaient
trop profondes pour que cette tentative réussît. Quant
au *Tcheng-King,* on sut plus tard que sa perte était
uniquement due à l'affolement des canonniers chinois du *Yu-Yen,* peut-être aussi des artilleurs de
terre, qui, croyant tirer sur nos marins, avaient criblé d'obus cette malheureuse corvette.

« L'amiral était occupé à la reconnaissance dont
nous venons de parler, quand, du *Bayard,* on aper-

çut nos deux canots porte-torpilles s'approchant à la remorque de la *Saône*. Immédiatement, Ravel se jeta dans un canot à vapeur pour porter cette bonne nouvelle à son chef. Il le rencontra à moitié route, revenant de son exploration. Alors on put voir cet homme généralement si maître de lui-même, d'une politesse irréprochable, mais grave et froid dans les relations habituelles du service, ce chef impassible qu'aucune émotion ne semblait remuer, battre des mains et laisser éclater dans ses gestes comme sur ses traits, toute la joie dont son cœur était plein. C'est qu'une vingtaine de ses compagnons d'armes, déjà regardés comme perdus à tout jamais, lui étaient rendus ! C'est qu'à la satisfaction d'avoir vu son plan d'attaque réussir, ne se mêlait plus l'amertume d'avoir payé le succès trop cher ! »

Ce succès était complet. Un seul homme tué et deux charges de coton-poudre pour détruire une frégate et un aviso !

Aussi quand les vainqueurs arrivèrent à bord du *Bayard*, on leur fit une triomphale ovation.

Il ne restait plus rien à faire à Sheï-poo.

Le lundi 16 février, l'amiral accordait une double ration à tous les équipages pour le succès de la veille et à midi il signalait l'appareillage. La *Triomphante*, la *Saône* et le *Nielly* faisaient route pour Kelung, tandis que l'amiral allait à Matsou avec le *Bayard*, l'*Éclaireur* et l'*Aspic*. Il cherchait sans doute la trace des croiseurs : il devait les rencontrer quinze jours plus tard à Ning-po.

Lorsque la *Triomphante* arrivant à Kelung passa à poupe du *La Galissonnière*, l'amiral Lespès annonça lui-même, à la voix, la nouvelle de la prise de Lang-Son par le général de Négrier[1]. Une politesse en vaut une autre : le commandant Baux riposta en faisant savoir à l'amiral la destruction des deux bâtiments ennemis par les canots porte-torpilles du *Bayard*.

La version des Chinois sur l'affaire de Sheï-poo est curieuse à connaître. Leurs gazettes racontèrent qu'en effet les deux bâtiments coulés s'étaient réfugiés dans les profondeurs de la baie, leur vitesse ne leur permettant pas de suivre les croiseurs. D'après eux, quatre attaques de torpilleurs français se seraient produites dans la nuit et auraient été victorieusement repoussées. Voyant leurs tentatives impuissantes les marins du *perfide Coupa* se seraient alors avancés, traîtreusement dissimulés dans des jonques, et auraient torpillé les bâtiments.

A côté de ce récit qui dénote une certaine imagination chez les reporters du Céleste-Empire, il n'est pas hors de propos de mentionner certains détails donnés sur le même sujet par les journaux anglais imprimés en Chine. Avant la submersion des deux navires

---

1. Le 12 février.

torpillés, leurs équipages avaient eu le soin de gagner la terre, sans oublier d'emporter leurs armes.
Cette précaution n'était pas inutile, car ils furent
reçus à leur débarquement par une populace en
fureur qui les attaqua à coups de pierres et les obligea à faire usage de leurs fusils et de leurs sabres.
L'amiral Ting avait, suivant ces journaux, son pavillon sur l'aviso coulé ; après l'événement il s'était
acheminé avec ses deux capitaines vers Shanghaï,
où tous trois risquaient fort de subir le sort du pauvre
commandant du *Yang-ou* qui avait été décapité.

XIII

LE BLOCUS DU RIZ

———

L'amiral Courbet fut le premier à s'applaudir de la mesure que le gouvernement français avait prise de revendiquer le plein et entier exercice des droits reconnus aux belligérants. Il savait mieux que personne, par une expérience de quatre mois, que le blocus pacifique était dans bien des cas un blocus illusoire, et il n'avait cessé de conseiller, de toutes ses forces, une attitude résolûment hostile. Pour lui, la solution de la question chinoise ne pouvait être obtenue que par une guerre effective et non par l'état intermédiaire adopté. Il voyait, en outre, dans la transformation du blocus actuel en un blocus de belligérants, la réalisation possible d'un désir qui lui tenait au cœur et qui était partagé par M. Patenôtre : celui d'affamer les provinces septentrionales de la Chine, voisines de Pékin, par la saisie du riz, même sur navires neutres, au titre de contrebande de guerre.

Chaque année, aux mois de février-mars, le gouvernement chinois reçoit, comme tribut en nature

des provinces centrales de la Chine, une quantité
énorme de riz qu'on évalue à 700 ou 800 mille
piculs. (Le picul vaut 60 kilogrammes.) Ce riz s'ex-
pédie par des vapeurs qui chargent à Shanghaï pour
le compte du gouvernement impérial, et celui-ci
avait affrété tout récemment, dans ce but, 150 steamers appartenant pour la plupart aux maisons Jardine,
Matheson et Cie, Russel et Cie. L'amiral fondait de
sérieuses espérances sur le blocus de ce riz. Le grand
canal intérieur que les jonques auraient pu suivre, à
défaut de la voie de mer, pour se rendre à Pékin,
était en fort mauvais état et incapable d'être utilisé à
moins de travaux considérables. En coupant la route
aux vapeurs affrétés, en les bloquant étroitement
dans leur port de chargement, l'amiral était donc certain d'empêcher tout arrivage de riz dans le nord de
la Chine et il était convaincu que cette prohibition
aurait les plus puissants effets sur les déterminations
conciliatrices de la cour de Pékin. L'événement a
démontré la justesse de ces prévisions.

Le 14 février, M. Jules Ferry écrivait au ministre
de la marine : « Devant l'insistance de l'amiral Courbet
« pour obtenir l'autorisation de saisir le riz sous pa-
« villon neutre, j'ai soumis la question à un nouvel
« examen, dont le résultat a été qu'aucune règle
« formelle du droit des gens n'empêche de traiter ac-
« cidentellement comme contrebande de guerre une
« denrée dont la privation pourra conduire l'ennemi à

« demander la paix. Dans ces conditions nous ne
« devons pas, ce me semble, interdire l'emploi d'un
« moyen de guerre dont notre ministre en Chine et
« le commandant de nos forces navales s'accordent à
« reconnaître l'efficacité. » Peu après, le 21 février, le
ministre des affaires étrangères envoyait à nos
agents à l'étranger une circulaire à ce sujet, circulaire qui mérite d'être citée presque en entier, parce
qu'elle donne une fois de plus et très nettement
la raison de la politique constamment suivie par le
cabinet français, durant tout le cours du différend
franco-chinois :

« Il n'est pas nécessaire de rappeler avec quel
« soin nous nous sommes appliqués dès l'origine de
« notre conflit armé avec la Chine à respecter autant
« que possible les intérêts des puissances neutres.
« C'est pour ce motif que, pendant plusieurs mois,
« nous avons limité le champ des hostilités, et inter-
« dit, en même temps, à nos amiraux d'user à l'égard
« des neutres des droits de la guerre maritime, en
« dehors du cas de violation du blocus. Nous appre-
« nons aujourd'hui que de grandes expéditions de
« riz doivent partir prochainement de Shanghaï pour
« se rendre dans le nord de la Chine ; nos agents
« dans l'Extrême-Orient présentent la suspension
« de ces envois comme étant susceptible d'exercer
« une action efficace sur le gouvernement de Pékin,
« et nous ne saurions nous dispenser d'y recourir,

« sous peine de nous priver de l'arme la plus puis-
« sante que les circonstances placent dans nos
« mains. Deux voies s'ouvraient à nous pour attein-
« dre ce but : bloquer Shanghaï et d'autres ports
« ouverts de la Chine, ainsi que nous en avions le
« droit incontestable, ou interdire le commerce du
« riz en le déclarant contrebande de guerre. Fidèles
« à notre système d'atténuer autant que possible
« pour les neutres les conséquences de la guerre,
« nous nous sommes arrêtés à ce dernier parti…...
« Nous pouvions atteindre ce but, sans arrêter les
« vaisseaux neutres en pleine mer, en déclarant le
« blocus des ports chinois ouverts au commerce
« étranger, mais une mesure de ce genre aurait eu
« des conséquences désastreuses pour les intérêts des
« neutres. Nous avons pensé qu'il serait plus avan-
« tageux pour tous de laisser les trafiquants étran-
« gers continuer leur commerce pacifique dans les
« mers de Chine, à la seule exception du commerce
« du riz, et il nous a semblé qu'en l'état du droit des
« gens sur la matière rien ne nous interdisait d'ar-
« river au double but que nous poursuivons — nuire
« le plus possible à l'ennemi et le moins possible
« aux neutres — en déclarant que le riz serait traité
« comme un article de contrebande de guerre [1]. »

Le 24, un tempérament était apporté à la sévérité

. 1. Livre jaune. Avril 1885.

de la prohibition nouvellement édictée : le cabinet
français, décidé à n'appliquer cette mesure que dans
les limites rigoureusement nécessaires pour atteindre le but poursuivi, sans nuire aux intérêts du commerce des neutres, déclarait que les expéditions de
riz à destination de Canton et des ports du sud de
la Chine pourraient être continuées librement après
comme avant le 26 février. Celles-là seulement qui
étaient destinées aux ports situés au nord de Canton
seraient interdites, et par conséquent soumises au
droit de capture, à partir de cette date.

L'Angleterre et la Suède furent les deux seules
puissances qui ne nous reconnurent pas le droit de
prendre, au sujet des vivres et en particulier du riz,
une mesure générale de saisie. A leurs yeux nous
n'étions fondés à proscrire l'importation en Chine de
cette denrée sous pavillon neutre, que dans le cas où
elle paraîtrait destinée au ravitaillement des flottes
ou armées ennemies. M. Jules Ferry, dans une dépêche du 6 mars, représenta au gouvernement anglais
que la doctrine qui admet, à côté de la contrebande
de guerre *par nature,* la contrebande de guerre *par
destination* était professée depuis longtemps en Angleterre. Or, disait-il, « les chargements de riz si-
« gnalés par l'amiral Courbet figurent le montant
« de l'impôt en nature ou tribut que les gouverneurs
« envoient chaque année à la cour de Pékin. » Puis
répondant, **dans une seconde dépêche en date du**

13, à la théorie qui n'attribuait aux provisions le caractère de contrebande de guerre que si ces articles étaient destinés à un usage militaire, il ajoutait : « On sait d'autre part que les soldats des armées im- « périales chinoises reçoivent une partie de leur solde « en versements de riz et que le tribut des provinces « est précisément affecté à cet emploi. On peut dire, « par suite, que les circonstances prévues dans la « communication de lord Granville se trouvent réu- « nies [1], et que les cargaisons de riz expédiées des « ports du sud sont destinées à un usage militaire, « outre qu'elles peuvent être considérées comme pro- « priété de l'État ennemi et susceptibles de capture « à ce titre. »

Les explications fournies par M. Jules Ferry dans ces deux dépêches eurent ce résultat que les réserves du cabinet britannique conservèrent le caractère d'une protestation doctrinaire, on pourrait dire platonique. Infirmant, en effet, un avis officiel publié en Chine [2], le comte Granville, secrétaire des affaires étrangères du gouvernement de la Reine, assura que l'Angleterre n'avait nullement l'intention de s'oppo-

---

1. Dépêche de lord Granville à M. Waddington, 27 février 1885 : « On ne « conteste pas que le belligérant serait en droit de saisir les provisions « comme contrebande de guerre en se basant sur le fait qu'elles permet- « traient la continuation des opérations militaires. Le gouvernement de « Sa Majesté est d'avis que le point essentiel est de savoir s'il existe des « circonstances qui permettent de démontrer à première vue que ces provi- « sions sont destinées à un usage militaire. »
2. Par le ministre d'Angleterre sir Harry Parkes.

ser de vive force à la saisie des cargaisons de riz. Il admettait que toute saisie de ce genre serait jugée par le conseil français des prises, sous réserve d'une action diplomatique ultérieure. A l'heure présente il ne voulait pas intervenir, ainsi que le déclarait une note très explicite en date du 21 mars qu'il adressa à notre ambassadeur à Londres, M. Waddington, et dont voici le texte :

> Je n'avais nullement connaissance de la notification de sir Harry Parkes, qui avait motivé les plaintes de votre gouvernement; cette notification n'avait été publiée en exécution d'aucun ordre du gouvernement de Sa Majesté... Il était certain qu'il n'avait pas publié cette notification dans des intentions hostiles à la France, mais dans l'exercice du droit qui lui appartient de fournir les informations nécessaires à ses compatriotes..... J'ai télégraphié à sir Harry Parkes à ce sujet, et je lui ai exposé qu'une telle notification était de nature à susciter l'idée erronée que le gouvernement de Sa Majesté s'opposerait de vive force à la saisie des cargaisons de riz; et qu'il devait aviser le gouvernement chinois que la légalité de toute saisie de riz serait jugée par la cour française des prises; et qu'en attendant le gouvernement de Sa Majesté ne pouvait intervenir.

> *Signé :* GRANVILLE.

Tandis que notre diplomatie affirmait ainsi victorieusement le droit de la France à déclarer le riz contrebande de guerre, l'amiral Courbet arrivait à Kelung le 19 février, revenant de Sheï-poo, avec le *Bayard* et l'*Éclaireur*. Il trouvait sur rade les

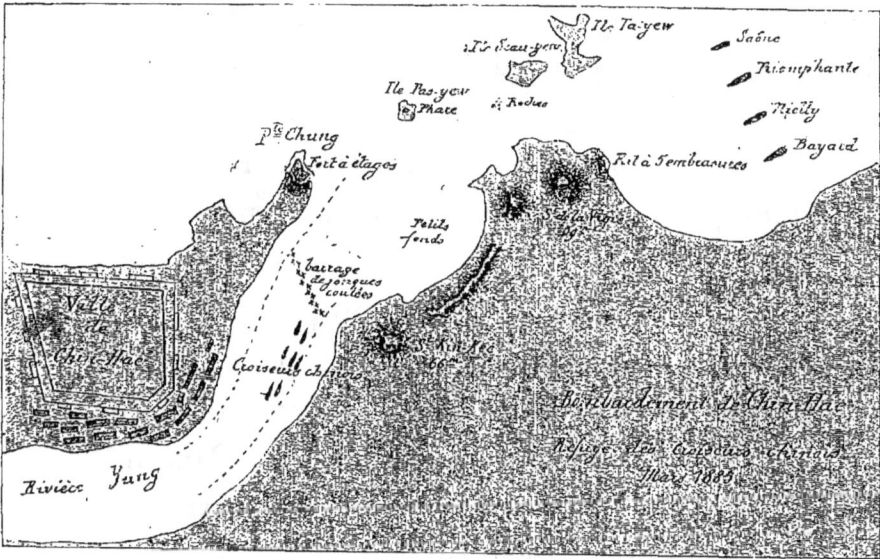

Ile Ta-yew

ıT's Sau-yew   Saône

Ile Pas-yew   Triomphante
Ile Phare   R Rodier   Nielly

Pᵗ Chung   Bayard
Fort à étages   R.t à 7embrasures

Petits
fonds

barrage
de jonques
coulées

Ville
de
Chin-Haé   Bombardement de Chin-Hai

Croiseurs Chinois   Refuge des croiseurs Chinois
                                Mars 1885

Rivière Yung

Entrée de la rivière Yung ou de Ning-po. Refuge des croiseurs chinois.

trois navires qui l'avaient devancé, *Triomphante*, *Nielly* et *Saône*, à côté du *La Galissonnière*, du *Volta*, de la *Vipère*, des deux torpilleurs et du *Feï-hoo*. Les autres navires de l'escadre étaient ainsi répartis : à Tamsui, l'*Atalante*, le *Duguay-Trouin*, le *Duchaffaut*, celui-ci distrait de la station de Calédonie et ayant pour commandant M. le capitaine de frégate Lemercier-Mousseau ; à Taï-Wan, le *Villars*, le *d'Estaing*, le *Champlain* ; puis à Saïgon, en réparations, le *Lutin*, le *Lynx*, l'*Aspic* et le *Château-Renaud*.

Le 25, on attendait avec anxiété le retour de l'*Éclaireur* qui était allé, disait-on, à Sharp-peak chercher des ordres importants. Le bruit courait en même temps que plusieurs navires devaient partir pour un long voyage. Il n'en fallait pas plus pour que les imaginations se missent à travailler aussitôt : Petchili ? Corée ? Les Pescadores ? Blocus de Canton ? Chacune de ces destinations avait des partisans. Jamais la *folle du logis* n'aura fait faire autant de combinaisons que dans cette escadre de l'Extrême-Orient ! Que de conversations autour de ces tables de carrés sur les projets de l'amiral ou sur les ordres de Paris ! Les discussions sur les plans à venir passionnaient chacun. C'était là un des symptômes d'une ardeur qui ne s'est jamais démentie, d'un entrain sans défaillance dont le commandant en chef aurait voulu user davantage, à la grande joie de chacun. Il n'y avait qu'un cri : « Les entr'actes sont trop longs! » Entre Fou-chéou et Kelung, entre Kelung et Sheï-poo des mois entiers s'étaient passés et de si longues attentes satisfaisaient mal l'impatience de cœurs jeunes et entreprenants[1].

L'*Éclaireur* revint en effet de Sharp-peak à l'heure dite, et le lendemain 26, l'amiral Courbet, laissant le blocus de Formose à la garde de l'amiral Lespès, appareilla avec la *Triomphante*, le *Nielly* et la *Saône* pour faire route vers le Nord. On ne tarda pas à savoir que l'*Éclaireur* avait apporté l'autorisation de saisir le riz et que l'expédition se rendait dans ce but à l'embouchure du Yang-tse. Les navires déjà en route devaient être rejoints à bref délai par la *Vipère*, le *Rigault-de-Genouilly*, l'*Éclaireur*, le *Lapérouse*. Ce dernier arrivait de France, commandé par M. le capitaine de vaisseau Méquet. Le blocus du riz ne trouva que des enthousiastes. Chacun se louait de cette mesure énergique, digne réponse à la déclaration de neutralité de Hong-Kong ; et comme ici-bas, même dans l'explosion des sentiments les plus nobles, il se cache souvent un fonds d'égoïsme, chacun se réjouissait intérieurement de cette croisière pour une raison qui n'avait rien à voir avec la virile attitude du Gouvernement : on espérait que le blo-

---

1. « Ces aspirations trouvent de retentissants échos dans la jeunesse qui m'entoure; que d'ardeurs comprimées depuis trois mois ! que d'élans contenus ! » (Lettre de l'amiral, 17 janvier.)

cus nouveau procurerait des vivres et dédommage-
rait suffisamment des fatigues qu'il pourrait causer.

Le 28 février, à 10 heures, l'expédition entre dans
les chenaux des Chusan. A 3 heures, l'amiral signale : « Pousser les feux de toutes les chaudières
de manière à avoir de la pression en 10 minutes
après que le signal en sera fait. Se tenir prêt à faire
branle-bas de combat. » A 4 h. 1/2, les navires
mouillent à l'ouest de l'île Kintang, à côté de l'entrée de la rivière Yung qui baigne la ville de
Ning-po. A 10 heures du soir, l'ordre suivant est
communiqué à la division : « Être toujours prêt à
marcher avec la moitié des feux, à appareiller en
filant la chaîne et à faire le branle-bas de combat.
Veiller attentivement la sortie de la rivière et prévenir en brûlant trois fusées si quelque vapeur ou
canot à vapeur sortait. Ne laisser aucune embarcation ou jonque s'approcher du bord pendant la nuit.
Tous les canons Hotchkiss et de 14 % constamment
parés à faire feu sur les embarcations suspectes.
Dispositions contre torpilleurs. Ne pas hésiter à faire
feu. *Bayard* et *Triomphante* seront toujours prêts à
éclairer les embarcations à la lumière électrique.
Ne pas faire d'autre usage de cette lumière. Tenir
un canot armé en guerre pour arrêter le personnel des embarcations à proximité, et ramener les
gens dont l'embarcation serait coulée. Si l'amiral
brûlait deux fois le feu Coston P, ce serait l'ordre

pour l'escadre d'appareiller en filant les chaînes par
le bout, avec une bouée dehors, et de faire le branle-
bas de combat. »

Le 1er mars au jour, on appareille, on croit continuer sur Gutzlaff et le Yang-tse. Il n'en est rien.
Le *Bayard,* qui ouvre la marche, s'achemine lentement vers l'embouchure de la rivière. Les autres
navires le suivent, à petite distance, ayant les équipages à leur poste de combat; à 9 heures, ils reçoivent l'ordre de mouiller en ligne de file.

Que se passe-t-il donc ? Et le blocus du riz ? N'en
déplaise aux affamés qui se réjouissaient d'avance à
l'idée de capturer des navires regorgeant de vivres frais, les projets sont modifiés. L'amiral a soup-
çonné que les trois croiseurs qui lui ont échappé à
Sheï-poo, il y a quinze jours, se sont réfugiés dans
la rivière de Ning-po — et il vient s'en assurer.

Toute la matinée se passe à reconnaître les lieux.
Du haut des mâtures on aperçoit des navires au
mouillage dans la rivière et on croit distinguer un
barrage qui s'étend sur toute la largeur du fleuve
en avant des navires ennemis. Les croiseurs sont
donc bien là. Avec son flair habituel l'amiral ne
s'est pas trompé.

Pendant ce temps, dans la passe et aux alentours,
aussi loin qu'on peut regarder, les jonques s'enfuient
en toute hâte ; un vapeur de commerce pousse ses
feux et appareille ; un de ces grands bateaux de ri-

vière à balancier, sorte de ferry-boats qui vont de
Ning-po à Shanghaï, sort précipitamment de la
rivière et va se mettre à l'abri de l'île Ta-yew en
dehors et en face du fleuve. Les pièces sont pointées
sur un fort à 5 embrasures qui paraît neuf et non
achevé, le seul qui commande la passe de l'Est, où
nous sommes. Puis, toutes les hauteurs se couvrent
de pavillons multicolores ; dans la citadelle, on voit
nettement des files de soldats alignés en bon ordre ;
des feux de salve se font entendre, entremêlés de
coups de canon, mais tout se borne à des tirs de parade. La terre reste décidément sur la défensive :
nous ne serons pas inquiétés par elle. Mais quel
effroi notre vue seule inspire ! Notre amour-propre
peut en être flatté. Décidément, si les destructions
de la rivière Min, si les torpilles de Sheï-poo n'ont
produit aucun effet sur la cour de Pékin, elles ont
singulièrement intimidé les matelots et les artilleurs
de la marine chinoise. Le prestige et le renom du
terrible Cou-pa les remplissent de terreur.

Les reconnaissances se poursuivent dans l'après-
midi de ce 1ᵉʳ mars. Le canot à vapeur de la *Triomphante* va conduire le pilote Muller à bord du grand
bateau, le *Kiang-po,* pour y recueillir quelques renseignements pendant que l'amiral se fait hisser
dans une barrique jusqu'à la hune de misaine, pour
observer de ses yeux ce qu'il y a et ce qui se passe
dans la rivière. Peu de temps après, un vapeur an-

glais, le *Wawerley*, est signalé dans l'Est, le *Bayard*
lui envoie deux projectiles pour l'arrêter : il stoppe ;
un officier du *Nielly* va le visiter. En ce moment,
deux très grandes jonques mouillées au milieu de la
passe sont coulées par les Chinois de façon à ne
laisser dans le barrage qu'un étroit passage de 60
mètres. Il suffira d'y couler un brick préparé à cet
effet dans le voisinage, pour que la rivière soit désormais complètement fermée.

Alors l'amiral s'embarque sur le *Nielly* pour aller
explorer l'entrée par le Nord. Dès que ce croiseur a
dépassé les îles Ta-yew et Seaou-yew qui sont comme
des sentinelles avancées devant l'embouchure de la
rivière Yung, il se trouve dans le rayon d'un fort à
deux étages, élevé sur la pointe Chung. Il reçoit une
bordée à laquelle il riposte immédiatement. Au feu
du fort se joint celui des navires chinois. La canonnade dure une demi-heure. Le tir de l'ennemi est
très bon : les obus tombent à 100 ou 200 mètres du
navire français. Enfin, vers 4 heures, le *Nielly* revient
et l'amiral remonte à bord du *Bayard*. Il signale de
reprendre le mouillage de la veille et appelle en conférence chez lui tous les capitaines à 6 heures du soir.

Les reconnaissances ont appris qu'il y a sept navires ennemis en dedans du barrage, les trois croiseurs rapides de Sheï-poo, deux avisos-transports et
deux alphabétiques. « Par conséquent », dit l'amiral,
demain **au jour on appareillera et on ira mouiller**

devant l'entrée pour réduire le fort et couler les navires.

Aussitôt commencent les préparatifs pour le combat annoncé. Belle soirée que celle-là, pleine d'émotion et d'impatience! La pensée remonte d'elle-même à quelques mois en arrière, à ces veillées de la fin d'août qui précédaient les bombardements de Mingan ou de Kimpaï.

Aussi quand, le lendemain, le soleil se lève, c'est avec un entrain sans pareil que les équipages garnissent les chaînes des ancres au cabestan et prennent les dispositions d'appareillage. A 5 h. 1/2, les commandants sont appelés chez l'amiral. On se demande pourquoi? La nuit aurait-elle modifié les projets de notre chef? Oui; après une mûre réflexion, et une plus calme appréciation des résultats à obtenir, l'amiral renonce à l'opération. Sans doute l'extrême plaisir de couler sept autres bâtiments chinois justifiait la détermination rapide prise au retour de l'exploration du *Nielly*. Mais l'affaire avait-elle toutes les chances de son côté? Tout d'abord, puisque le fort défendait le barrage, il était de première obligation de le réduire avant d'envoyer les embarcations et les torpilleurs faire sauter les jonques coulées en travers de la rivière. Or, le *Bayard* et la *Triomphante* ne pouvaient pas, à cause du fond, s'approcher à moins de 1,800 mètres du fort, trop loin, par conséquent, pour que leurs projectiles eussent

un résultat effectif sur la maçonnerie, trop loin pour
que leur tir pût avoir la précision nécessaire aux
coups d'embrasures. Ces deux cuirassés étaient, en
outre, obligés de mouiller, l'espace où ils devaient se
tenir étant trop restreint pour leur permettre d'évo-
luer aisément. En second lieu, les croiseurs chinois
se seraient encore trouvés à plus de 4,500 mètres
du point choisi pour mouiller nos navires, c'est-à-dire
en dehors d'une portée efficace. En admettant même
que l'opération du barrage et du fort réussît à souhait,
il était de toute évidence que ces croiseurs, après
avoir causé de grandes difficultés à cette opération
par le tir de leur artillerie, seraient remontés dans
la rivière Yung jusqu'à Ning-po et au delà, par des
fonds où, ni le *Bayard,* ni la *Triomphante* ne pouvaient les atteindre. Le *Nielly* seul et la *Saône*
auraient été susceptibles de les poursuivre; mais
étaient-ils de taille à soutenir le choc de tant d'adversaires, dans une rivière étroite dont les rives
étaient couvertes de soldats chinois échelonnés depuis l'embouchure jusqu'à la ville de Ning-po? Il
devenait donc fort inutile d'exposer les travailleurs
du barrage à des pertes nombreuses pour ne pouvoir ensuite rien tenter sur les croiseurs, et le mieux
était de renoncer à une action périlleuse et incer-
taine. C'est surtout devant les Asiatiques qu'il importe de ne pas avoir de demi-succès.

L'amiral, avec sa prudence et sa facile intuition

des choses devait prendre rapidement ce parti [1].
Mais cette détermination était faite pour causer un
réel désappointement. Malgré les difficultés dont
l'opération était entourée, certains officiers croyaient
néanmoins à son succès final. Ils regrettaient que
l'amiral eût abandonné son projet de frapper la
flotte chinoise; ils avaient la conviction que leur
chef ne pouvait pas subir d'échec. Il était, à leurs
yeux, un *enfant chéri de la victoire,* et il possédait
ces deux qualités que Napoléon Ier considérait comme
indispensables à l'homme de guerre : l'habileté et le
bonheur.

Dès le matin du 2 mars, l'amiral envoie le *Nielly*
à Gutzlaff communiquer avec le télégraphe, tandis
qu'il signale aux autres navires « repos général et
lavage du linge ». C'est au retour de Gutzlaff que
le *Nielly* apporte la nouvelle des récompenses accordées aux trois vainqueurs de Sheï-poo. M. Gourdon est mis au tableau d'avancement, M. Ravel,
nommé capitaine de frégate, et M. Duboc, promu
officier de la Légion d'honneur.

---

1. Quel beau succès si l'amiral avait suivi sa première inspiration! On a
su, depuis, que l'émotion et la panique étaient si grandes dans Ning-po que
le taotaï avait intimé l'ordre à l'amiral chinois d'amener pavillon si nous
faisions mine de forcer la passe. Le consul anglais, chargé des intérêts
français, était l'intermédiaire désigné pour la reddition de la flotte chinoise. Il l'a dit lui-même plus tard à l'amiral Rieunier. Quel motif a pu empêcher ce consul de faire savoir la chose à temps à l'amiral Courbet? Quoique de nationalité anglaise, il avait la charge de nos intérêts..... Mais
aussi pourquoi confier à des étrangers de pareilles fonctions?..... O nation chevaleresque !.....

Le 3 mars au jour, le *Nielly* repart vers le Nord; presque au même moment, la *Saône* signale des avaries dans ses chaudières. Elle est en si mauvais état qu'elle devient plus un embarras qu'un appoint. L'amiral se décide à se séparer d'elle. Elle ira désarmer à Saïgon, ses chaudières ne pouvant pas même lui permettre de faire le voyage de France. Les officiers du *Bayard* et de la *Triomphante* font des sondages près des îles, en un point d'où il serait peut-être possible d'atteindre les navires chinois, en restant masqué du fort de la pointe Chung par une petite colline. Ces sondages se continuent pendant la nuit.

Le lendemain, 4 mars, la première partie de l'expédition hydrographique étant terminée, la *Triomphante* regagne le mouillage de Kintang auprès du *Bayard*. Il faut vraiment que l'amiral produise un singulier effet de stupeur sur les cerveaux des Chinois, pour que jamais la moindre velléité d'attaque ne se manifeste contre ces deux seuls navires qui gardent l'entrée de la rivière. S'il est vrai que des Européens ont le commandement des croiseurs ennemis, comment parmi eux ne se trouve-t-il pas un homme résolu et séduit par l'appât d'un gros gain, pour venir nous attaquer en torpilleur? Des marins qui s'improvisent tout à coup, en temps de guerre, capitaines chinois doivent être pourtant des gens ne manquant ni d'audace ni même de témérité. Comment ne saisissent-ils pas une occasion si facile

et si tentante ? Tout prouve, au contraire, la crainte
et l'effroi que nous inspirons aux Chinois et à ceux
qui les commandent. Ils ne se contentent même pas
de se mettre en garde contre notre offensive : la
nuit, on les entend répondre à des attaques ima-
ginaires. De tous côtés retentissent des décharges
d'artillerie et des salves de mousqueterie ; des fusées
partent dans les airs ; une gerbe de lumière électrique jette ses rayons dans la passe. Les paisibles
jonques circulent au milieu des balles et de la mitraille sans que les artilleurs, leurs compatriotes, se
soucient de leur sort. C'est le souvenir de Sheï-poo
qui égare ainsi l'esprit des Chinois et leur fait
prendre les moindres sampans pour des canots porte-
torpilles ! Le bruit est assourdissant, et tient tout le
monde éveillé. Et quelle inutile consommation de
projectiles !

Les jours suivants, les deux cuirassés se rapprochent encore de l'entrée de la rivière, mais leur
distance du fort de la pointe Chung est encore de
5,500 mètres. Les obus du *Nielly* ont endommagé le
fort, les embrasures de l'étage inférieur sont en partie comblées et il existe tout à côté, sur le même
plan, un amas de décombres qui ressemble beaucoup
à du plâtras de démolition. L'amiral fait prendre des
dispositions permanentes contre une attaque de
torpilleurs ; une ceinture protectrice est établie autour de chacun des cuirassés. Les nuits sont tou-

jours troublées par les détonations des boulets et
des balles que l'ennemi prodigue à l'entrée de la
rivière aux jonques les plus pacifiques. Mais les
journées sont relativement calmes. Les Chinois tra-
vaillent à réparer le fort. On les en empêche à coups
d'obus de 14 et même de 24. Cette canonnade insi-
gnifiante est le seul incident de ce séjour, assez
monotone. Les Célestiaux des jonques sont, comme
toujours, nos meilleurs amis; en passant près de nos
navires, ils les considèrent d'un œil curieux mais
non inquiet.

Pourtant, que devient le blocus du Yang-tse?
Cette croisière du riz était si impatiemment désirée
par l'amiral qu'en partant de Kelung, il avait voulu
mettre son pavillon sur la *Triomphante,* le *Bayard*
ayant à faire à sa machine quelques réparations qui
lui auraient causé vingt-quatre heures de retard. Une
fois en route, il n'avait guère songé d'abord à s'attar-
der devant Ning-po; mais sa bonne fortune l'ayant
mis, pour la seconde fois, en présence de la flotte chinoise, il ne pouvait se résoudre à la laisser échapper
encore. Ne croyant pas possible de la détruire, il
voulut du moins la rendre inutile pendant toute la
durée des hostilités en la tenant bloquée pour toujours dans la rivière où elle était venue chercher un
refuge.

L'amiral se décida donc à faire du mouillage actuel la base d'opérations pour le blocus du riz. On

était là à petite distance de la station télégraphique de Gutzlaff; la rade était bonne, suffisamment abritée contre tous les vents. Deux phares éclairaient les passes; il est vrai qu'ils étaient éteints, mais l'amiral demanda si parmi ses matelots il n'y avait pas de gardiens de phares; plusieurs se présentèrent et, au besoin, les feux pourraient être rallumés à la barbe des Chinois. Si par hasard les courants, qui sont d'une grande violence, s'opposaient à un commode embarquement du charbon, il serait facile de choisir dans les chenaux des Chusan un recoin abrité où se tiendraient les charbonniers.

La croisière du riz avait commencé le 4 mars. Des navires étaient, dans ce but, échelonnés devant l'embouchure du Yang-tse, de Shaweishan jusqu'à Gutzlaff. C'était, au début, le *Rigault*, le *Nielly*, le *Champlain*, le *Lapérouse*, la *Vipère*. Ils venaient à tour de rôle se ravitailler et correspondre avec l'amiral. L'un d'eux avait escorté jusque près du *Bayard*, le vapeur français *Tancarville* qui devait fournir à chacun le charbon nécessaire [1]. Ces navires faisaient bonne veille, mais leur présence seule, avait suffi à consterner les consignataires et armateurs, Chinois ou Européens, qui se préparaient à faire sortir leur riz de Shanghaï. Devant un avertissement donné par le ministre d'Angleterre, ils re-

---

1. Il avait 3,000 tonnes de charbon.

noncèrent à effectuer les envois projetés, et rompirent les contrats qu'ils avaient pu signer avec le gouvernement chinois. Ceux de leurs navires qui étaient déjà chargés débarquèrent immédiatement leur riz.

La mesure préconisée par l'amiral et par M. Patenôtre eut donc son plein effet : pas un picul de riz ne sortit, par mer, de Shanghaï et comme, d'un autre côté, le grand canal du Nord était ensablé et hors d'état de servir, le gouvernement central ne reçut pas les énormes approvisionnements sur lesquels il comptait. Pour atteindre ce résultat, il fallait que nos croiseurs se maintinssent sans cesse devant l'embouchure du Yang-tse, toute cessation du blocus aurait eu, en effet, pour conséquence le rembarquement du riz et le départ des vapeurs. Ce blocus dura ainsi jusqu'à la signature de la paix, c'est-à-dire jusqu'au mois de juin. S'il était moins dur à supporter que celui de Formose, il n'était pas cependant exempt d'ennuis ; la brume fréquente et les violents courants, rendaient la navigation extrêmement difficile ; la température très basse, au début du moins, ajoutait à la rigueur de la mission.

Dès qu'on apercevait un navire, on allait à sa rencontre. On lui signalait de stopper et l'officier désigné se rendait à son bord. Il prenait connaissance des papiers divers, factures, connaissements, et faisait ouvrir les panneaux des cales de façon à se rendre

compte de la nature des marchandises embarquées;
mais, d'après un ordre formel, le manifeste, scellé,
n'était jamais décacheté. C'était pourtant la seule
pièce qui aurait pu, d'une façon péremptoire, indi-
quer si, oui ou non, le navire portait de la contrebande de guerre. Il fallait donc s'ingénier pour
découvrir la nature du chargement; et cela, sans
trop prolonger la visite, afin de ne pas s'exposer à ce
que les armateurs réclamassent des dommages-inté-
rêts pour le retard apporté à leurs opérations commerciales, — comme le firent les propriétaires du
Wismar ou du *Wappans.*

Quand l'officier visiteur reconnaissait un chargement non prohibé, il signait sur le journal de bord
du paquebot une déclaration tenant lieu de laissez-
passer et y apposait le timbre officiel de la marine;
dans le cas où il croyait à une cargaison suspecte, il
revenait en référer à son commandant qui, après
examen, signalait au paquebot : Continuez votre
route, ou : Suivez-moi au mouillage. Si le navire visité
était laissé libre, on lui faisait hisser, en tête de mât,
un pavillon conventionnel, différent chaque jour, qui
le dispensait d'une nouvelle visite d'un nouveau
croiseur.

Tous les navires de commerce qui passaient en
vue des bloqueurs, étaient ainsi visités avec soin.
Mais à la grande stupéfaction de l'escadre, si l'un
d'eux avait dans son chargement quelque article

déclaré contrebande de guerre, il n'était pas forcément saisi. Après arrangements et pourparlers entre
ses armateurs et nos consuls, il pouvait être simplement conduit à Shanghaï, où l'article prohibé était
débarqué et mis sous séquestre à la garde du ministre
de France. C'est du moins ce qui advint pour le
Glenroy (de la Cⁱᵉ Jardine). Visité par l'enseigne
Pourpe, du *Champlain*, il fut reconnu porteur de
50 tonneaux de plomb. Le commandant Martial le
fit arrêter, l'amiral approuva cette mesure, mais,
quatre jours après, arriva un télégramme de M. Patenôtre enjoignant de relâcher cette prise, le plomb
devant être séquestré à Shanghaï jusqu'à la fin des
hostilités !

L'*Éclaireur*, qui était arrivé le 14 au mouillage
devant la rivière Yung, avait apporté, de la part de
l'amiral Lespès, le télégramme suivant daté du
8 mars : « Profitant d'une série de beau temps, le
colonel Duchesne a commencé, le 4 mars, mouvement
enveloppant. Après quatre jours de marche très
pénible en terrain montagneux et combats très brillants, toutes les positions chinoises ont été successivement enlevées. Nous les occupons. L'ennemi est
rejeté sur la route de Tamsui avec pertes considérables. Nous avons pris 2 canons, beaucoup de fusils,
drapeaux, munitions. L'état sanitaire est excellent. »
Par cette série d'affaires, nos lignes s'étaient considérablement étendues, nous étions maîtres des mines

ou plutôt nous en commandions l'accès et les Chinois
étaient refoulés sur Tamsui. Mais, sans de nouveaux
renforts, il devenait impossible de reprendre les
opérations, les forces disponibles susceptibles d'entrer en ligne étant insignifiantes. La garde des positions conquises absorbait la plus grande partie des
troupes disséminées sur un espace très étendu et
très accidenté. En résumé, malgré des efforts opi-
niâtres, malgré des succès, l'occupation définitive ne
se réalisait pas et l'efficacité du gage restait toujours
hypothétique.

La découverte de la flotte chinoise à Ning-po et
la nécessité de bloquer le Yang-tsé étaient faites
pour laisser croire à l'escadre que son centre d'action serait désormais déplacé du Sud vers le Nord.
Mais l'imprévu joue à la guerre plus qu'ailleurs un
rôle capital. Les combinaisons, que depuis plusieurs
jours chacun élaborait à part soi, allaient se trouver
tout à coup renversées par la mise en exécution d'un
plan que l'amiral méditait depuis longtemps : l'attaque des îles Pescadores.

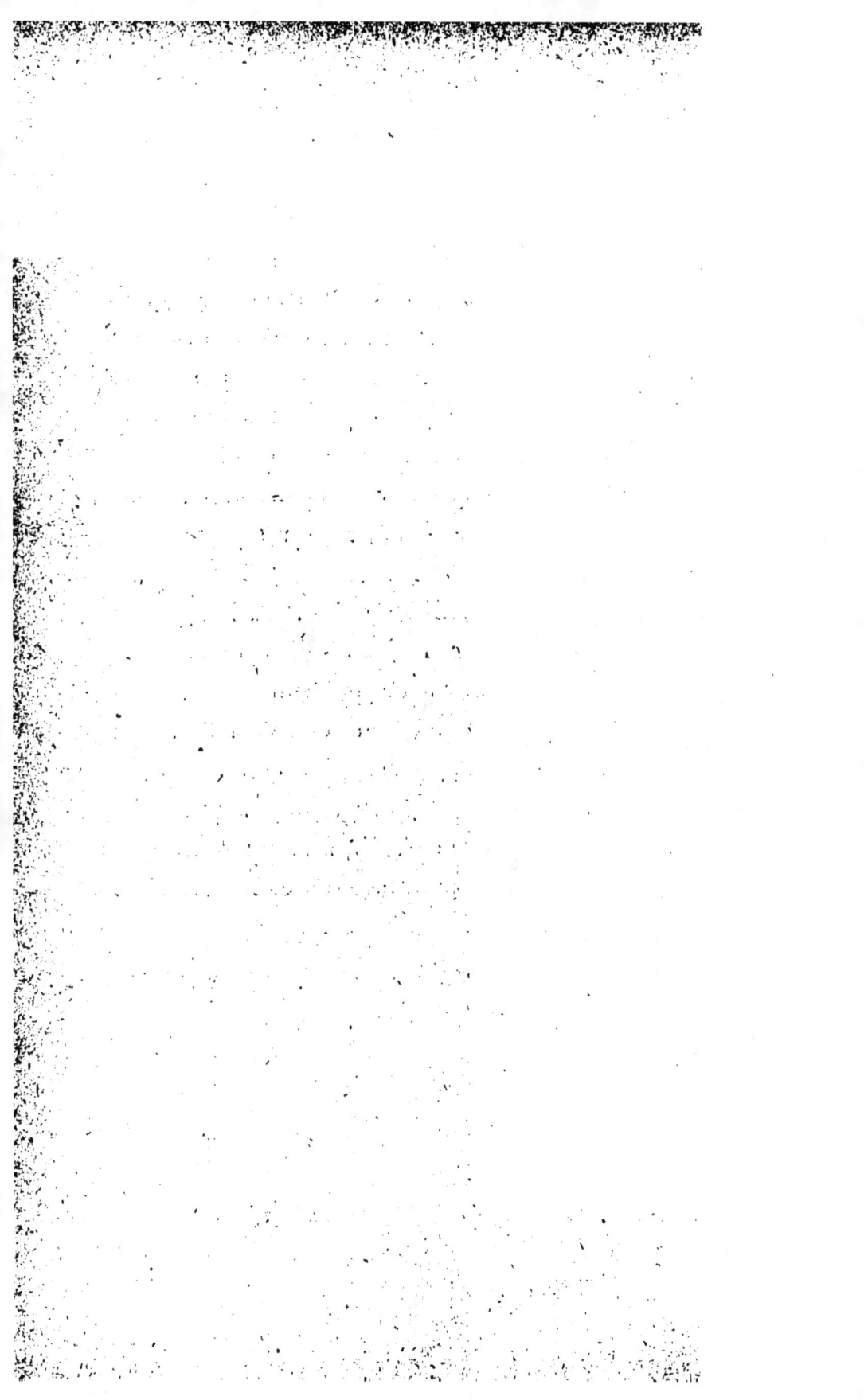

XIV

PRISE DES ILES PESCADORES

(29-31 mars.)

———

Le 17 mars, la *Triomphante*, toujours devant la rivière de Ning-po aux côtés du *Bayard*, était expédiée à Kelung où elle devait porter à l'amiral Lespès l'ordre de venir avec le *La Galissonnière* relever le *Bayard* dans le blocus des croiseurs chinois et dans le commandement de la croisière du riz.

L'amiral Courbet abandonnait donc ces croiseurs qu'il paraissait garder avec tant de satisfaction sous la gueule de ses canons. Que se passait-il ? Était-ce la paix ? Non ; puisque le commandant Baux apportait en même temps de Chin-haï au colonel Duchesne, l'ordre de tenir un bataillon d'infanterie de marine prêt à prendre la mer en vue d'une expédition imminente. Quoi qu'il en fût, le 19, le *La Galissonnière* appareillait de Kelung, et le 23 le *Bayard* venait l'y remplacer. Avant même d'entrer dans la baie, l'amiral Courbet signalait au *Villars* de pousser ses feux, et quelques heures après, ce bâtiment partait pour le Nord. Le 24, le *Château-Renaud* prenait la même direction, remorquant le torpilleur *Douzans*[1], et la *Triomphante* allait à Taï-wan, où elle trouvait le *d'Estaing* et le *Duchaffaut*. Enfin, le 27, le *Bayard* lui-même et l'*Annamite* portant un bataillon pris à Kelung et commandé par M. le chef de bataillon Lange, venaient les y rejoindre. La *Vipère*, partie de Kelung six heures avant le *Bayard* et l'*Annamite,* manquait au rendez-vous. Aussi l'amiral, dès son arrivée, signalait-il à la *Triomphante:* Avez-vous vu la *Vipère?* La mer était énorme, un coup de vent violent se faisait sentir, et on n'était pas sans appréhension sur le sort de la petite canonnière. Les nombreux écueils qui pullulent dans le canal de Formose légitimaient hautement ces craintes.

Le 28, à 3 heures du soir, l'amiral fit appareiller l'escadre qui mouilla quelques heures plus tard dans la grande baie de Ponghou, sans que la *Vipère* fût encore arrivée. C'était bien la prise des Pescadores qui se préparait.

L'amiral, on s'en souvient, n'avait jamais été partisan de l'occupation de Kelung. Dès le 31 octobre, il avait écrit : « C'est une opération sans influence

---

1. C'est durant le cours de cette traversée que ce torpilleur s'est perdu. Dans un gros mauvais temps qui obligea le *Château-Renaud* à chercher un abri sur la côte de Chine, il s'est rempli et a coulé. Personne n'était à bord. On n'eut qu'à déplorer la perte du petit bâtiment.

« sur la cour de Pékin, le blocus qui en est la consé-
« quence immobilisera en pure perte la majeure partie
« de nos forces navales, et le seul régiment de mar-
« che mis à ma disposition. » Depuis cette époque, son
opinion n'avait fait que se raffermir devant les difficultés que créaient, à la fois, la résistance opiniâtre
des Chinois et les déplorables conditions hygiéniques où nous nous trouvions : « nous continuons de
« piétiner sur place », écrivait-il le 15 mars. L'intention bien arrêtée du Gouvernement de ne pas envoyer de nouvelles troupes, l'inefficacité des efforts
du petit corps expéditionnaire, ne pouvaient lui
laisser aucun espoir sur le résultat à attendre de
notre occupation ; et dans sa conviction, la seule solution convenable et digne, était l'évacuation du
Nord de Formose avec la prise des Pescadores
comme compensation. Il voulait, en un mot — puisque la politique des *gages* était la nôtre, — échan-
ger le gage de Formose contre celui des Pescadores.

Toutefois il entendait n'abandonner l'un qu'après
avoir pris et occupé l'autre. Mais les moyens res-
treints dont il disposait, lui permettaient-ils de
mener de front plusieurs opérations à la fois ? Comment détourner de la côte, pour les diriger sur les
Pescadores, quelques-uns des navires à peine suffisants pour assurer le blocus de Formose ? Comment
surtout distraire de Kelung les quelques centaines
d'hommes nécessaires à une nouvelle expédition ?

Bien convaincu de cette double impossibilité, le commandant en chef avait fait auprès du ministre de la marine, les plus vives instances pour qu'un sérieux renfort de navires lui fût envoyé. Il avait eu gain de cause, et une deuxième division venait d'être créée dans l'escadre de l'Extrême-Orient. Le nouveau commandant en sous-ordre, le contre-amiral Rieunier, avait mis son pavillon sur le *Turenne*, cuirassé neuf, frère du *Bayard*. Les croiseurs *Magon*, commandant Puech, *Rolland*, commandant Mayet, *Primauguet*, commandant Buge, étaient partis de France, vers le 1er janvier, ainsi que les canonnières *Comète*, capitaine Noirot, et *Sagittaire*, capitaine Krantz. Enfin, à ces navires le ministère avait joint les deux torpilleurs *44* et *50*[1], commandés par MM. Grenouilloux et Vignot, et, sous le nom de croiseur auxiliaire, le grand paquebot *Château-Yquem*[2], dont le commandement avait été donné à M. le capitaine de frégate Lejard. Tous ces diffé-

---

1. Le *Mytho* avait amené de France ces deux torpilleurs sur sa dunette.
2. Ce paquebot, qui avait été construit d'après les principes de la loi de 1881 sur la marine marchande, reçut à Toulon 6 canons de 14 et autant de Hotchkiss. Il n'avait qu'une vitesse de 12 nœuds, au maximum. Ses installations permettaient mal de le transformer immédiatement en navire de guerre. Il dut faire, dans le port de Toulon, un séjour de plus d'un mois, pour cause de modifications. Il n'avait ni soutes à poudre, ni soutes à projectiles et son pont ne portait pas les circulaires indispensables à son artillerie. Somme toute, ce navire répondait médiocrement à l'idée qu'on s'était faite d'un paquebot-croiseur. C'était plutôt un navire de charge. Remplissait-il ainsi le vœu que le législateur avait formé en concédant une prime aux navires de commerce installés en vue d'une utilisation militaire? Le *Château-Yquem* était loué à la Compagnie bordelaise de navigation à raison de 2,000 fr. par jour.

rents navires allaient arriver prochainement. L'amiral jugea donc possible de tenter l'attaque des défenses de Makung et l'occupation des îles. Il insista pour recevoir l'autorisation d'agir : elle lui fut enfin envoyée.

Le point principal des Pescadores, le port Makung, est une baie très découpée, située à l'extrémité sud-ouest de la plus grande des îles du groupe, appelée île Ponghou. Cette baie a son goulet ouvert au Nord-Ouest. En face de ce goulet, à une distance d'un mille environ, s'étend dans la direction nord-sud, une île longue et étroite, l'île Fisher. L'espace libre entre les deux îles Fisher et Ponghou forme le port Ponghou. En avant et très près du goulet, se trouve une petite île basse, l'île Plate ; en arrière, un petit îlot très bas aussi, l'île Observatoire.

Les ouvrages des ports Makung et Ponghou comprenaient :

Fort casematé de Makung.	3 canons 10. Armstrong, acier rayé, 3 rayures. 4 pièces 14^c_m rayées. Voruz Nantes. 1869. 1 pièce 23^c_m rayée frettée Armstrong. 1 pièce 16^c_m Voruz Nantes.
Fort Noir, batterie barbette à côté du fort Nord.	1 caronade chinoise. 1 canon chinois de 19^c_m. 1 Armstrong 10^c_m, 3 rayures. 2 canons anglais 14^c_m lisses.
Ile Plate (batterie barbette).	2 canons chinois de 18. 2 canons chinois de 11^c_m. 1 canon chinois de 12. 1 canon lisse européen de 14.
Ile Observatoire (en barbette).	1 pièce chinoise de 20^c_m. 2 Armstrong rayées de 10^c_m.
Fort Dutch (en barbette).	2 canons de 22^c_m lisses. 2 canons de 14^c_m lisses.

Port-Makung. Iles Pescadores.

Le camp retranché des troupes chinoises était établi près du village de Makung dans le Nord-Est du fort. Sur l'île Fisher existait une batterie appelée batterie Sianchi ; les renseignements ne disaient pas si elle était armée. Un barrage fermait l'entrée du port Makung.

L'expédition qui allait commencer avait été préparée avec un soin minutieux par l'état-major général. Des ordres clairs et précis mettaient, avec une admirable netteté, chaque capitaine au courant de ce qu'il avait à faire. Les qualités de décision et de coup d'œil que l'illustre chef de l'escadre possédait à un si haut degré, ne se sont jamais manifestées plus éclatantes et plus vives que dans cette affaire. Tout était merveilleusement combiné pour vaincre une sérieuse résistance, et venir à bout d'une défense énergique. Celle-ci ne s'est pas produite, contrairement à l'attente générale ; mais les dispositions prises en cette occasion par le commandant en chef n'en restent pas moins pour attester ses éminentes facultés.

Dans le doute où il se trouvait au sujet de l'armement de la batterie de l'île Fisher, il avait prescrit pour l'opération trois programmes distincts. Le premier programme supposait cette batterie armée ; les deux autres la supposaient non armée. Dans chaque programme, les navires avaient un poste de mouillage déterminé et indiqué sur la carte. Suivant l'état dans lequel l'amiral reconnaîtrait la batterie Sianchi, il signalerait l'exécution de tel ou tel programme. Chacun des postes de mouillage avait, pour l'attaque, un but exactement fixé et réglé d'avance :

Postes 2 et 3. Prendre à revers les batteries du fort Makung.

Postes 4 et 6. Battre le fort Nord de Makung à la limite du champ de tir et le Dutch à revers.

Poste 5. Battre le fort Nord et le Dutch à revers.

Poste 6. Battre le camp Nord des troupes chinoises.

Postes 7 et 8. Battre le fort de l'île Plate et Dutch près de la limite du champ de tir et à l'abri des coups du fort Nord.

Poste 9. Battre l'île Plate à revers ou la batterie Sianchi.

Poste 10. Battre le versant nord du contre-fort du Pic Dôme et l'isthme intermédiaire pour empêcher arrivée ou fuite des troupes.

Poste 11. Battre l'isthme de sable pour arrêter troupes chinoises.

Postes 12-13. Battre la batterie Sianchi à la limite du champ de tir.

Poste 14. Battre la batterie Sianchi à revers.

De tous les postes canonner les jonques qui s'échapperaient et les soldats chinois à la rescousse ou en fuite. Battre les camps. Empêcher de faire des barrages. Éviter de se placer dans le champ de tir d'un bâtiment plus fort et battant mieux.

Le 29 mars, aussitôt après le branle-bas et le déjeuner des équipages, l'appareillage est signalé. Ligne de file dans les eaux du *Bayard* qui ouvre la marche : *Bayard, Triomphante, d'Estaing, Duchaffaut, Annamite*. L'escadre défile devant le phare de

la pointe Lisitah et ne tarde pas à découvrir la batterie Sianchi qui en est proche. Celle-ci paraît dé-
serte : seul, un groupe de quelques Chinois se
montre à côté de l'enceinte, mais son allure est des
plus pacifiques. En conséquence, à 6 h. 55, ordre
est donné d'exécuter les programmes 2 et 3. Chaque
navire manœuvre pour prendre le poste qui lui revient, savoir : *Bayard*, le poste 4 ; *Triomphante*, 7 ;
d'Estaing, 8 ; *Duchaffaut*, 9 ; *Annamite*, 10, 11. Pendant que ces mouvements s'effectuent, à sept heures,
le fort Dutch ouvre le feu. Aussitôt le *Bayard* riposte, puis le *d'Estaing* tire sur l'île Plate et la
Triomphante envoie son premier obus sur la même
île, en même temps que le petit pavois est hissé. Le
feu s'engage des deux côtés avec vivacité. Nos obus
de 24 démolissent rapidement les embrasures du
fort casematé, pendant que ceux de 14 et les Hotchkiss criblent les défenseurs des pièces en barbette.
Aucun de nos bâtiments n'est touché. A huit heures,
les feux de l'île Plate, du fort Dutch et de l'île Observatoire sont éteints, et les défenseurs de ces ouvrages se sauvent à la nage.

« Au fort casematé et aux batteries voisines sur-
« tout, dit l'amiral Courbet, la résistance est plus
« vive. Quelques pièces, servies avec acharnement,
« continuent à tirer. A 8 h. 20, je signale de cesser
« le feu ; le *Bayard* et le *Duchaffaut* seuls conti-
« nuent le tir pour démonter ces pièces. Le *Duchaf-*

« *faut* change de mouillage et se rapproche du fort
« casematé. Les canons chinois sont réduits au si-
« lence les uns après les autres ; deux poudrières
« sautent. A 9 heures et demie, on peut considérer
« le combat comme terminé. Les Chinois ne tireront
« plus que par intervalles des coups de canon inof-
« fensifs [1]. »

A neuf heures, un gros nuage de fumée s'amoncelle
dans l'Ouest. C'est la *Vipère* qui arrive à toute vapeur et toutes voiles dehors. La pauvre petite canonnière a été obligée de prendre la cape pendant
quarante-huit heures. Elle est allée se réfugier à
Quemoy sur la côte de Chine pour attendre une em-
bellie, et la voilà qui accourt au bruit du canon. Elle
se mêle immédiatement à l'action et seconde le *Duchaffaut* pour battre le camp et les batteries barbettes ;
à midi, la *Triomphante* change de mouillage et prend
position devant les batteries du fort Nord. L'amiral
lui signale de démolir les embrasures de gauche.
Celles-ci sont prises à revers et culbutées une à une,
comme dans la rivière Min, à 750 mètres de distance. Cette opération ne nous coûte pas un homme.
A deux heures et demie, la *Triomphante* change encore
de mouillage et va sous l'île Plate. Une section de
sa compagnie de débarquement descend à terre avec
le lieutenant de vaisseau Merlin et les torpilleurs.

1: **Rapport officiel de l'amiral.**

Ils font sauter les six pièces de la batterie de cette petite île, pièces tellement démodées, tellement vieilles et informes qu'on peut les croire antérieures à l'invention de la poudre.

A ce moment, l'amiral met son pavillon sur le *Duchaffaut* et va explorer la baie du Dôme, sur la côte sud de l'île Ponghou, où l'*Annamite* était mouillée, en dehors de la portée des forts. Il fait le signal à l'armée : Préparez troupes de débarquement pour une descente à terre.

L'amiral estimait que le gros des troupes chinoises devait nous attendre dans le Nord de Makung, et que, de ce côté, l'ennemi avait sans doute préparé des abris pour ses tirailleurs, faits qui ont été constatés après le bombardement. En outre, le terrain au Nord du fort présentait une pente rapide et difficilement accessible où nos troupes eussent éprouvé des pertes sérieuses.

Dans ces prévisions, et malgré l'éloignement, la baie du Dôme fut choisie comme point de débarquement ; là, un terrain dégagé permettait à nos troupes, soutenues par leurs canons de montagne et appuyées par deux bâtiments, de combattre avec avantage un ennemi très supérieur en nombre.

Enfin, la marche sur Makung par le Sud et l'Est avait le sérieux avantage de menacer la ligne de retraite de l'ennemi par terre, pendant que l'escadre la menaçait par mer.

Aussitôt ce plan adopté, le débarquement de l'infanterie de marine s'effectue. A cinq heures, on aperçoit le bataillon Lange sur le sommet Dôme. Les troupes se massent et dressent leurs tentes, pendant que quelques sections tiraillent sur des groupes de Chinois qui s'enfuient sans faire de résistance. L'amiral revient vers six heures à bord du *Bayard*, il envoie le *d'Estaing* croiser en dehors, pour empêcher la circulation des jonques, et donne l'ordre de tenir les compagnies de débarquement prêtes à descendre le lendemain matin au jour. De loin en loin dans la soirée, l'ennemi envoie un obus auquel on répond sans tarder; la lumière électrique fonctionne sans interruption. Vers onze heures, M. le commandant Foret et M. le lieutenant de vaisseau Goudot, aides de camp de l'amiral, vont explorer le barrage qui s'étend sur toute la largeur de la passe, tandis qu'un immense incendie allumé par nos obus illumine la ville de Makung.

En somme, cette première journée s'est bien passée : les Chinois ont riposté avec assez d'entrain, mais pas un de leurs coups n'a porté. Le fort Sud est évacué, ainsi que les batteries des deux îlots intérieur et extérieur ; quant au fort Nord, il est hors d'état de nous nuire, ses embrasures étant démolies.

Le lundi 30, les embarcations du *Bayard* s'éloignent du barrage à trois heures du matin et regagnent leur bord. Il y a contre-ordre pour la mise à terre

des compagnies et l'amiral charge la *Triomphante*
de détruire le barrage; il est nécessaire de forcer
l'entrée du port Makung, afin de faire soutenir par
le feu des navires la marche du corps de débarquement. La reconnaissance des deux aides de camp a
appris que ce barrage se compose d'une grosse chaîne
maintenue à trois mètres de profondeur par des
bouées — sans torpilles. La chaîne ne prend même
que la moitié de la largeur de la passe; elle se continue, dans l'autre moitié, par une forte aussière.
Dès cinq heures du matin, le commandant Baux appareille son cuirassé pour se rapprocher de l'entrée;
ses embarcations vont de suite, avec le commandant
Talpomba, procéder au relevage de la chaîne en
commençant par la partie voisine du fort Dutch.
L'opération marche à souhait, malgré une vive fusillade des Chinois cachés derrière un monticule
voisin du fort Nord; il suffit d'une heure pour déblayer un chenal propre au passage des navires. Les
sondes y donnent des fonds de 15 à 20 mètres. A
midi et demi, la passe est entièrement dégagée.
Un seul des travailleurs a été tué.

Pendant que la *Triomphante* achève son opération,
l'attaque se prépare à terre. Dès sept heures, le bataillon se met en marche, et descend du sommet
Dôme vers la plaine. A 7 h. 40, le *Bayard* entre
dans Port-Makung par le passage que les canots de
la *Triomphante* viennent de lui préparer. Il y mouille,

suivi peu après du *Duchaffaut* et de l'*Annamite*. A partir de ce moment, on ne voit plus un seul ennemi dans les forts, l'opération est bien finie de ce côté; c'est entre l'infanterie et les Chinois que la seconde manche va se jouer. La *Vipère* s'enfonce dans la baie, pour protéger de ses canons la marche des troupes qui continuent leur mouvement, tandis que le *d'Estaing,* pour leur rendre le même service, croise en dehors de l'île. Les troupes ne rencontrent de résistance que vers neuf heures et demie du matin. La fusillade est vive et l'engagement nous coûte 1 tué et 2 blessés. Quant aux Chinois, mis bientôt en déroute et poursuivis par les obus de la *Vipère,* ils laissent dans cette première affaire une cinquantaine de morts sur le terrain. Ce fut le seul incident de la journée. A quatre heures du soir, la colonne, traînant péniblement son artillerie dans un terrain sablonneux, établit son bivouac de nuit en un point convenable.

Pendant la matinée, les torpilleurs ont été envoyés pour faire sauter les canons des forts, ceux du *Bayard* au fort Dutch, ceux du *Duchaffaut* à l'île Observatoire. Enfin (ce qui prouve surabondamment l'excellence de ce vaste port), à midi, le *Duchaffaut* accoste l'*Annamite* pour faire du charbon, par le plus beau calme plat qu'on puisse voir, tandis qu'au large il vente frais. C'était bien là le port rêvé, où **pendant la mousson de N.-E.** nos navires se seraient

tenus à l'abri, en parfaite sécurité, tandis qu'à Kelung, ils n'avaient cessé d'être en perdition pendant
tout l'hiver.

Le 31 mars, les compagnies de débarquement de
la *Triomphante* et du *d'Estaing,* sous les ordres de
MM. Poirot et Pradère-Niquet, embarquent dans les
canots du cuirassé et se groupent avec la compagnie du *Bayard* et la batterie de 65%, commandée
par M. le lieutenant de vaisseau Amelot. Elles vont
aborder dans le fond du port, où elles rejoignent le
commandant Lange.

Les forces réunies sous la main de cet officier se
montent ainsi à 650 fusils et 6 canons. La colonne
se met en marche : au sortir d'un village, l'ennemi,
abrité derrière des murs de pierre, la reçoit par un
feu nourri. Les 26ᵉ et 27ᵉ compagnies tournent immédiatement la position des Chinois, les marins donnent à leur suite ; l'artillerie de montagne, unissant
ses feux à ceux de la *Vipère,* achève la débandade
des Célestiaux, qui filent vers le nord de l'île, em-
portant leurs blessés, mais laissant un grand nombre
de morts sur le terrain. A 800 mètres plus loin, établi
sur un plateau fortifié, un dernier groupe de Chinois
bien armés dirige sur nos troupes un feu dangereux.
Les compagnies de la *Triomphante,* du *d'Estaing,*
les 25ᵉ et 27ᵉ compagnies d'infanterie de marine,
enlèvent cette position avec un admirable entrain.

Le *Duchaffaut,* pour appuyer le mouvement de

l'infanterie, pénètre dans l'anse Makung proprement dite, c'est-à-dire dans la petite crique au bord de laquelle la ville de Makung est bâtie. Se faisant précéder par une baleinière qui sonde, il s'avance, mouille et, au fur et à mesure que les sondes le lui permettent, lève l'ancre, la laisse tomber de nouveau et peut ainsi, par enjambées de 150 à 200 mètres, s'avancer jusqu'en face de l'extrémité nord de la ville. Quant aux troupes, après la halte du dîner, elles se remettent en marche en se dirigeant sur Makung. L'artillerie fouille les villages sur son parcours, mais la résistance est brisée depuis le matin. La ville, les deux camps retranchés qui en défendaient les approches, les forts, tout est abandonné et évacué. A 5 heures, nous sommes maîtres de la position et le soir à 8 heures et demie, le *d'Estaing* appareille pour Hong-Kong avec les dépêches qui doivent annoncer à la France le dernier succès de l'escadre de l'Extrême-Orient.

Les pertes sont minimes. La compagnie de la *Triomphante* a eu 2 tués et 4 blessés, dont le lieutenant de vaisseau Poirot, les compagnies du *Bayard* et du *d'Estaing* n'ont pas été touchées. L'infanterie de marine a eu 1 tué et 3 blessés. Les Chinois comptent 300 à 400 tués et autant de blessés, parmi lesquels plusieurs mandarins. Les survivants s'embarquent, à la faveur de la nuit, dans des jonques et échappent ainsi à nos coups.

Enfin, le lendemain 1ᵉʳ avril, quand les premières
lueurs du jour commencent à poindre, les troupes
pénètrent dans le fort Makung, où elles n'avaient
pas eu le temps d'arriver la veille. Elles y plantent
le pavillon français et les clairons sonnent au drapeau. Alors le *Bayard* fait un salut de 21 coups de
canon et joue trois fois la *Marseillaise*. C'est un beau
moment d'enthousiasme. Les îles sont à nous; le
pavillon tricolore flotte sur elles! Désormais elles
ne s'appelleront plus Pescadores, mais bien, *îles des
Pêcheurs*. Cette conquête si nécessaire et si utile a
été faite sans grands sacrifices d'hommes, et tout
l'honneur en revient au chef de l'escadre.

La position géographique des Pescadores est
admirable; elle vaut celle de Hong-Kong et lui est
même supérieure. Ce qui donne à ces îles une valeur incomparable, c'est le port superbe de Makung,
calme en tous temps et d'un accès facile où les navires
du plus gros tonnage peuvent trouver place aisément
dans un havre de 875 hectares, profond de 10 mètres.
Makung est appelé à devenir le plus beau fleuron
de notre couronne coloniale en Extrême-Orient. En
temps de paix, pendant la mousson de Nord-Est,
nos navires y auront un refuge des plus commodes,
et en temps de guerre, ils pourront s'y ravitailler
sûrement, facilement, à proximité, mais en dehors de
la côte chinoise. En outre, les abords de la rade se
prêtent merveilleusement à des constructions dura-

bles de magasins, d'ateliers, de dépôts de charbon
ou de vivres où il sera possible plus tard à nos escadres de faire leurs rechanges et de se réparer. La
petite étendue des îles permettra de les garder avec
quelques troupes. La population indigène, qu'on évalue à 30,000 âmes, est paisible et sera facilement
tenue en respect. Aussi l'amiral, vivement frappé
de ces avantages qu'il prévoyait sans doute, mais
qui dépassent ses espérances, prescrit immédiatement
la création d'un établissement *définitif,* et donne
suite à son projet de faire évacuer et de diriger sur
les Pescadores, le matériel et le personnel qui se
trouvent à Formose.

Il faut citer intégralement le télégramme qu'il
adressait au ministre de la marine dès le 31 mars.
Sa lecture prouvera la facilité et la netteté d'organisation dont était doué le grand chef que la marine
devait bientôt perdre. « Pour assurer établissement
« et centre de ravitaillement aux Pescadores, prière
« d'envoyer 15,000 tonneaux briquettes de charbon
« et ensuite 4,000 par mois; 10 kilomètres de fil
« aérien avec accessoires ; 4 téléphones complets;
« 1 kilomètre porteur Decauville avec 30 wagon-
« nets ; 20 caisses à eau de 4,000 litres ; 10 chalands
« de 25 tonnes ; 6 corps-morts ; 2 chaloupes de 12 à
« 15 mètres ; un ponton avec mâture ; 2 appareils
« de sixième ordre pour feux de port, un vert et
« un rouge ; des pieux à vis pour construction d'un

« wharf. Prière de faire relâcher les messageries ici et
« d'établir un câble télégraphique greffé sur le câble
« de la côte chinoise. Envoyer un ingénieur des
« travaux hydrauliques pour construction ou appro-
« priation des magasins ; un officier supérieur du
« génie pour études de fortifications. Quant au per-
« sonnel administratif et médical, je ferai venir ici
« celui de Kelung si ce point est évacué. »

Pour compléter la prise de possession des îles,
l'amiral envoie une compagnie d'infanterie de marine
s'emparer de l'île Fisher et du phare dont le service
est encore fait par le personnel de l'administration
des douanes chinoises. Aucune résistance n'est
opposée à la descente à terre et à l'installation du
poste de nos troupiers, les indigènes se montrent
très pacifiques. Ils viennent d'eux-mêmes aider au
transport du matériel. Leur attitude est telle que
leurs jonques qui devaient être capturées sont laissées libres. Puisque nous voulons nous établir dans
ces îles, n'est-il pas de tout intérêt de donner aux
habitants des preuves de notre générosité ? L'amiral
le comprend si bien qu'immédiatement il fait pla-
carder dans tous les villages et dans la ville une
proclamation rassurant les Chinois, les invitant à
revenir dans leurs foyers et leur garantissant aide
et protection au cas où les mandarins chercheraient
à les molester.

Avant de s'occuper de l'organisation de la nou-

velle colonie, il importait de savoir les troupes en
sécurité, à l'abri d'une attaque de l'ennemi dans les
positions qu'elles avaient conquises. Aussi, dès le
4 avril, l'amiral avait organisé une colonne volante
qui devait faire le tour de l'île. Elle circula toute la
journée et le soir à 5 heures, le commandant Lange
rendait compte ainsi de sa mission : « Fait le tour de
l'île sans avoir rencontré un seul soldat chinois. Fait
sauter portes du fortin. Proclamations ont été affi-
chées partout. Habitants paraissent rassurés et ren-
trent dans leurs villages ; ils promettent de venir à
Makung vendre leurs denrées. Au retour ai trouvé
poudrière située à 1,800 mètres du fortin. Poudre,
cartouches, fusils, salpêtre, charbon, soufre, y étaient
amassés en quantités considérables. Ai fait sauter le
tout avec la poudre ». Le même jour, un aviso portait à l'île Fisher, pour y être mis en batterie, les
canons de 80 $^m/_{\scriptscriptstyle 13}$ venus de Kelung et le commandant
Lange prenait le titre de *commandant supérieur des
troupes aux îles des Pêcheurs.*

Après les mesures de défense, les dispositions
d'installation furent prises peu à peu. La *Triomphante,* en donnant la chasse à des jonques, s'était
échouée sur un banc inconnu autour duquel les
sondes donnaient 20 à 22 mètres. L'accident n'avait
pas eu de suites fâcheuses, mais il convenait d'en
éviter de pareils dans l'avenir et il était indispensable de faire une hydrographie sérieuse des côtes. La

Vipère fut dans ce but mise à la disposition de
M. l'ingénieur Rollet de l'Isle. En même temps, le
médecin en chef faisait choix d'un emplacement
pour bâtir un hôpital sur l'île Observatoire, et le
Volta, qui arrivait de Kelung, amenait trois médecins et des coolies.

Pour affirmer notre prise d'autorité, un ordre paraissait sur la circulation des jonques. Elles devaient
porter des deux côtés à l'avant, d'une façon très
apparente, un numéro d'ordre précédé d'un P. Les
patrons ne pouvaient circuler qu'avec un permis du
Bayard ou de la direction du port quand celle-ci
serait installée; il leur était interdit de dépasser une
limite de trois milles au large des îles. Peu après, le
service du phare de l'île Fisher était organisé sous la
direction d'un premier maître de timonerie auquel
on adjoignait les hommes qui s'étaient précédemment offerts comme gardiens de phares. Chose
bizarre! le personnel chinois chargé du phare con-
sentait à initier à ce service les marins que nous y
mettions.

Sur ces entrefaites, le *Roland* vint le soir du 2 avril,
mouiller à la pointe Litsitah avec le pavillon de
quarantaine. Cette mesure de prohibition qui excluait
toute communication, intrigua vivement. On ques-
tionna, on parla et le bruit du désastre de Lang-Son
et de la retraite du général de Négrier se répandit
tout à coup, « causant la plus pénible impression à

« tous les étages de la hiérarchie et atténuant grande-
« ment la joie de notre récent succès » [1]. Le lendemain à 11 heures, le *Roland* appareillait avec le
chef d'état-major pour Kelung, où l'amiral l'envoyait
régler diverses mesures en vue de l'évacuation de
Formose.

Ce n'est pas sans un vif sentiment de satisfaction
qu'on avait vu arriver à la pointe de l'île Fisher,
trois jours après la prise des îles, un bâtiment de
commerce d'allure suspecte, portant pavillon anglais. Le *Primauguet*, qui se trouvait mouillé en
dehors, alla le visiter, puis l'accompagna jusque
dans l'intérieur du port Makung. C'était le *Ping-on*,
navire à passagers, vide à cette heure, venant, disait-il, ravitailler le personnel du phare de Litsitah.
Après être resté vingt-quatre heures à proximité de
nos navires, il quitta librement le mouillage, au grand
désappointement de toute l'escadre, qui le connaissait pour un des navires transportant journellement
entre la côte de Chine et Formose des soldats chinois. A ce titre de forceur de blocus, il avait dû
vingt fois tromper la vigilance des bloqueurs et chacun espérait qu'étant venu ainsi se jeter dans la
gueule du loup, il serait gardé soigneusement et
déclaré de bonne prise. Aussi quelle déconvenue
quand on le vit appareiller et prendre le large !

---

1. Lettre de l'amiral Courbet à l'amiral Peyron, 7 mai.

Les impatients, ainsi qu'il leur arrive souvent, devaient, une fois de plus, avoir tort. Sept jours plus tard, le 12 avril, le *d'Estaing* faisait victorieusement son entrée à Makung, escortant ce même *Ping-on*, non plus vide cette fois, mais avec un plein chargement, 770 soldats chinois, 2 généraux à bouton bleu, des officiers et 10,000 piastres !

Tel était le prestige dont jouissait le commandant en chef, telle était la confiance aveugle qu'il inspirait, que jamais il ne venait à l'esprit d'un seul de ses officiers, de commenter une de ses décisions. La manie de la critique, si familière à la jeunesse, ne trouvait jamais place devant les mesures qu'il pouvait ordonner. Tout était bien qui venait de lui. Toutefois, le renvoi du *Ping-on* semblait si inexplicable, qu'on en avait été déconcerté. Mais quand on le vit revenir sous la garde du *d'Estaing*, chargé d'un butin inespéré et regorgeant de troupes, les plus sceptiques furent obligés de convenir que l'amiral avait décidément un don secret d'infaillibilité.

Étrange histoire que cette capture du *Ping-on* et qui met sous un jour curieux la délicatesse et la moralité de ces individus cosmopolites, à professions multiples, moitié commerçants, moitié pirates, que l'on rencontre dans les grandes villes d'outre-mer, en quête d'aventures et d'argent. Le nom typique de *Frères de la Côte,* sous lequel les matelots les désignent, dit assez bien, du reste, le décousu de leur existence. Le capitaine de ce *Ping-on* avait été embarqué quelque temps à bord du *Bayard,* à titre de personnage à renseignements. Il disait connaître admirablement la Chine qu'il habitait depuis quinze ans, et avait demandé à l'amiral de lui acheter un yacht avec lequel il aurait été d'un point à un autre, à la recherche d'indications sur les armements de la Chine, les mouvements de troupes, etc... L'amiral avait répondu qu'il paierait simplement les renseignements qui lui seraient donnés et, en effet, à différentes reprises, ce capitaine avait reçu 200 piastres pour des informations données par lui. Lorsque le 4 avril, il vint aux Pescadores, c'était encore pour vendre ses services. Il informa qu'il devait, quelques jours plus tard, embarquer à Amoy 900 soldats chinois et les transporter sur un point de la côte de Formose qu'il indiquait. On le relâcha le 5. Le *d'Estaing* partit le 8 à sa recherche. Pendant trois jours constamment en marche, à petite vitesse, le croiseur français fit la navette entre deux points peu distants l'un de l'autre; enfin, le 12, dans l'après-midi, sa vigie signala un navire. C'était le *Ping-on !* Le *d'Estaing* courut sur lui, envoya à bord un officier qui, après vérification de l'idendité, donna l'ordre au capitaine de faire route à 200 mètres du navire français. Le 13, le *d'Estaing* et sa prise rejoignaient l'amiral, et le 14, le *Ping-on* arborait le pavillon français. Il recevait pour capitaine M. le lieutenant de vaisseau Serpette.

Le 12 fut la journée des captures. Vers cinq heures du soir, le *Lutin* revint au mouillage, ayant à la remorque une jonque, dans laquelle étaient entassés 84 Chinois, surpris au moment où ils cherchaient à s'évader des îles. C'étaient des soldats réguliers. Ils racontèrent que, mourant de faim et chassés par les insulaires, ils s'enfuyaient pour essayer de gagner Taïwan.

Depuis quelques jours, les mouvements des navires avaient recommencé. Aussitôt les opérations militaires achevées, l'amiral avait fait reprendre le blocus sud de Formose, interrompu momentanément pour permettre à un plus grand nombre de bâtiments de prendre part à l'attaque des Pescadores. Le 6, le *d'Estaing* était revenu de Hong-Kong confirmant la retraite de Lang-Son et annonçant la chute du ministère Ferry et son remplacement par un ministère Brisson-Freycinet. Le même jour, le *Volta* était arrivé de Kelung, mais son état d'usure le rendant impropre au service de l'escadre, il fut renvoyé à la division du Tonkin, d'où il devait, peu après, prendre la route de France. Le transport le *Tonkin* venant également de Kelung, le 9, amenait un grand nombre de malades qu'on éloignait du mauvais climat de Formose. C'est dans ce voyage que la chaloupe le *Georges*, remorquée par le transport, coula à pic. Cette chaloupe devait continuer à Makung le service du port qu'elle avait fait à Ke-

lung depuis plusieurs mois. Le 11, le *Kerguelen*,
venant de la station du Pacifique, et commandé par
M. Agénor Fournier, capitaine de frégate, avait
rallié l'escadre. Puis l'*Annamite* retournait à Kelung
pour l'évacuation et le *Kerguelen*, le *Magon*, le *Lutin*, le *Primauguet*, allaient et venaient dans diverses directions, sans repos ni trêve.

La prise des Pescadores valut à l'habile et vaillant commandant de la *Triomphante*, M. Baux, une
récompense depuis longtemps attendue par toute
l'escadre. Par un décret du 11 avril, il fut élevé
au grade de contre-amiral. En même temps, M. Lemercier-Mousseau, commandant du *Duchaffaut*, était
inscrit d'office au tableau d'avancement pour le grade
de capitaine de vaisseau. Quelques jours plus tard,
MM. Coulombeaud et Buge, commandants du *d'Estaing* et du *Primauguet*, furent faits commandeurs ;
les capitaines de frégate Foret et Le Pontois devinrent officiers et les lieutenants de vaisseau Poirot,
Bunel et Rouxel, chevaliers de la Légion d'honneur. Les aspirants Grout et Boiteux étaient nommés, au choix, enseignes de vaisseau [1].

Le *Tonkin* avait apporté, le 9 avril, les premières
nouvelles des préliminaires de la paix. Rien n'était
officiel encore. Des télégrammes insérés dans les

---

1. Précédemment, l'escadre avait appris les nominations comme chevaliers de la Légion d'honneur de MM. les lieutenants de vaisseau Leprince,
Suisse, Perrin, Pradère-Niquet, Lefèvre, Receveur, Goudot et Mercier.

journaux de Hong-Kong et de Shanghaï assuraient qu'un armistice venait d'être conclu, nous permettant de garder nos positions jusqu'à la signature du traité définitif, et maintenant le blocus du riz et le droit de visite. Mais ces bruits étaient-ils fondés? On était anxieux de le savoir. Et d'ailleurs, que présageait cet armistice? De quelle paix allait-il être suivi?.....

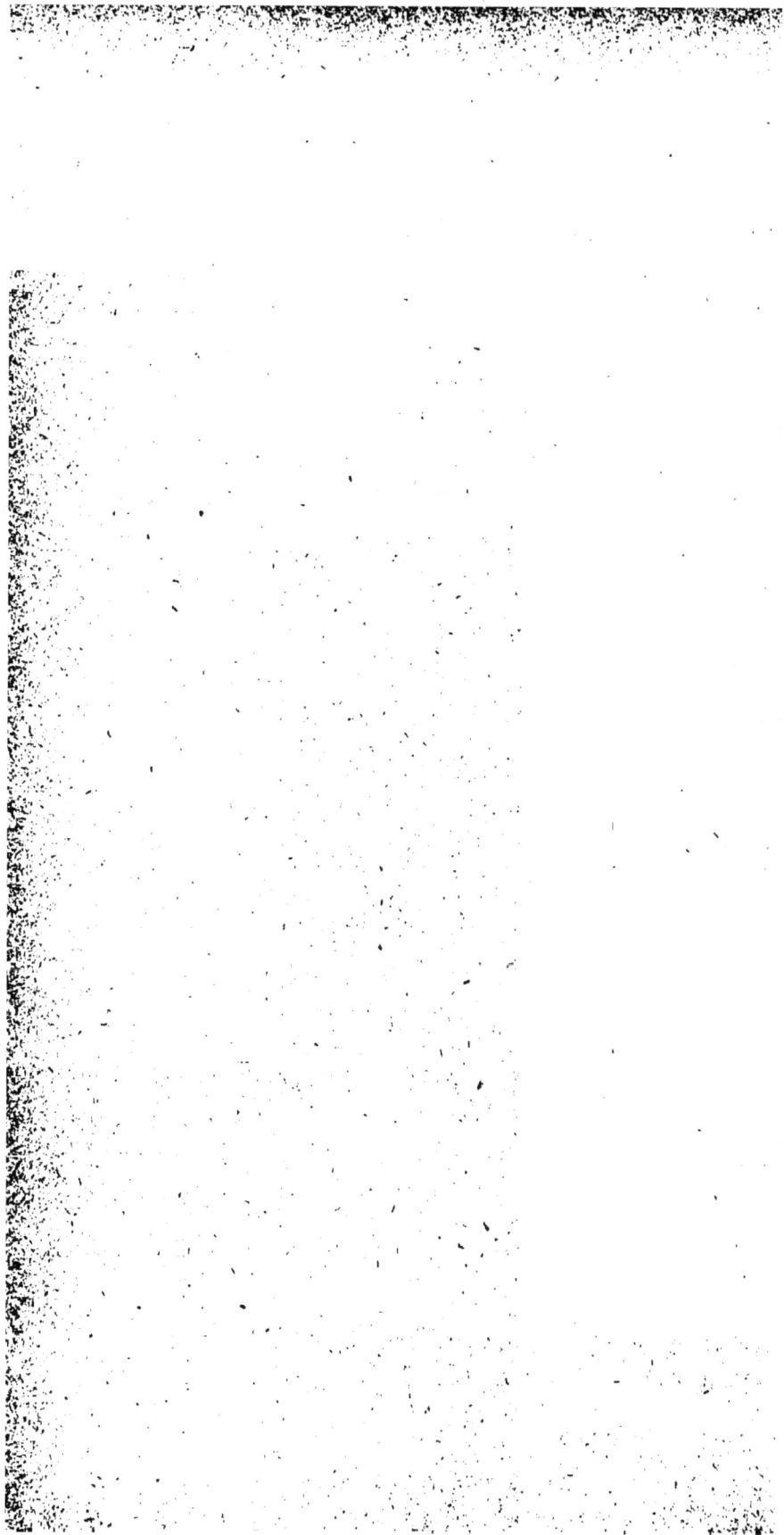

XV

PENDANT L'ARMISTICE. MORT DE L'AMIRAL COURBET

(4 avril - 11 juin 1885.)

————

Le 26 février, c'est-à-dire à la date même où le gouvernement français devait rendre effectif le blocus du riz à l'embouchure du Yangtse, M. Robert Hart, inspecteur général des douanes chinoises, avait adressé à M. Campbell, son agent à Paris, le télégramme suivant pour M. Jules Ferry :

Pékin, 26 février 1885.

L'Empereur a autorisé la proposition des quatre articles suivants :

1° D'une part, la Chine consent à ratifier la convention de Tien-Tsin de mai 1884, et d'autre part, la France consent à ne rien demander de plus que ce qui est stipulé par cette convention.

2° Les deux Puissances conviennent de cesser les hostilités partout, aussi vite que les ordres pourront être donnés et reçus, et la France convient de lever immédiatement le blocus de Formose.

3° La France convient d'envoyer le Ministre dans le Nord, c'est-à-dire à Tien-Tsin ou Pékin, pour arranger le

traité détaillé, et les deux Puissances fixeront alors la date
pour le retrait des troupes.

4° M. James Duncan Campbell, commissaire et secrétaire
détaché de l'inspecteur général des douanes impériales maritimes chinoises, de deuxième classe du rang civil chinois
et officier de la Légion d'honneur, est chargé de pouvoirs
comme commissaire spécial de la Chine pour signer ce protocole avec le fonctionnaire nommé par la France, pour
servir d'entente préliminaire.

Ces propositions, qui n'étaient pas conformes aux
revendications poursuivies par le gouvernement
français, furent accueillies avec quelque réserve.
Cette réserve était d'autant mieux justifiée, que le
général de Négrier remportait à ce moment de brillants succès au Tonkin. La situation n'imposait donc
au Cabinet français aucune hâte de traiter, et les
choses en restèrent là.

Un mois plus tard, les revers succédaient aux
journées heureuses : le désastre de Lang-Son attris-
tait le pays. La nouvelle en arriva à Paris le
30 mars, et répandit aussitôt une indicible émotion.
La Chambre, en renversant le ministère Ferry, manifesta vivement son désir d'une paix immédiate,
et le chef du Cabinet, tombé du pouvoir, n'eut qu'à
livrer la dépêche du 26 février, pour faire rédiger
le *Protocole* suivant, qui porte la date du 4 avril :

Entre MM. Billot, Ministre plénipotentiaire, directeur
des affaires politiques au ministère des affaires étrangères,
James Duncan Campbell, commissaire et secrétaire non

résident de l'Inspecteur général des douanes impériales maritimes chinoises, de deuxième classe du rang civil chinois et officier de la Légion d'honneur,

Dûment autorisés l'un et l'autre à cet effet par leurs Gouvernements respectifs ;

Ont été arrêtés le protocole suivant et la note explicative y annexée :

ART. 1er.

D'une part, la Chine consent à ratifier la convention de Tien-Sin du 11 mai 1884, et d'autre part la France déclare qu'elle ne poursuit pas d'autre but que l'exécution pleine et entière de ce traité.

ART. 2.

Les deux puissances consentent à cesser les hostilités partout, aussi vite que les ordres pourront être donnés et reçus et la France consent à lever immédiatement le blocus de Formose.

ART. 3.

La France consent à envoyer un Ministre dans le Nord, c'est-à-dire à Tien-Tsin ou à Pékin, pour arranger le traité détaillé, et les deux puissances fixeront alors la date pour le retrait des troupes.

Fait à Paris, le 4 avril 1885.

Signé : BILLOT.

Signé : CAMPBELL.

Note explicative du protocole du 4 avril 1885.

1° Aussitôt qu'un décret impérial aura été promulgué, ordonnant la mise à exécution du traité du 11 mai 1884, et enjoignant par conséquent aux troupes chinoises qui se trouvent actuellement au Tonkin de se retirer au delà de la frontière, toutes les opérations militaires seront suspendues sur terre et sur mer, à Formose et sur les côtes de Chine ; les commandants des troupes françaises au Tonkin recevront l'ordre de ne pas franchir la frontière chinoise.

2° Dès que les troupes chinoises auront reçu l'ordre de passer la frontière, le blocus de Formose et de Pak-Hoï sera levé et le Ministre de France entrera en rapport avec les plénipotentiaires nommés par l'Empereur de Chine, pour négocier et conclure, dans le plus bref délai possible, un traité définitif de paix, d'amitié et de commerce. Ce traité fixera la date à laquelle les troupes françaises devront évacuer le nord de Formose.

3° Afin que l'ordre de repasser les frontières soit communiqué le plus vite possible par le Gouvernement chinois aux troupes du Yunnan, le Gouvernement français donnera toutes facilités pour que cet ordre parvienne aux commandants des troupes chinoises par la voie du Tonkin.

4° Considérant toutefois que l'ordre de cesser les hostilités et de se retirer ne peut parvenir le même jour aux Français et aux Chinois et à leurs forces respectives, il est entendu que la cessation des hostilités, le commencement de l'évacuation et la fin de l'évacuation auront lieu aux dates suivantes :

Les 10, 20 et 30 avril, pour les troupes à l'est de Tuyen-Quan ;

Les 20, 30 avril et 30 mai, pour les troupes à l'ouest de cette place.

Le commandant qui, le premier, recevra l'ordre de cesser les hostilités, devra en communiquer la nouvelle à l'ennemi le plus voisin, et s'abstiendra ensuite de tout mouvement, attaque ou collision.

5° Pendant toute la durée de l'armistice et jusqu'à la signature du traité définitif, les deux parties s'engagent à ne porter à Formose ni troupes, ni munitions de guerre.

Aussitôt que le traité définitif aura été signé et approuvé par décret impérial, la France retirera les vaisseaux de guerre employés à la visite.... etc., en haute mer et la Chine rouvrira les ports à traité aux bâtiments français.... etc.

En exécution de ce protocole, un décret impérial du 13 avril ratifia la convention du 11 mai 1884 du commandant Fournier[1], et enjoignit aux troupes chinoises de se retirer du Tonkin. La nouvelle officielle en parvint à l'escadre le 15, et le jour même le *d'Estaing* et le *Champlain* portèrent aux bloqueurs

---

1. Il a été si souvent question de cette convention célèbre qu'il n'est pas inutile d'en donner le texte :

Entre M. Fournier et S. E. Li-Hung-Chang, etc.....

Art. 1er. La France s'engage à respecter et à protéger contre toute attaque d'une nation quelconque, et en toutes circonstances, les frontières sud de la Chine limitrophes du Tonkin.

Art. 2. La Chine, rassurée par les garanties formelles de bon voisinage qui lui sont données par la France quant à l'intégralité et à la sécurité de ses frontières sud, s'engage à retirer immédiatement sur ses frontières toutes les garnisons chinoises du Tonkin, et à respecter dans le présent et dans l'avenir, les traités directement faits ou à faire entre la France et la cour d'Annam

Art. 3. Reconnaissante de l'attitude conciliante de la Chine et pour rendre hommage à la sagesse patriotique de S. Exc. Li dans la négociation de cette convention, la France renonce à demander une indemnité à la Chine. En retour, la Chine s'engage à admettre sur toute l'étendue de sa frontière sud limitrophe du Tonkin, la liberté du trafic des marchandises entre la France et l'Annam d'une part et la Chine de l'autre, à régler par un traité de commerce et de tarifs à faire dans l'esprit le plus conciliant de la part des négociateurs chinois et dans des conditions aussi avantageuses que possibles pour le commerce français.

Art. 4. Le Gouvernement français s'engage à n'employer aucune expression de nature à porter atteinte au prestige de la Chine dans la rédaction du traité définitif qu'il va contracter avec l'Annam et qui abroge les traités antérieurs relatifs au Tonkin.

Art. 5. Dès que la présente convention aura été signée, les deux Gouvernements nommeront leurs plénipotentiaires, qui se réuniront, dans un délai de trois mois, pour élaborer un traité définitif sur les bases fixées par les articles précédents.

Conformément aux usages diplomatiques, le texte français fera foi.

de Formose l'ordre de lever le blocus. En conséquence, dès le 16, le *Duchaffaut* et la *Comète* arrivaient de Taï-wan, le *Duguay-Trouin* et le *Roland* de Tamsui.

. Toutefois, suivant le cinquième paragraphe de la *Note explicative,* les troupes françaises devaient rester, pendant toute la durée de l'armistice ainsi conclu, sur les points du territoire chinois qu'elles occupaient tant au Tonkin qu'à Formose, et les vaisseaux de guerre pouvaient continuer à exercer la visite, pour empêcher la contrebande du riz.

Dans ces conditions, il n'y avait donc pas à modifier la situation des croiseurs qui tenaient dans le Nord le blocus du Yang-tse; mais il devenait absolument nécessaire de suspendre l'évacuation de Formose déjà commencée. Nos ennemis auraient probablement vu, dans cette évacuation, non pas l'échange du gage de Kelung contre celui des Pescadores, mais le simple abandon d'un territoire conquis par nos armes; et tout ce qui pouvait être interprété comme de l'impuissance ou de la faiblesse devait être à tout prix évité par nous, à la veille de la négociation d'un traité de paix. Aussi l'amiral Courbet se hâta de donner aux troupes du corps expéditionnaire de Kelung l'ordre de rester dans leurs positions. Il fit simplement évacuer le matériel maritime et militaire, accumulé naguère à Formose en vue de l'établissement qu'on y avait projeté, et il le fit diriger sur les Pescadores.

Il faut remarquer, en effet, que le protocole ayant été signé à Paris au moment même où s'accomplissait la prise de ces îles, le document en question ne prononçait pas leur nom. La note explicative était muette sur leur reddition future ; elle ne parlait que de l'évacuation du nord de Formose [1]. L'amiral pouvait donc avoir l'espoir que sa dernière et admirable conquête serait conservée à la France; aussi, malgré l'armistice, continua-t-il de mettre à exécution les plans qu'il avait formés dès l'origine. Convaincu chaque jour davantage du merveilleux avenir réservé à Port-Makung et aux îles des Pêcheurs, il ne négligea rien pour y fonder au plus tôt l'établissement complet et durable qu'il jugeait nécessaire.

Le commandant de Maigret, chef d'état-major de l'escadre, était, comme on l'a vu, parti pour Formose dès le 3 avril; il y resta plus d'un mois avec mission d'y régler tous les détails de l'embarquement et du transport sur les Pescadores des approvisionnements et du matériel. Grâce à ses habiles mesures, grâce aussi à l'activité que chacun déploya, on put créer à Makung, en quelques semaines, presque en quelques jours, un centre d'approvisionnement et de ravitaillement, propre à suffire aux exigences d'une escadre qui ne comptait pas alors moins de 34 bâtiments. C'était là un véritable tour

---

1. Voir le § 2.

de force; mais que ne peut-on accomplir avec une volonté opiniâtre et une ardeur à toute épreuve?

Le 6 avril, un personnel médical détaché des ambulances de Kelung était arrivé à Makung. Il fut installé dans une immense maison, autrefois le yamen du mandarin, construction très aérée, avec cours, jardins et nombreuses dépendances. Celles-ci furent, dans la suite, transformées en autant de salles parfaitement isolées où les conditions hygiéniques étaient bonnes et où les malades se trouvèrent bien lors de la réapparition de *l'algide*. Car elle revint cette sinistre maladie, frappant ceux qu'elle avait épargnés à Kelung, faisant de nouvelles et trop nombreuses victimes. Oh! ces misères, ces maladies! de quelle impression douloureuse et navrante elles enveloppent les souvenirs de ceux qui se trouvaient alors dans cette vaillante escadre!

Outre le personnel médical, un navire avait amené un ingénieur des constructions navales, M. Duplaa-Lahitte et un entrepreneur français de Saïgon, agent de la maison Eymar. On commença aussitôt la construction de deux appontements. La besogne fut rapidement menée. Une *direction du port* put être bientôt constituée. Elle fut confiée à M. le capitaine de frégate Ferrand, récemment venu du Tonkin où il commandait le *Léopard*. Il reçut le titre de *commandant de la marine* et eut pour adjoint le lieutenant de vaisseau Brion de la *Triomphante*. On détacha sous ses ordres un nombreux personnel de sous-officiers et de matelots, pris sur tous les bâtiments, et 300 prisonniers du *Ping-on* qui devinrent de précieux auxiliaires pour tous les travaux de force.

Alors commença cet énorme travail du débarquement du matériel qui venait de Formose. Les bâtiments y coopéraient tous, en envoyant au navire à décharger des embarcations et des hommes. Chaque jour 250 marins de corvée travaillaient sans relâche depuis cinq heures du matin jusqu'à la nuit. Ils étaient obligés de se surmener, car certains bâtiments de commerce, comme le *Welcome,* affrétés pour une période limitée devaient toucher 1,500 fr. par jour de retard dans leur déchargement. Les embarcations accostaient le long des appontements et étaient déchargées dans les wagonnets qui roulaient sur un chemin de fer Decauville. On créa de la sorte à terre, et fort rapidement, un vaste dépôt de charbon. On disposa dans d'anciens hangars, réparés et appropriés, des magasins à vivres et, auprès d'eux, un parc aux bœufs, alimenté par les paquebots des Messageries maritimes. Le service des vivres fonctionna ainsi de très bonne heure. Les navires et la troupe envoyaient tous les matins à la *distribution.* On aurait pu se croire dans l'un des ports de France. Comme à Brest ou à Toulon, le bâtiment qui quittait *la garde* à huit heures du matin, était chargé ce jour-

là d'envoyer aux *subsistances* le médecin, le commissaire et l'officier *de commission*.

Le *Fei-ho* avait été mis à la disposition de l'ingénieur hydrographe Rollet de l'Isle. Une carte de la
rade fut dressée immédiatement; on y numérota les
mouillages de 1 à 40. Lorsque le sémaphore de l'île
Fisher signalait un navire, l'amiral désignait son
mouillage en hissant un numéro : 15, par exemple.
Les deux bâtiments les plus rapprochés du poste 15,
c'est-à-dire les navires mouillés à 14 et à 16, his-
saient respectivement ces numéros, en sorte que
le nouveau venu n'avait qu'à venir se placer au
poste intermédiaire que lui indiquaient ses deux
voisins.

L'organisation des défenses des îles et de la rade,
commencée par l'installation d'une batterie de 80$\frac{m}{m}$
sur l'île Fisher, n'était pas perdue de vue. Un commandant d'artillerie de marine avait été, dans ce but,
mandé de Kelung. Il avait fait réparer dans les forts
les dégâts que nos obus y avaient causés. Deux
batteries de 90$\frac{m}{m}$ amenées de France le 5 mai par le
Château-Yquem, avec des mulets et des artilleurs,
étaient destinées à armer ces forts.

Pendant ce temps, les troupes et les compagnies
de débarquement laissées à terre (*Bayard, Triomphante, d'Estaing*) nettoyaient leurs casernements et
s'y installaient pour le mieux. Vers la fin d'avril,
quand les travaux les plus indispensables eurent été

exécutés, le commandant en chef fit étudier l'assainissement de la ville. Sa malpropreté entretenait, si elle n'engendrait pas, l'*algide* ou la fièvre typhoïde. On combla deux ou trois ruisseaux infects, on rasa les maisons sordides qui avoisinaient les cantonnements, on déblaya les décombres, on perça de larges avenues, on répandit à profusion du sulfate de fer et de l'acide phénique, et, peu à peu, l'état sanitaire devint meilleur.

Les indigènes, rassurés par les proclamations de l'amiral, s'étaient rapprochés de nous, ils rentraient dans leurs villages et s'adonnaient, comme par le passé, aux travaux des champs. Ils venaient en toute confiance vendre fruits et légumes. Un petit marché était installé dans la ville et rendait facile l'approvisionnement des tables. On y trouvait du veau, des volailles, des œufs en abondance. Les navires, si mal partagés depuis de longs mois, profitaient des bienfaits de ce retour au calme et à la sécurité. Le poisson affluait dans les sampans qui circulaient sur rade ; il était à si bas prix que sur les fonds du *détail* on pouvait en offrir journellement aux équipages. Les paquebots des Messageries, qui depuis le 10 avril faisaient escale à Makung, apportaient en outre du Japon, moutons, gibiers, fruits, etc..., au grand détriment et au grand déplaisir des *mercantis* et des *storekeepers* qui étaient venus prendre d'assaut la place de Makung. Ces indus-

triels sans pudeur, sortes de vampires du soldat et
du matelot, faisaient payer les moindres choses le
quadruple de leur valeur. C'était une exploitation
sans nom. L'amiral avait essayé de régenter la vente,
mais il n'avait guère pu tarifer que les objets de
première nécessité pour les troupes.

En somme, la vie matérielle devenait presque
facile. L'existence n'avait plus la rigueur des mois
précédents : les équipages goûtaient enfin un peu
de repos; les chauffeurs pouvaient abandonner leurs
chaudières éteintes; et les navires eux-mêmes, dés-
habitués depuis longtemps de tous soins de coquetterie, reprenaient leur apparence ordinaire. La mousson de Nord-Est venait de cesser et la belle saison
qui précède la venue de la mousson de Sud-Ouest
avait fait son apparition. D'ailleurs, dans cette superbe rade, le roulis était inconnu. Sur les bâtiments toujours tranquilles on était assuré de goûter,
pendant la nuit, un sommeil réparateur. Des promenades à terre venaient rompre la monotonie du
séjour à bord et on pouvait s'aventurer dans les environs de la ville sans risquer, comme à Kelung,
d'être fusillé par quelque sentinelle chinoise. Les
officiers possédés de la manie du *bibelot* trouvaient
aisément à occuper leurs loisirs. Les pagodes nombreuses de l'île Ponghou étaient une mine inépuisa-
ble de bouddhas et de statuettes de bois doré, d'objets
curieux que les bonzes eux-mêmes, ô profanation!

ne se refusaient pas à vendre. La maladie du bibelot est contagieuse : peu à peu, elle s'était répandue
partout et chacun allait faire à terre sa moisson de
curiosités et de souvenirs. Jusqu'à un excellent et
digne aumônier de la flotte que l'on vit un jour rap-
portant triomphalement dans ses bras un superbe
bouddha, naguère ornement d'un temple païen !

Tandis que l'organisation de Makung s'accomplissait avec une célérité et un ordre qui font grand
honneur aux officiers de l'état-major de l'amiral,
l'escadre ne restait pas inactive. Elle avait à s'employer dans les quatre rôles qui lui étaient maintenant dévolus : voyages à Kelung — service des dépêches — surveillance des passes des Pescadores —
blocus du riz à l'embouchure du Yang-tse.

Les allées et venues entre Formose et Makung
étaient incessantes. Presque tous les navires étaient
employés au transport du matériel. C'est dans l'un
de ces voyages que se perdit, le 30 avril, le torpilleur de M. Campion, n° *46*. Il était à la remorque
du *d'Estaing*, sans personne à bord, comme cela se
pratique toujours. L'amarre qui le reliait au croiseur
passait dans une manille dont le boulon se brisa. Le
d'Estaing ne put pas le reprendre à cause de l'état
de la mer. Il chercha seulement à se maintenir auprès de lui. Mais la nuit survint, la mer grossit
davantage et le torpilleur échappa dans l'obscurité
à sa surveillance. L'amiral envoya le surlendemain

L'ESCADRE DE L'AMIRAL COURBET.

quatre navires à la recherche du petit bâtiment : aucun ne réussit à le retrouver.

Les dépêches étaient portées à Hong-Kong par les croiseurs. La correspondance de l'amiral étant alors des plus considérables, deux de ces bâtiments devaient marcher en même temps, l'un allant de Makung à Hong-Kong, l'autre faisant le trajet inverse. Mais ces voyages, loin d'être pénibles, offraient à ceux qui les effectuaient la compensation d'une relâche agréable.

La surveillance des passes des Pescadores incombait aux canonnières. Dans le début, cette surveillance avait pour cause la nécessité de traquer les 1,500 soldats chinois défenseurs de Makung qui, relégués dans la partie de l'île la plus éloignée de nous, cherchaient à fuir et à gagner Formose. C'est ainsi que le *Lutin*, on s'en souvient, en captura un jour quatre-vingts blottis dans le fond d'une jonque. Plus tard, les canonnières durent croiser autour de l'île pour en défendre l'accès à de nouvelles troupes. Elles eurent aussi à protéger les paisibles habitants des villages ralliés à nous, et même à leur prêter main-forte contre les mandarins qui tentaient de les inquiéter ou de les molester.

Quant au blocus du riz, il restait tenu avec la même rigueur. Il importait plus que jamais, malgré l'armistice, de continuer les mesures prohibitives dont l'effet avait été si puissant sur les dispositions

du gouvernement chinois. Le centre d'opérations
était le mouillage de l'île Kintang, plus tard appelé
mouillage de Taou-sé, du nom d'un village chinois,
situé sur une petite île, où l'amiral Lespès avait
réussi à faire créer un marché très bien fourni en
vivres et provisions de toutes sortes. L'importance
de la croisière et de la flotte détachée devant le
Yang-tse obligeait à maintenir constamment un
bâtiment amiral dans le Nord. Le *Bayard* y demeura
jusqu'au 21 mars, jour où l'amiral Courbet alla
mener en personne la prise des Pescadores; l'amiral
Lespès y resta du 21 mars au 28 mai, époque où il y
fut relevé par l'amiral Rieunier et le *Turenne*. Le
service était organisé de la façon suivante : devant
la rivière Yung, stationnaient deux bâtiments, la
frégate amirale au poste de Taou-sé, et un croiseur
en grand'garde sous l'île Ta-yew. Ce service de
grand'garde était plus spécialement fait par l'*Éclaireur*, le *Rigault*, le *Champlain*. Tous les autres navires étaient échelonnés de Gutzlaff à Shaweisham,
sous la direction du capitaine de vaisseau le plus
ancien. C'étaient le *Nielly*, le *Lapérouse*, le *Château-
Renaud*, auxquels se joignirent dans la suite le *Magon*, le *Roland*, le *Primauguet*, le *Villars*. Ils allaient
à tour de rôle à Taou-sé se ravitailler en vivres et
en charbon, apportés par les grands vapeurs français
Tancarville, *Cachar*, etc.

Ce blocus du Yang-tse était aussi ingrat que par

le passé : toujours les mêmes allées et venues, les mêmes *ronds dans l'eau,* les mêmes mouillages en pleine mer, les mêmes piétinements sur place lassants et monotones ; mais cette fois, aux ennuis ordinaires, s'ajoutaient la rigueur d'une température extrêmement froide et les dangers d'une brume presque continuelle ; en outre, la vigilance la plus soutenue était nécessaire dans ces parages fréquentés par d'innombrables steamers de toutes tailles et de toutes nationalités.

Deux des bâtiments bloqueurs avaient réussi à inspirer une véritable terreur aux consignataires de navires à Shanghaï, qui les désignaient sous les noms de *white* et de *black*, le blanc et le noir. Ces deux bateaux, que leur vitesse de 15 nœuds rendait redoutables, étaient le *Primauguet* peint en blanc et le *Nielly* peint en noir. C'est à ce dernier navire qu'on dut le 28 mai, presque à la fin du blocus, la capture de l'insaisissable *Waverley.* Ce bâtiment avait si souvent mis en défaut la vigilance de nos croiseurs, que son audace ne connaissait plus de bornes. Il poussait l'impertinence jusqu'à faire annoncer par les journaux le moment de son départ ainsi que sa destination. Certain jour il fut signalé par M. Patenôtre, comme devant quitter Shanghaï avec une cargaison suspecte. L'avis en étant parvenu au commandant du *Magon,* sous-chef de la station, le commandant des Essards obtint, sur sa demande, d'aller avec le *Nielly* attendre le *Waverley* à 100 milles au nord de Shaweisham. Les choses se passèrent comme elles avaient été dites. Le soir, le navire anglais partit de Shanghaï sans feux, naviguà toute la nuit près de la côte, loin du *Magon* qui l'attendait à la sortie des passes habituelles, et au petit jour, se trouva à sa grande stupéfaction en présence du *Nielly*. Il était abondamment chargé de plomb, d'étain, de soufre et de salpêtre. Sa capture fut décidée [1] et le lieutenant de vaisseau Couturier le conduisit à Makung, où il arriva le 30 mai.

Lorsque la prise des Pescadores fut un fait accompli, tous ces navires vinrent successivement à Makung passer une ou deux semaines pour visiter leur machine et se reposer de leurs fatigues. Là seulement, ils pouvaient éteindre leurs feux que, depuis six mois, les uns et les autres gardaient toujours allumés. Là seulement, il était possible aux officiers en second de s'occuper de la propreté des bâtiments dont aucun, depuis six mois, n'avait reçu une seule couche de peinture.

La saisie du *Wawerley* fut le seul incident notable de cette longue et dure croisière, dont les équipages commençaient alors à entrevoir le terme. Ils savaient

---

1. D'après des instructions reçues dans les derniers temps du blocus, nos croiseurs ne pouvaient saisir que les navires dont la contrebande de guerre formait les trois quarts du chargement total. C'était le cas du *Wawerley*.

que M. Patenôtre, entré en relations directes avec
Li-Hung-Chang à Tien-Sin, était sur le point de
conclure et de signer une paix définitive.

Cette paix prochaine était depuis un mois, à bord
des navires, l'unique et constante préoccupation. On
cherchait à pressentir ce qu'elle serait, on espérait
surtout qu'elle rapporterait à la France quelque
honneur ou quelque profit. Aussi éprouva-t-on une
réelle déception lorsqu'on apprit que l'abandon des
Pescadores était presque décidé. Les télégrammes
reçus par l'amiral, vers la fin du mois de mai, ne
pouvaient laisser que bien peu de doute à cet égard.
Alors, au souvenir du sang versé et des efforts accu-
mulés, un amer découragement s'empara de chacun.
Le sentiment très vif d'orgueil national qui se trouvait au fond du cœur de tous les officiers et même
de tous les matelots, leur faisait désirer, avant et
par-dessus tout, une paix glorieuse, eussent-ils dû,
pour cela, voir se prolonger encore les fatigues endurées. L'abandon probable des Pescadores les alar-
mait profondément. Ils ne pouvaient s'habituer à
l'idée que cette récente conquête ne resterait pas, à
tout jamais, une terre française, et l'amiral Courbet,
pénétré plus que personne de l'importance de cette
possession nouvelle, luttait auprès du Gouvernement pour sa conservation avec toute l'autorité de
sa haute influence et la ténacité de son énergique
caractère.

La France s'étant engagée formellement par l'article 1er du protocole à ne poursuivre d'autre but que l'exécution de la convention Fournier et celle-ci n'ayant mentionné aucune acquisition de territoire, il était assurément difficile de donner satisfaction immédiate à la vive et patriotique insistance de l'amiral demandant à ne pas abandonner les Pescadores. Mais la chose était-elle absolument impossible? Ne pouvions-nous faire dans le traité avec la Chine une concession quelconque, territoriale ou autre, afin de nous assurer, en retour, la possession définitive de ces îles qui constituent dans les mers de Chine une position sans égale, au double point de vue maritime et politique? Par notre nouvelle frontière du Tonkin, nous allions nous trouver en voisinage immédiat avec la Chine. Voisinage ne signifie pas toujours amitié. Dès lors, la plus simple prévoyance ne nous commandait-elle pas de tout faire pour conserver ce groupe d'îles qu'une merveilleuse situation géographique place comme une sentinelle avancée au cœur même du vaste empire de nos voisins?

Il en fut jugé autrement, et bientôt parurent les ordres relatifs à l'évacuation prochaine. Des mesures furent ordonnées pour l'embarquement du matériel récemment mis à terre. Les bâtiments eurent de nouveau à fournir des hommes et des embarcations, et le travail des premiers jours d'avril recommença, mais en sens inverse. Le *Nantes-Bordeaux*, le *Cachar*, le *Château-Yquem*, les transports, les croiseurs et les cuirassés eux-mêmes reçurent du matériel.

On était occupé à cette besogne qui provoquait plus d'un regret, quand, soudain, toutes les pensées furent douloureusement détournées par un événement imprévu, un irréparable malheur. L'amiral Courbet était mort ! Ce chef illustre et aimé n'était plus !

Le 11 juin, à 7 heures du soir, les navires présents sur rade de Makung apprenaient brusquement que l'amiral était à toute extrémité. Ce fut de la stupéfaction, tant le coup était imprévu. Quelques jours avant, on l'avait vu accompagnant jusqu'au cimetière, par un soleil de plomb et nu-tête, le corps de M. Dert, sous-commissaire de la marine. La veille encore, il dirigeait en personne les mouvements de son escadre et brutalement sa mort apparaissait imminente. On voulait douter et ne pas croire. Mais la communication était officielle. Il n'y avait plus d'illusion possible.

On savait que l'amiral était souffrant depuis deux jours. Atteint d'une affection chronique des intestins contractée dans les pays chauds, il avait été pris, au mois d'avril, d'une crise aiguë qui avait inspiré à son entourage de sérieuses inquiétudes. Des soins dévoués et surtout une volonté de fer avaient eu raison du mal. Pendant quelques semaines sa santé parut revenir. La prise des Pescadores, en lui don

nant les joies d'un nouveau succès, améliora encore
son état, mais au milieu du mois de mai, ses forces
baissèrent sensiblement. Les conserves qui formaient
l'unique alimentation des navires, répugnaient à son
estomac fatigué. Le lait seul pouvait lui convenir,
et il avait dû faire acheter à Hong-Kong une vache
pour lui en fournir. Les fatigues physiques d'une
campagne déjà longue, et l'énorme préoccupation
d'un commandement si actif rendaient malheureusement une rechute inévitable. Le ministre, mis au courant de cette situation, venait d'autoriser le *Bayard*
à opérer son retour en France, les assurances de paix
étant formelles ; mais sourd aux instances les plus
affectueuses et les plus pressantes, l'amiral était décidé à n'user de cette liberté qu'après la conclusion
définitive du traité. Il voulait rester jusqu'au dernier
jour à la tête de son escadre.

La rechute redoutée se produisit, elle fut foudroyante. Les premiers symptômes se déclarèrent
le 10, atténués et bénins. La nuit du 10 au 11 fut
mauvaise.

« Le 11, dans l'après-midi, l'aumônier du *Bayard*[1],
« ami particulier de l'amiral, vint le voir et resta
« seul avec lui. Le vaillant marin, qui avait vécu en
« croyant, voulait mourir en chrétien. Le prêtre lui
« administra les derniers sacrements, que le malade

---

1. Récit de M. le docteur Doué médecin en chef de l'escadre.

« reçut en pleine connaissance, avec la foi la plus
« vive. Puis il fit venir son secrétaire et l'entretint
« quelques instants.

« L'amiral Lespès, informé que les derniers mo-
« ments approchaient, accourut près de son frère
« d'armes. Le mourant n'eut plus la force de lui
« tendre la main ; le docteur soutint son bras et il
« put ainsi transmettre, dans une dernière étreinte,
« à celui qui devait le remplacer, le commande-
« ment de l'escadre au milieu de laquelle il avait
« voulu mourir.

« L'état-major se succédait dans l'étroite chambre
« où l'amiral s'éteignait doucement.

« Le docteur prit dans ses mains les mains du
« malade ; de temps à autre un léger mouvement
« indiquait que la vie ne l'avait pas abandonné :
« soudain, toute pression cessa. Courbet ouvrit une
« dernière fois ses yeux et les tourna vers le ciel
« comme pour dire un dernier adieu à sa famille
« qu'il ne devait plus revoir, à tous ces vaillants qui
« l'entouraient, à cette France qu'il aimait tant et
« pour laquelle il mourait ; il poussa un soupir et
« ce fut le dernier. »

A 11 heures du soir, le canot à vapeur de garde
portait à la terre et aux bâtiments, tenus en éveil par
une anxieuse attente, l'annonce du fatal dénouement.
Une sorte de lettre de faire-part était ainsi conçue :

« Le contre-amiral Lespès, commandant en sous-

« ordre l'escadre de l'Extrême-Orient et les corps
« d'occupation de Formose et des Pescadores, a la
« profonde douleur de leur faire part de la perte qu'ils
« viennent de faire dans la personne de leur glorieux
« commandant en chef, le vice-amiral Courbet.

« La France entière s'associe à notre deuil. »

Le 12, à 8 heures du matin, les vergues étaient
mises en pantenne, les couleurs et marques distinc-
tives en berne et le *Bayard* tirait un coup de canon
qu'il devait renouveler d'heure en heure jusqu'au
coucher du soleil. Puis les équipages assemblés sur
le pont entendaient la lecture de l'ordre du jour
suivant :

Officiers, officiers mariniers, sous-officiers, marins et
soldats de l'escadre de l'Extrême-Orient et du corps expéditionnaire de Formose,

Nous venons de faire la perte la plus cruelle ; notre
illustre et glorieux commandant en chef n'est plus, emporté
à notre affection et à notre admiration par une maladie que
les fatigues de la campagne ont rendue foudroyante. Nos
frères d'armes du Tonkin, où son nom brillait naguère,
notre patrie entière, dont il fut un des plus nobles enfants,
s'associeront à notre immense deuil. Pour ceux qui l'ont
connu et apprécié, son souvenir restera comme le modèle
de toutes les vertus militaires.

Je prends par intérim le commandement en chef de
l'escadre de l'Extrême-Orient et du corps expéditionnaire
de Formose. C'est un héritage bien lourd que me valent
mon ancienneté et mon grade. Mais je sais que je puis
compter sur votre discipline parfaite, votre dévouement au

pays, sur votre valeur militaire dont vous avez donné tant
de preuves, et que vous me rendrez ainsi plus légère la
tâche que j'ai à remplir.

De votre côté, vous trouverez en moi un chef entièrement dévoué; je ne suis pas un nouveau venu parmi vous;
vous me connaissez, soyez sûr que je mettrai tous mes
efforts à faire valoir auprès du pays les titres que vous ont
acquis vos services. Je tâcherai aussi de remplacer pour
vous, autant qu'il me sera possible, votre chef vénéré le
vice-amiral Courbet.

Contre-amiral LESPÈS.

A 9 heures et demie, un service privé était célébré sur le *Bayard*. Le lendemain 13, avait lieu la
cérémonie funèbre. Dès 7 heures et demie, des détachements de marins et de troupes se réunissaient
sur le pont du *Bayard;* les compagnies de débarquement des navires et les troupes restées à terre
avaient pris les armes. A 8 heures, le service religieux commençait et était suivi d'un défilé devant
les restes du commandant en chef. Après ce défilé,
l'amiral Lespès prononçait la belle allocution dont
voici les termes :

Messieurs,

C'est avec le sentiment de la plus vive douleur et l'émotion la plus profonde que je m'approche de ce cercueil pour
dire au nom de l'escadre de l'Extrême-Orient et du corps
expéditionnaire de Formose le suprême adieu à notre glorieux et bien regretté commandant en chef. Ai-je besoin de
vous parler de l'amiral Courbet? Comme moi, vous le con-

naissiez tous ; comme moi, vous l'appréciiez et vous l'aimiez tous, car jamais nature plus franche et plus loyale ne s'est montrée au grand jour.

Ferme et brave, avant tout, dans l'action ; dévoué à tous ses devoirs, sympathique et affectueux, il suivait jusqu'aux plus humbles avec le même intérêt bienveillant et il savait unir la plus vaste intelligence, l'esprit le plus ouvert et le plus cultivé aux plus mâles qualités de caractère.

Je pourrais vous détailler ses brillants services dont les dernières et glorieuses étapes portent des noms désormais historiques : Thuan-An, Son-Tay, rivière Min, Kelung et Makung. Je me contenterai de les résumer d'un mot en disant que sa vie entière a été uniquement consacrée à son pays. Le patriotisme le plus élevé a toujours inspiré du même souffle ardent son âme grande et généreuse, lui traçant la voie qu'il a suivie jusqu'au bout en faisant sienne la belle devise du vaisseau sur lequel flottait son pavillon.

Mais déjà sa santé affaiblie sous toutes les latitudes ne répondait plus à ce qu'il réclamait d'elle, à ce qu'il lui imposait chaque jour et c'est par un coup soudain et imprévu qu'il a été enlevé à notre affection et à notre admiration, au moment où il allait pouvoir goûter un repos si noblement gagné.

A côté du chef vénéré et respecté, laissez-moi vous dire, Messieurs, qu'il y avait pour moi comme pour beaucoup d'entre vous, pour tous sans doute, un ami sûr et dévoué, toujours aimable et bienveillant. Nos regrets n'en sont que plus amers. Ils seraient sans consolation, s'il ne nous restait un grand exemple à suivre, celui d'une existence bien remplie.

Adieu, mon cher amiral ! Adieu Courbet ! Ton nom sera brillant dans l'histoire de ton pays ; il restera aimé et honoré dans nos cœurs.

Le cercueil fut alors mis en chapelle, pendant que le *Bayard* faisait une salve de 19 coups de canon et que les bâtiments et la terre exécutaient trois décharges de mousqueterie. Au dernier coup de canon, les vergues furent croisées, les couleurs rehissées et le pavillon de vice-amiral amené.

Dans des pages émues, un des officiers de la *Triomphante*, M. Julien Viaud (Pierre Loti), a fait le récit de cette triste journée du 11 juin. Il a rendu avec une vérité poignante, l'impression du vide que cette mort causait au milieu de l'escadre. Il a surtout donné l'exacte sensation du prestige et de l'ascendant que l'amiral exerçait autour de lui : « Il « avait sa manière à lui, impérieuse et brève, de « donner ses ordres. — Vous m'avez compris, mon « ami ? Allez ! avec cela un salut, une poignée de « main et on allait — on allait n'importe où ; on al- « lait avec confiance, parce que le plan était de lui. » Puis, insistant sur le sentiment de confiance absolue que la supériorité de l'amiral inspirait à tous, il a ajouté : « Dans les heures d'anxiété (et elles revenaient sou- « vent), au milieu des engagements qui semblaient « douteux, dès qu'on le voyait paraître, lui, ou seule- « ment son pavillon dans le lointain, on disait : Ah ! le « voilà, c'est tout ce qu'il faut ; ça finira bien puisqu'il « arrive ! En effet, cela finissait bien, toujours ; cela « finissait de la manière précise que lui tout seul, très « caché dans ses projets, avait arrangée et prévue. »

La mort de ce chef était faite pour répandre dans toute l'escadre les plus vifs sentiments de regret et de tristesse. Tous ces officiers qui l'avaient vu à l'œuvre, qui avaient eu l'honneur et le bonheur de servir sous ses ordres, mesuraient l'étendue de la perte que faisaient à la fois la marine et la France. C'est qu'ils comptaient sur lui, non plus pour cette guerre de Chine déjà terminée, mais pour l'avenir, pour quelque nouvelle lutte plus grande, plus nécessaire, plus désirée....... Cette mort soudaine ne créait pas seulement un vide présent. Elle arrachait une espérance.

XVI

LE TRAITÉ DE PAIX. ÉVACUATION DE FORMOSE ET DES PESCADORES. DISSOLUTION DE L'ESCADRE

(9 juin-25 juillet.)

Les dispositions du *protocole* du 4 avril furent exécutées, de la part de la Chine, avec un sincère désir d'arriver à une solution satisfaisante du conflit. Les mandarins, les chefs militaires montrèrent partout, pendant la durée de l'armistice, une parfaite correction d'attitude. Le Gouvernement français, de son côté, observa scrupuleusement les clauses de l'arrangement préliminaire; il chargea M. Patenôtre de se rendre à Tien-Sin et de s'y mettre en rapport avec Li-Hung-Chang et les deux membres du Tsong-li-Yamen désignés pour l'assister.

Le 9 juin, fut signé entre les plénipotentiaires français et chinois le *traité définitif de paix, de commerce et d'amitié* dont l'article 9 était ainsi conçu :

Dès que le présent décret aura été signé, les forces françaises recevront l'ordre de se retirer de Kelung et de cesser la visite, etc., en haute mer. Dans le délai d'un mois après la signature du présent traité, l'île de Formose et les Pescadores seront entièrement évacuées par les troupes françaises.

La nouvelle officielle de la paix fut apportée à Makung, le 13 juin, par le *Roland,* quarante-huit heures après la mort de l'amiral Courbet, le jour même où son pavillon était amené du mât de misaine du *Bayard.* On remarqua tristement ce jour-là que le vœu de l'amiral était accompli : ainsi qu'il en avait toujours témoigné l'inébranlable volonté, il avait commandé son escadre jusqu'à la conclusion de la paix !

La tâche qui incombait dès lors à l'amiral Lespès, appelé à lui succéder, était particulièrement ingrate. Prenant possession du commandement au lendemain de la signature du traité, il n'avait plus en perspective devant lui ni opérations, ni événements militaires. Il ne lui restait dorénavant qu'à présider aux évacuations consenties, œuvre difficile qui devait être faite de prudence, de méthode et de tact. Aucune de ces qualités ne manquait au nouveau commandant en chef. Il se tira à son grand honneur de la mission que les événements lui avaient réservée et se montra le digne successeur du vaillant amiral que la mort venait de ravir.

L'abandon des gages conquis par nous ayant été, comme on l'a vu, pressenti bien avant la signature

de la paix, la venue du traité de Tien-Sin ne fit que
hâter la restitution de toutes nos prises : territoires ou
navires.

Le 2 juin, en vertu d'un arrangement spécial, on
avait déjà fait la remise du *Fëi-ho* à l'administration
des douanes impériales. Ce ne fut pas sans satisfaction que dans l'escadre on se vit débarrassé du
capitaine et des quatre officiers européens de cette
canonnière. Prenant leurs repas à la table des états-
majors, logés soit sur le *Bayard*, soit sur la *Triomphante* ou sur les transports, ils étaient les hôtes les
plus gênants qu'on pût imaginer. On les avait traités pourtant avec mille égards. L'amiral, pour des
raisons faciles à comprendre, s'était seulement réservé
le droit d'ouvrir leurs correspondances et de leur
interdire toute communication avec la terre. Certes,
leur sort ne pouvait être considéré comme enviable
et l'*air pur de la liberté* aurait été sans doute préféré
par eux à la détention qu'ils subissaient. Toutefois,
ce n'était pas là ce qu'ils regrettaient le plus. Ils se
plaignaient avant tout d'être mal nourris. Les me-
nus peu variés qu'imposait le blocus de Formose ne
trouvaient pas grâce devant eux. Dans une lettre de
protestation insérée dans un journal de Hong-Kong,
ils exposèrent tous leurs griefs : médisant amèrement
du vin de nos cambuses et se plaignant du retour
trop fréquent du bœuf de conserve. Notre cuisine
aussi — cette cuisine française, dont nous sommes

si fiers — était dans cette lettre fort maltraitée. De la part du capitaine c'était là de l'oubli, sinon de l'ingratitude. Il nous souvient que, dix-huit mois plus tôt, pendant un séjour à Amoy, convié à dîner sur la *Triomphante,* ce même capitaine avait paru apprécier hautement l'ordonnance du festin et, à en juger par la gaieté exubérante qu'il montrait au sortir de table, on pouvait croire qu'il avait aussi rendu longuement hommage à la générosité des vins de France.

Le 15 juin, le *Waverley* partait pour Saïgon et de là allait à Hong-Kong, pour être remis à son ancien capitaine — qui faisait, du reste, toutes sortes de difficultés au lieutenant de vaisseau chargé de cette restitution. Quant au *Ping-on,* il se rendait également à Saïgon où il devait désarmer.

Ce même jour, à 4 heures du soir, *Lutin, Annamite, Tonkin* et *La Galissonnière* appareillaient pour Kelung. L'amiral Lespès allait diriger, en personne, l'évacuation de Formose. Il n'y avait plus de matériel dans l'île depuis longtemps ; seules, les troupes occupaient encore leurs positions. Une entrevue des plus correctes eut lieu à bord du navire amiral entre le commandant de l'escadre et les généraux chinois. On y régla les détails du départ du corps expéditionnaire. Nos ennemis firent preuve en cette circonstance d'une parfaite dignité et d'une absolue sincérité. Tout se passa sans incident : les mesures

prescrites par l'amiral Lespès assurèrent l'ordre le
plus complet pendant les trois jours que durèrent
les opérations de l'évacuation. Au fur et à mesure
que nos soldats quittaient une position, elle était immédiatement occupée par les troupes chinoises et les
crêtes que nous abandonnions se couvraient aussitôt
des grands drapeaux multicolores du Céleste-Empire. Mais pas la moindre démonstration bruyante,
rien qui nous fît sentir notre évincement, rien qui
pût blesser notre légitime susceptibilité. Le 21 juin,
à 9 heures du matin, les derniers détachements
embarquaient à bord des navires. Quand, le dernier
de tous, le colonel Duchesne quitta le quai de
Kelung, le pavillon français qui flottait encore sur
la maison de la douane, fut amené et salué par le
La Galissonnière de 21 coups de canon.

A midi, les bâtiments appareillaient et faisaient
route sur les Pescadores. Nous n'avions plus un seul
soldat à Formose...... De notre séjour de neuf mois
sur cette terre inhospitalière, il ne restait plus qu'un
souvenir, et dans le fond de la rade, sur le rivage
même, comme pour attester notre passage, un grand
et triste cimetière où dormaient du sommeil éternel,
21 officiers ou adjudants et plus de 500 soldats ou
marins.

Formose abandonnée, la dislocation de l'escadre
commença, marchant de pair avec l'évacuation des
Pescadores. Chaque jour de la fin de juin vit partir

l'un des navires. Le *d'Estaing* et le *Kerguelen* s'en
allèrent les premiers, remorquant jusqu'à Saïgon les
torpilleurs *50* et *44*; de là, ils firent route pour la
France. Le *Villars* et l'*Éclaireur* les suivirent, ainsi
que le *Château-Yquem* emmenant à Halong troupes,
artillerie et mulets. Puis l'*Annamite* rapatriant les
malades, le *Duguay-Trouin* et le *Château-Renaud*,
rentrèrent en France ; le *Magon* et le *Fabert* rejoignirent la station du Pacifique et le *Rigault-de-Genouilly* la station du Levant. Peu après, l'*Atalante* alla désarmer à Saïgon et le *Nielly* rallia la
station de la mer des Indes, tandis que le *La Clo-
cheterie*, le *Lutin* et la *Comète* se dirigèrent sur le
Tonkin, aux ordres du général de Courcy.

Le 1er juillet, il ne restait plus à terre, à Makung,
que des troupes ; le matériel avait été embarqué et
dirigé sur le Tonkin, sur la Cochinchine ou même
sur Madagascar. Depuis le départ des malades sur
l'*Annamite*, l'ambulance ne contenait que des convalescents, presque des valides. Le *Cachar* avait pris à
son bord l'effectif presque entier du corps d'occupation, à l'exception d'une centaine d'hommes d'infanterie de marine et des personnels administratif et
médical. Tout était prêt pour faire, au premier signal,
l'évacuation définitive. L'amiral n'attendait qu'un
dernier télégramme pour tout abandonner.

Le 22 juillet, cet abandon se consomma. Comme
à Kelung, le pavillon français naguère victorieux sur

cette plage, fut salué de 21 coups de canons, au moment où il cessa d'y flotter. Comme à Kelung, nos morts seuls restèrent pour rappeler notre passage.

Le cimetière qui, par une étrange ironie du sort, devait demeurer là-bas comme le seul vestige de notre conquête, avait été pieusement soigné. Le détachement du génie avait entouré d'un mur l'emplacement des tombes, à la pointe Dutch où étaient enterrés les marins et aussi à Makung où l'on avait mis les soldats. Des deux côtés, au milieu des petits tertres surmontés d'une croix noire, on avait élevé un monument funéraire, sorte de colonne pyramidale ; en outre, à Makung, un cénotaphe était édifié « à la mémoire de l'amiral Courbet et des braves « morts pour la France.....»

Qu'ils reposent en paix ceux qui, après avoir donné leur vie à la patrie, ont maintenant le suprême honneur de rappeler à l'ennemi d'hier, à l'étranger d'aujourd'hui, les victoires trop désintéressées de la France ! Les Chinois se sont engagés à respecter les restes de ces victimes de leur devoir. Dieu veuille que cette promesse soit tenue !

Les stipulations du traité du 9 juin se trouvaient donc ainsi exécutées : l'île de Formose et les îles Pescadores étaient entièrement évacuées.

« Rome, a dit Montesquieu, s'enrichissait toujours; « chaque guerre la mettait en état d'en entreprendre « une autre.» Nous ne sommes pas comme les Romains.

Ou, du moins, si nous cherchons à nous enrichir comme le prouve notre rêve d'empire colonial, nous semblons ne pas songer à ce qu'une guerre nous mette en état d'en entreprendre une autre. Un heureux coup de main nous avait donné ces Pescadores, merveilleusement situées pour la sauvegarde de nos intérêts et de nos droits en Indo-Chine, et pour leur défense au jour, prochain peut-être, où ils seront méconnus. Et cependant nous avons abandonné ces îles, persistant à acquérir sur le continent des territoires dont la charge nous paraît déjà lourde. Nous avons fait bon marché de cette possession, prouvant que notre insouciance de l'avenir n'avait d'égale que notre indifférence du passé. Nous avons rendu ce port de Makung où nos flottes, en sûreté, protégées par d'inexpugnables défenses, seraient restées comme une éternelle menace pour nos adversaires..... Et ceci s'accomplissait au moment où sans guerre, sans victoires, sans traité de paix, une nation rivale acquérait dans cet Extrême-Orient, témoin de nos succès, la possession de Port-Hamilton. Qui donc serait assez aveugle pour ne pas voir la cruelle leçon qui se cache sous ce simple rapprochement ?

Le 27 juillet, le *Journal officiel* contenait l'avis suivant: « Par suite de la reprise des relations paci-« fiques avec la Chine, le Gouvernement a décidé la « dissolution de l'escadre de l'Extrême-Orient à la « date du 25 juillet et la reconstitution à cette même

« date de la division navale, sous le titre de division
« navale de l'Extrême-Orient dont le contre-amiral
« Lespès exercera le commandement en chef. »

Cette division comprenait le *La Galissonnière*
(amiral Lespès), le *Turenne* (amiral Rieunier), la
Triomphante, le *Lapérouse*, le *Primauguet*, le *Champlain*, le *Roland*, la *Vipère* et le *Sagittaire*.

Quant au *Bayard*, parti de Makung le 23 juin, il
ramenait en France la dépouille mortelle de l'amiral
Courbet. A Toulon, on s'apprêtait à la recevoir en
grande pompe : un catafalque monumental était préparé à cet effet dans l'arsenal, une magnifique cérémonie était ordonnée, quand une terrible épidémie
éclata dans la ville. Le Gouvernement, par mesure
de prudence, fit donner l'ordre au *Bayard* de se
rendre aux îles d'Hyères. Il y arriva le 25 août et y
mouilla auprès de l'escadre de la Méditerranée.
Le 26, au matin, après un service religieux célébré
à bord du *Bayard* et présidé par l'amiral Duperré,
commandant de l'escadre, le corps du vainqueur de
Fou-Chéou fut ramené sur la terre française, au
quai des Salins d'Hyères, où l'amiral Krantz, préfet maritime, le salua au nom de la marine.

Le 28, eurent lieu aux Invalides les funérailles
solennelles que le Parlement avait votées, et le 1ᵉʳ
septembre l'amiral fut enterré à Abbeville, sa ville
natale.

Sur la plage des Salins, sous le dôme des Invalides ou au cimetière d'Abbeville, les cérémonies, bien qu'ayant des caractères différents, furent également imposantes. Le patriotique hommage rendu à l'amiral Courbet était unanime. On se souvenait que « son nom, pendant deux ans, avait fait vibrer « une génération tout entière, qu'au bruit de ses « succès une sorte de frémissement avait passé sur « la France, faisant tressaillir tous les cœurs », et devant sa dépouille mortelle, on s'unissait encore dans un même sentiment pour saluer une gloire nationale.

L'histoire de l'escadre de l'Extrême-Orient se termine ici.

L'inutilité de ses efforts ne doit pas empêcher de reconnaître tout ce qu'elle a fait de grand et de glorieux, tout ce qu'elle a dépensé de dévouement et de vaillance.

Ses faits d'armes et la haute renommée de son illustre chef resteront pour immortaliser son souvenir. Mais ses longues et pénibles croisières ne sont pas moins à son honneur. Tout alors s'acharnait contre elle : des fatigues écrasantes, une mer inclémente, un climat meurtrier.

Et pourtant elle a traversé ces mauvais jours sans une seule défaillance, montrant au contraire que rien ne pouvait abattre sa constance et son ardeur. Elle a vu beaucoup des siens tomber glorieusement dans les combats ou mourir obscurément dans les ambulances et jamais sa confiance ne s'est lassée. Elle était prête d'avance à tous les sacrifices.

C'est que l'amour ardent de la Patrie, que chacun

portait en soi, se trouvait uni à la plus haute idée
du devoir et de l'abnégation, à la plus exacte discipline ; il développait encore les vertus habituelles du
marin et mettait en lui l'unique pensée de tenir haut
et ferme le drapeau de la France. Quand les grands
sentiments ont le don d'enflammer ainsi les cœurs et
d'élever à ce point les âmes, de grandes choses doivent forcément s'accomplir.

« La nature, a dit Bossuet, ne manque pas de faire
« naître, dans tous les pays, des courages élevés,
« mais il faut lui aider à les former. Ce qui les forme,
« ce qui les achève, ce sont des sentiments forts et de
« nobles impressions qui se répandent dans tous les
« esprits et passent insensiblement de l'un à l'autre.
« Tous les Romains étaient nourris dans les senti-
« ments de gloire, de patience, de grandeur de la
« nation et d'amour de la patrie. »

Le culte de ces grands sentiments, qui fut le secret
de la fortune de Rome, était vivant parmi tous ceux
qui faisaient partie de cette glorieuse escadre de
l'Extrême-Orient : fidèles aux traditions de la marine,
ils n'avaient souci d'autre chose que de la grandeur
du nom français.

COMPOSITION

DE

L'ESCADRE DE L'EXTRÊME-ORIENT

ÉTATS-MAJORS GÉNÉRAUX.

COURBET (A. A. P.), Vice-Amiral, Commandant en chef.
DE MAIGRET (M. E.), Capitaine de frégate, Chef d'état-major.
FORET (X. A.), Capitaine de frégate, 1er Aide de camp.
RAVEL (E. B.), Lieutenant de vaisseau, 2e Aide de camp.
FABRE DE LAMAURELLE, Lieutenant de vaisseau, Secrétaire.
HABERT (J. A. A. M.), Lieutenant de vaisseau, Officier d'ordonnance.
EDET (L. V. D.), Commissaire adjoint. Commissaire d'escadre.
L'abbé ROGEL (E. R. M.), Aumônier.
DOUÉ (P. A.), Médecin en chef, Médecin en chef d'escadre.

LESPÈS (S. N. J.), Contre-Amiral, Commandant en sous ordre.
LECOMTE (G. E.), Lieutenant de vaisseau, Aide de camp.
PERRIN (E. J. P. M.), Lieutenant de vaisseau, Secrétaire.
LE DENTU (E. A.), Commissaire adjoint, Commissaire de division.
PIESVAUX (A. L.), Médecin principal de division.
L'abbé LALLEMAND (B. L.), Aumônier.

RIEUNIER (A. B. L.), Contre-amiral, Commandant en sous-ordre.
BLANC (A.), Capitaine de frégate, 1er Aide de camp.
PAUPIE (G.), Lieutenant de vaisseau, Secrétaire.
CAPDEGELLE, Sous-Commissaire, Sous-Commissaire de division.
CATELAN, Médecin principal de division.

BAYARD, cuirassé de croisière. — 825 ch. — 12 canons.
(Pavillon du vice-amiral.)

PARRAYON (E.), Capitaine de vaisseau, Commandant.
GOURDON (P. F. C.), Capitaine de frégate, Second.
DE MARLIAVE (C.), Lieutenant de vaisseau.
AMELOT (E. M.), idem.
GOURJON DU LAC (C. H. A.), idem.
RECEVEUR (J. C. H.), idem.
DUBOC (E. C. E.), idem.
HERVAU (J. F.), Mécanicien principal de 1re classe.
SERRANT (H.), Mécanicien principal de 2e classe.

GUÉGUEN (H. F.), Sous-Commissaire, Officier d'administration.
LANDOUAR (J. B.), Médecin de 2e classe.
JOMBERT (R. M. M.), Aspirant.
PÉAN DE PONFILLY (L. M. F.), idem.
DE MARQUESSAC (J. M. P. A.), idem.
DE TUAULT (J. J. M. H.), idem.
RICHARD (R. L.), idem.
JEAU (J. E.), idem.
DE BOYER DE CAMPRIEU (C. J. F.), Aide-Médecin.

LA GALISSONNIÈRE, cuirassé de croisière. — 500 ch. — 12 canons.
(*Pavillon du contre-amiral* LESPÈS.)

FLEURIAIS (G. E.), Capitaine de vaisseau, Commandant.
JACQUEMIER (M. J. R.), Capitaine de frégate, Second.
DE MARTEL (H. C. R.), Lieutenant de vaisseau.
LEPRINCE (P. L.), idem.
MOURRE (M. J. M.), idem.
VUILLAUME (J. J. B.), idem.
HAREL (A. L.), idem.
MARTIN (M F. M.), Enseigne de vaisseau.
AUBRIOT (I. H.), Mécanicien principal de 1re classe.
COIGNET (F. A.), Aide-Commissaire, Officier d'administration.
PUECH, Médecin de 2e classe.
VERLYNDE (P. J.), Aspirant de 1re classe.
NOUETTE D'ANDREZEL (C.), idem.
VOILLAUME (L. A. C.), idem.
LINKENELD (C. L. M. J.), idem.
VAN-GAVER (A. E. A.), idem.
LE GOUZ DE SAINT-SEINE (J. C. J. B.), idem.
MORIN (A. H. T.), idem.
HOUDET (H. T. M.), Aide-Médecin.

TURENNE, cuirassé de croisière. — 850 ch. — 12 canons.
(*Pavillon du contre-amiral* RIEUNIER.)

DUPUIS (T. E.), Capitaine de vaisseau, Commandant.
RAOUL (A. V. M.), Capitaine de frégate, Second.
GRANIER (J. J.), Lieutenant de vaisseau.
ROPERT (E. H.), idem.
DIERX (P. A.), idem.
HUYOT (E. H.), idem.
DULAURENT DE MONTBRUN (L. M.), idem.
MIQUEL (G.), Mécanicien principal de 1re classe.
CAPDEUELLE, Sous-Commissaire, Officier d'administration.
THAMIN, Médecin de 2e classe.

TRIOMPHANTE, cuirassé de croisière. — 575 ch. — 13 canons.

BAUX (F.), Capitaine de vaisseau, Commandant.
CHARIL DE RUILLIÉ, Capitaine de frégate, Second.

DUVAL (R.), Lieutenant de vaisseau.
POIROT (M.), idem.
MERLIN, idem.
LOIR (M.), idem.
BRION (T. M. C.), idem.
BANEL (L. E. R.), Enseigne de vaisseau.
POURPE (J. A. H.), idem.
DE MARSAY, idem.
CATTIAUX (E. C.), Mécanicien principal de 2e classe.
MARIN, Sous-Commissaire, Officier d'administration.
BRETON (J. F.), Médecin de 1re classe.
LOMBARD (F.), Médecin de 2e classe.
GROUT (M. G.), Aspirant de 1re classe.
AUGAGNEUR (F. M. J.), idem.
VESCO (M. H.), idem.
NÉPLE (P.), idem.
CALMETTE (L. C. A.), Aide-Médecin.

ATALANTE, cuirassé de croisière- — 450 ch. — 12 canons.

TRÈVE (A. H. S.), Capitaine de vaisseau, Commandant.
RIVET (L. J.), Capitaine de frégate, Second.
CHANARD (J. B.), Lieutenant de vaisseau.
BERRY (A. J. M.), idem.
GOËZ (P. H. G. O.), idem.
SOURRIEU (B. S. H.), idem.
BERGEVIN (P. M.), idem.
ZÉVACO, Mécanicien principal de 2e classe.
DE GUEYDON (H. L. T.), Sous-Commissaire, Officier d'administration.
MIQUEL (J. A. A.), Médecin de 1re classe, Médecin-Major.
PICHON (M. A.), Médecin de 2e classe.
GUEIT (M. V. C. J.), Aspirant de 1re classe.
MINEUR (J. L. M.), idem.
LEQUERRÉ (A.), idem.
LELOUP (J. A.), idem.
GLON dit VILLENEUVE (E. G.), idem.
SALLEBERT, Aide-Médecin.

DUGUAY-TROUIN, croiseur de 1re classe. — 875 ch. — 11 canons.

DESNOUY (A. E.), Capitaine de vaisseau, Commandant.
PEYRONNET (L. T. B.), Capitaine de frégate, Second.
JOULIA (A.), Lieutenant de vaisseau.
THORET (N. C. M.), idem.
SUISSE (H. F.), idem.
DURAND-BRAGER (H. V.), idem.
PASSERAT DE SILANS (L.), idem.
MURET DE PAGNAC (L. J.), Enseigne de vaisseau.
FROMAGEAU (L. H.), Mécanicien principal de 2e classe.
BONET (L.), Sous-Commissaire, Officier d'administration.

PETIT, Médecin de 1re classe, Médecin-Major.
CASTELLAN, Médecin de 2e classe.
GIRARD (V. R.), Aspirant de 1re classe.
LÉVY-BING (P. J. L.), idem.
DE PÉRINELLE-DUMAY (L. P. A.), idem.
VIVIER (E. E.), idem.
RIPOTEAU (L. F. M. E.), Aide-Médecin.

VILLARS, croiseur de 1re classe. — 650 ch. — 15 canons.

VIVIELLE (J. L.), Capitaine de vaisseau, Commandant.
PELLETIER (F. E. H.), Lieutenant de vaisseau, Second.
ROQUEBERT (J. J.), Lieutenant de vaisseau.
BOYER (A. M. E.), idem.
DE MAUDUIT (J.), idem.
DARTIGE DU FOURNET (L. R. C. M.), idem.
KELLER (E.), Mécanicien principal de 2e classe.
PAQUERON (C. L. M.), Sous-Commissaire, Officier d'administration.
RIALAN (C. A.), Médecin de 1re classe, Médecin-Major.
LE DANTEC (R. J. E.), Aspirant de 1re classe.
MOREL (E. L.), idem.
ROUS (P. M.), Aide-Médecin.

D'ESTAING, croiseur de 1re classe. — 650 ch. — 15 canons.

COULOMBEAUD (F. G.), Capitaine de vaisseau, Commandant.
MAGENC (J. B. C.), Lieutenant de vaisseau, Second.
CHEVALIER (C. F. A.), Lieutenant de vaisseau.
PRADÈRE-NIQUET (E. L.), idem.
ROUXEL (E. P.), idem.
NICOLAS (H. M. C.), Enseigne de vaisseau.
GOUMARRE (J. H.), Mécanicien principal de 1re classe.
LE MOINE (J. A. M.), Sous-Commissaire, Officier d'administration.
AUVRAY (J.), Médecin de 1re classe, Médecin-Major.
GOUZIEN (P. A. M.), Aide-Médecin.

LAPÉROUSSE, croiseur de 1re classe. — 550 ch. — 15 canons.

MÉQUEN (A. C.), Capitaine de vaisseau, Commandant.
DANIEL (P. J.), Capitaine de frégate, Second.
GIBORY (L. P. R.), Lieutenant de vaisseau.
NÉNY (J. M.), idem.
HEURTEL (Y. E. H. F.), idem.
DUBOIS (E. Z.), idem.
CAZALAS-GAILLON, Aspirant de 1re classe.
ISSARTEL (J. L.), Mécanicien principal de 2e classe.
LAURIER (J. J. H.), Sous-Commissaire, Officier d'administration.
DUVAL (P.), Médecin de 1re classe, Médecin-Major.

NIELLY, croiseur de 1re classe. — 550 ch. — 15 canons.

DORLODOT DES ESSARTS (F. J.), Capitaine de vaisseau, Commandant.
GADAUD (E. L.), Lieutenant de vaisseau, Second.
DE RULHIÈRE (R. M. M. R.), Lieutenant de vaisseau.
COUTURIER (L. J. J.), idem.
GOUDOT (E. M. V.), idem.
RATYÉ (J. E. C. M.), Aspirant de 1re classe.
THOMAS (R. J.), idem.
PASSO (F. V. D.), Mécanicien principal de 2e classe.
BRO (P. E.), Sous-Commissaire, Officier d'administration.
GUÉRARD DE LA QUESNERIE (W.), Médecin de 1re classe, Médecin-Major.
COPIN (C. R.), Aide-Médecin.

MAGON, croiseur de 1re classe. — 550 ch. — 15 canons.

PUECH (L. A. E.), Capitaine de vaisseau, Commandant.
COURREJOLLES (C. L. T.), Capitaine de frégate, Second.
BRICHET (F. J. B.), Lieutenant de vaisseau.
JEAN-PASCAL (E. H. F.), idem.
CLERC (M. J. A.), idem.
MARQUER (E. A.), idem.
LANXADE (A. M. R.), Aspirant de 1re classe.
MOYSAN (E.), Mécanicien principal de 2e classe.
SERRES (A. G. H.), Sous-Commissaire, Officier d'administration.
JABIN-DUDOGNON (F. B.), Médecin de 1re classe, Médecin-Major.

PRIMAUGUET, croiseur de 1re classe. — 550 ch. — 15 canons.

BUGE (F. A.), Capitaine de vaisseau, Commandant.
PISSÈRE (F. J.), Capitaine de frégate, Second.
DE ROCHER (L. V. E.), Lieutenant de vaisseau.
BÉNET (A. J. J.), idem.
PILLOT (M. J.), idem.
DELPIT (R. J. M.), idem.
DE FAUQUE DE JONQUIÈRES (M. J. E. G.), Aspirant de 1re classe.
PERRUISSE (L. A.), Mécanicien principal de 2e classe.
JACQUES-LESEIGNEUR (H. A. F.), Sous-Commissaire, Officier d'administration.
GUEIT (P. A.), Médecin de 1re classe, Médecin-Major.

ROLAND, croiseur de 1re classe. — 550 ch. — 15 canons.

MAYET (J. G.), Capitaine de vaisseau, Commandant.
CAILLARD (L. A.), Capitaine de frégate, Second.
COUSTOLLE (P. M. A.), Lieutenant de vaisseau.
FIÉRON (H. A. S. A.), idem.
RABOUIN (F. J.), idem.
DONIN DE ROSIÈRE (M. F.), idem.
LE GALL (P. E.), Aspirant de 1re classe.
CHAMAILLARD (A. M.), Mécanicien principal de 2e classe.
DELACOUR (L. F.), Sous-Commissaire, Officier d'administration.
LELANDAIS, Médecin de 1re classe, Médecin-Major.

CHAMPLAIN, croiseur de 2ᵉ classe. — 450 ch. — 10 canons.

MARTIAL (L. F.), Capitaine de frégate, Commandant.
DUFAURE DE LAJARTE (L. X.), Lieutenant de vaisseau, Second.
BARBIN (H. V.), Lieutenant de vaisseau.
BLADOU (J. A.), Enseigne de vaisseau.
LA PORTE (L. M.), idem.
PUMPERNÉEL (R. A.), Aspirant de 1ʳᵉ classe.
GUYON (M. A. H.), idem.
NARDIN (E. A.), Mécanicien principal de 2ᵉ classe.
DUVAL (C. P. T. M.), Aide-Commissaire, Officier d'administration.
GRIÈS (C. P. P.), Médecin de 1ʳᵉ classe, Médecin-Major.

CHATEAU-RENAULT, croiseur de 2ᵉ classe. — 450 ch. — 7 canons.

LE PONTOIS (E.), Capitaine de frégate, Commandant.
DE LA MOTTE DE LA MOTTE-ROUGE, Lieutenant de vaisseau, Second.
D'AURIAC (A. L.), Lieutenant de vaisseau.
PRÉAUBERT (L. L.), Enseigne de vaisseau.
TIRARD (M. E.), idem.
GUÉDON (V. M.), idem.
REBOUL (E. F.), Mécanicien principal de 2ᵉ classe.
BLIN C. T. L.), Aide-Commissaire, Officier d'administration.
ARAMI, Médecin de 1ʳᵉ classe, Médecin-Major.
GAMON (V. C. M.), Aspirant de 1ʳᵉ classe.
GABORIT, Aide-Médecin.

ÉCLAIREUR, croiseur de 2ᵉ classe. — 450 ch. — 8 canons.

FOURNIER (C. H. R. L.), Capitaine de frégate, Commandant.
HAVARD (G. J. J.), Lieutenant de vaisseau, Second.
GUYOMAR (H. E. A.), Enseigne de vaisseau.
BLANCHARD (D. P. L.), idem.
MOULUN (L. H.), idem.
LEVOT (G. F. A.), Enseigne de vaisseau auxiliaire.
EXELMANS (L. R. A), Aspirant de 1ʳᵉ classe.
CABANES (B. F.), Mécanicien principal de 1ʳᵉ classe.
SALLES (F A.), Aide-Commissaire, Officier d'administration.
DELRIEU (M. L. M.), Médecin de 1ʳᵉ classe, Médecin-Major.

RIGAULT-DE-GENOUILLY, croiseur de 2ᵉ classe. — 450 ch. — 8 canons.

RICHARD (E. F.), Capitaine de frégate, Commandant.
HOUETTE (P. A. A.), Lieutenant de vaisseau, Second.
BUSNEL (F. D.), Enseigne de vaisseau.
SCHWÉRER (L. A. A.), idem.
HENNECART (J. J. A. A. F.), idem.
DUVILLE (F. J. M.), Mécanicien principal de 2ᵉ classe.
JAMET (A. B. E.), Aide-Commissaire, Officier d'administration.
ORHOND (A. G.), Médecin de 1ᵉ classe, Médecin-Major.
DE REINACH DE WERTH, Aspirant de 1ʳᵉ classe.
IMBERT (G. F.), Aide-Médecin.

KERGUELEN, croiseur de 3ᵉ classe. — 250 ch. — 6 canons.

FOURNIER (J. M. A.), Capitaine de frégate, Commandant.
RIDOUX (C. X.), Lieutenant de vaisseau, Second.
DECOURSON (J.), Enseigne de vaisseau.
MERCIER DE LOSTENDE (M. H.), idem.
PACQUER (E. F.), Aspirant de 1ʳᵉ classe.
PHÉRIVONG (M. C.), Aide-Commissaire, Officier d'administration.
PALASNE DE CHAMPEAUX (F. P.), Médecin de 1ʳᵉ classe, Médecin-Major.
CAMAIL (J. J.), Aide-Médecin.

VOLTA, croiseur de 3ᵉ classe. — 250 ch. — 6 canons.

GIGON (C. A. L. F. M.), Capitaine de frégate, Commandant.
PICHON (P. A. M.), Lieutenant de vaisseau, Second.
LAUGIER (A. F. G.), Enseigne de vaisseau.
MOTTEZ (L. A. J.), idem.
MARIUS (N.), idem.
RHEINHART (J. A. L.), Aide-Commissaire, Officier d'administration.
CHÉDAN (E. A.), Médecin de 1ʳᵉ classe, Médecin-Major.
N...., Aspirant de 1ʳᵉ classe.
DELRIEU (M. L. J, G.), Aide-Médecin.

DUCHAFFAUT, croiseur de 3ᵉ classe. — 230 ch. — 6 canons.

LE MERCIER-MOUSSAUX (P. L. J.), Capitaine de frégate, Commandant.
BUNEL (A. L.), Lieutenant de vaisseau, Second.
PRAT (G. L.), Enseigne de vaisseau.
FOURNIER (E. F. A.), idem.
JOUBERT (G. H. J.), idem.
MER (A.), Aide-Commissaire, Officier d'administration.
NÉIS (F.), Médecin de 1ʳᵉ classe.
REBOUL, Aide-Médecin.

SAONE, aviso-transport. — 175 ch. — 4 canons.

MONIN (R. I.), Capitaine de frégate, Commandant.
FERRIÈRE, Lieutenant de vaisseau, Second.
BARBIER (E. G. H.), Enseigne de vaisseau.
SAUVAIRE-JOURDAN (A. M. B.), idem.
LAYRLE (E. M. L.), idem.
COURTIAL (M. J. C. L.), Aide-Commissaire, Officier d'administration.
LE QUÉMENT, Médecin de 2ᵉ classe.
BOITEUX (H. B. L. M.), Aspirant de 1ʳᵉ classe.
DE LAROSIÈRE (E. R.), idem.

LUTIN, canonnière. — 100 ch. — 3 canons.

DEBAR (L. J. P.), Lieutenant de vaisseau, Commandant.
SERPETTE (A. C.), Lieutenant de vaisseau, Second.
RIQUIER (F. M.), Enseigne de vaisseau.

De Lagarde (J. O. M.), Aspirant de 1re classe.
Lièvre (D. E.), Aide-Commissaire, Officier d'administration.
Thémoin (F. M.), Médecin de 2e classe, Médecin-Major.

VIPÈRE, canonnière. — 100 ch. — 4 canons.

Boué de Lapeyrère, Lieutenant de vaisseau, Commandant.
D'Agoult (H. H. A.), Enseigne de vaisseau, Second.
Borgella (E. R.), Enseigne de vaisseau.
Charlier (C. T.), idem.
Masson (A. A. J. M.), Aide-Commissaire, Officier d'administration.
Castellan (A. C.), Médecin de 2e classe.

LYNX, canonnière. — 100 ch. — 4 canons.

Bonnaire (S. A. H.), Lieutenant de vaisseau, Commandant.
De Kernafflen de Kergos (E.), Lieutenant de vaisseau, Second.
Doynel de Quincey (L. J.), Enseigne de vaisseau.
Fitte (J. A.), Aspirant de 1re classe.
Marquier (M. J. A.), Aide-Commissaire, Officier d'administration.
Paquier (E. A.), Médecin de 2e classe.

COMÈTE, canonnière. — 100 ch. — 4 canons.

Noirot (H.), Lieutenant de vaisseau, Commandant.
Le Golleur (A. E.), Lieutenant de vaisseau, Second.
Yves (P.), Enseigne de vaisseau.
Richard (L. M.), idem.
Jean-Pascal (E. C. E.), Aide-Commissaire, Officier d'administration.
Cardes (A. E.), Médecin de 2e classe, Médecin-Major.

SAGITTAIRE, canonnière. — 100 ch. — 4 canons.

Krantz (J. F. J.), Lieutenant de vaisseau, Commandant.
Dèze (V. M. J.), Lieutenant de vaisseau, Second.
Carré (M. A.), Enseigne de vaisseau.
Bardoul (J. M.), Enseigne de vaisseau auxiliaire.
Mazet (J. A. V.), Médecin de 2e classe, Médecin-Major.
Moreau de Montcheuil (M. J. C.), Aide-Commissaire, Officier d'adminis-
    tration.

ASPIC, canonnière. — 100 ch. — 4 canons.

De Fauque de Jonquières (M. P. E.), Lieutenant de vaisseau, Comman-
    dant.
Olivieri (J. F.), Lieutenant de vaisseau, Second.
Robaglia (G. A. J.), Enseigne de vaisseau.
Lagrésille (C. M. P.), idem.
Baudon (L. G.), Aide-Commissaire, Officier d'administration.
Cauquil, Médecin auxiliaire de 2e classe, Médecin-Major.

JAGUAR, canonnière. — 65 ch. — 2 canons.

FOUET (A. J. C.), Lieutenant de vaisseau, Commandant.
CONRAD (E. A. L.), Enseigne de vaisseau, Second.
DE PAUL (C. H. F.), Enseigne de vaisseau.
LIDIN (J. G. F.), idem.
JABRI (M. L. A.), Médecin de 2e classe, Médecin-Major.

ANNAMITE, transport de 1re classe. — 650 ch. — 2 canons.

LE BOURGUIGNON-DUPERRÉ (E. R.), Capitaine de frégate, Commandant.
TAJASQUE (J.), Lieutenant de vaisseau, Second.
COREIL (A.), Lieutenant de vaisseau.
BALLÉ (L. L.), idem.
POURQUIER (E. V. P.), idem.
LAURENT (L. E.), Mécanicien principal de 2e classe.
DANGIBEAUD (P. G. L.), Sous-Commissaire, Officier d'administration.
BERTRAND, Médecin de 1re classe, Médecin-Major.
SUARD, Médecin de 3e classe.
GAILLARD, Aide-Médecin.
PELLEN, Aide-Pharmacien.

TONKIN, transport de 1re classe. — 650 ch. — 2 canons.

NABONA (J. J.), Capitaine de frégate, Commandant.
TERLIER (A. M.), Lieutenant de vaisseau, Second.
MONGE (J. W.), Lieutenant de vaisseau.
MAUREAU (M. P.), idem.
GASCHARD (J. C.), idem.
DOUMET (J. S.), Mécanicien principal de 2e classe.
GUIS (E. M. E.), Sous-Commissaire, Officier d'administration.
MARTINENG, Médecin de 1re classe, Médecin-Major.
ANDRÉ dit DUVIGNEAU, Médecin de 2e classe.
LE GUEN, Aide-Médecin.
PIRON, idem.
DEZEUZE, Aide-Pharmacien.

CHATEAU-YQUEM, croiseur auxiliaire. — 650 ch.

LEJARD (A. J.), Capitaine de frégate, Commandant.
BOUXIN (A. J. M. G.), Lieutenant de vaisseau, Second.
TERQUEM (E. L.), Lieutenant de vaisseau.
FOURNIER (M. A.), idem.
BONHOMME (J. V.), Aspirant de 1re classe.
COLSON (P. J.), idem.
DUVIGEANT (P. A.), Aide-Commissaire, Officier d'administration.
GEOFFROY (L.), Médecin de 1re classe, Médecin-Major.

TORPILLEUR de 2e classe no 44. — 100 ch.

GRENOUILLOUX, Lieutenant de vaisseau, Commandant.

TORPILLEUR de 2ᵉ classe n° 45. — 100 ch.

Douzans (M. A. H.), Lieutenant de vaisseau, Commandant.

TORPILLEUR de 2ᵉ classe n° 46. — 100 ch.

Campion (H. E.), Lieutenant de vaisseau, Commandant.

TORPILLEUR de 2ᵉ classe n° 50. — 100 ch.

Vignot, Lieutenant de vaisseau, Commandant.

TABLE DES MATIÈRES.

———

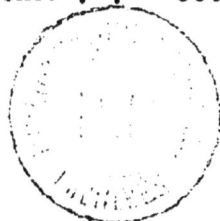

TABLE DES CARTES

———

Nancy, imprimerie Berger-Levrault et Cⁱᵉ.

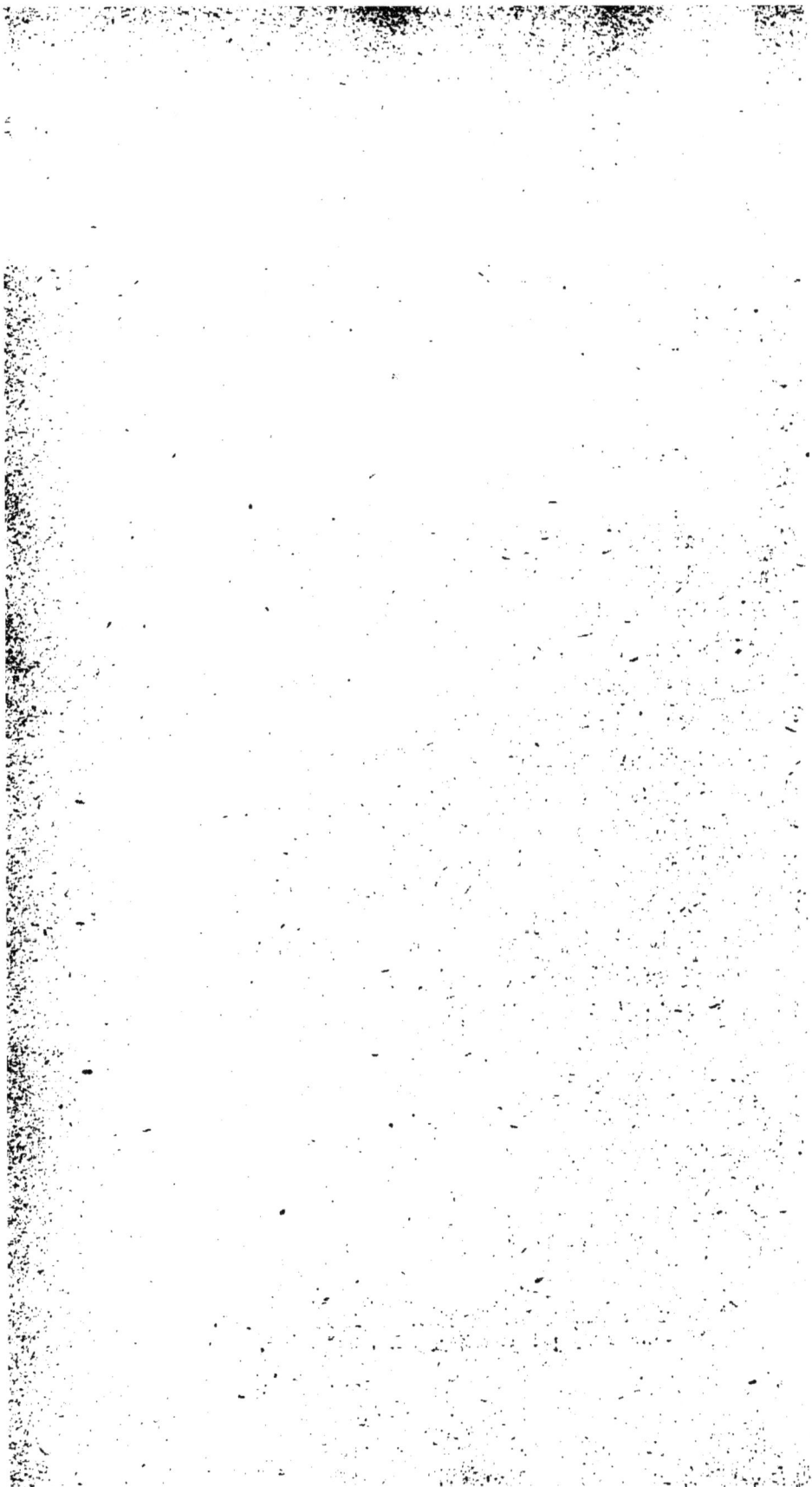

www.ingramcontent.com/pod-product-compliance
Lightning Source LLC
Chambersburg PA
CBHW071620270326
41928CB00010B/1716